Storia e Società

Simon Martin

Il martire

Storia di Giovanni Berta

Traduzione di Andrea Branchi

Editori Laterza

www.laterza.it

Prima edizione ottobre 2024

Edizione
1 2 3 4 5 6
Anno
2024 2025 2026 2027 2028 2029

Questo libro è stampato
su carta amica delle foreste

Stampato da
Petruzzi - Città di Castello (PG)
per conto della
Gius. Laterza & Figli Spa
ISBN 978-88-581-5534-9

dedicato con amore a Roberta...
che ha imparato ad amare
un tombino fascista

IL MARTIRE
STORIA DI GIOVANNI BERTA

INTRODUZIONE

«Sei fascista?» «Sì!» In quel «sì» pronunziato a cuore aperto da Giovanni Berta, sul Ponte Sospeso, davanti ai suoi bestiali aggressori che lo minacciavano con i pugni tesi e le rivoltelle spianate, c'è tutta la coraggiosa spavalderia, tutta la granitica certezza, tutta la bellezza ideale della «prima ora» [...] Quel «sì» fiero e deciso è stato, si può dire, la scintilla che ha determinato, in Toscana, la prima grande vampata di sdegno e di ribellione contro la feroce violenza social-comunista; il segnale che ha fatto accorrere in Piazza Ottaviani, intorno al primo gagliardetto, i preziosi rinforzi di una gioventù disposta a tutto pur di arginare la marea rossa e salvare l'Italia, nel nome di Mussolini.

Hanno ammazzato Giovanni Berta
fascista fra i fascisti,
vendetta sì vendetta
farem sui comunisti[1].

L'incontro con Giovanni Berta

Ho conosciuto per la prima volta Giovanni Berta durante la mia ricerca di dottorato su calcio e fascismo[2]. Confrontando Bologna e Firenze e le squadre di calcio delle due città, l'intitolazione del nuovo stadio di Firenze al «martire» fascista meritava una menzione. Si trattava di un dettaglio relativamente secondario ma straordinariamente lugubre, e ho citato la versione ufficiale

[1] AA.VV., *L'Olocausto di Firenze. I caduti della rivoluzione fascista*, Firenze, La Nazione, XII E.F. [1934], p. 35.

[2] S. Martin, *Football and Fascism. The National Game under Mussolini*, London, Berg, 2004 (trad. it. *Calcio e fascismo. Lo sport nazionale sotto Mussolini*, Milano, Mondadori, 2006).

degli eventi intorno alla sua morte senza metterla in discussione. La narrazione era coerente e presumevo fosse vera, anche se gli aspetti più impressionanti apparivano un po' esagerati. Come se la caduta dal Ponte Sospeso sopra l'Arno non fosse già abbastanza raccapricciante, la presunta amputazione delle mani di Berta da parte dei comunisti mentre si aggrappava al parapetto era comunque di una brutalità indelebile. Nonostante abbia trascurato un evento tanto affascinante quanto tragico, che forse spiega la facilità con cui la storia si è impressa nelle menti degli italiani dell'epoca, non sono riuscito a dimenticarlo.

Alcuni anni dopo mi sono trasferito a Roma, dove mi trovavo spesso a camminare sui tombini in ghisa con impresso il nome della Fonderia Giovanni Berta Le Cure – a lui intitolata – e l'emblema del Governatorato di Roma, l'autorità comunale fascista, con tanto di fascio littorio a rappresentare il regime. Mi sono chiesto: quando erano stati installati, perché erano ancora lì, e qualcuno era consapevole di ciò che stava calpestando? In un'altra occasione, durante il pranzo nella *hospitality suite* della Fiorentina prima di una partita di Serie A, ho sollevato la questione di Giovanni Berta e del primo presidente del club, il marchese Luigi Ridolfi, ex segretario federale del Partito Fascista locale e leader della II Legione Fiorentina alla Marcia su Roma. Non è una delle conversazioni pre-partita più facili da digerire. Uno dei presenti ha estratto il cellulare per controllare ciò che era sicuro fosse inesatto, ma non lo era. Lo stadio era stato infatti intitolato a un «martire» fascista e il primo presidente del club proveniva proprio da quell'ambiente. La presenza di un busto marmoreo di Ridolfi nell'atrio dell'ingresso principale suggeriva forse che questi fatti oggi imbarazzanti erano stati dimenticati, cancellati dalla memoria pubblica? Il centenario della morte di Giovanni Berta, nel febbraio 2021, ha dimostrato il contrario, quando i neofascisti dell'«Associazione Famiglie Caduti e Dispersi della RSI, dell'Associazione 'Memento' ed il 'Raggruppamento Combattenti e Reduci della RSI Continuità Ideale' hanno organizzato l'apposizione di piccole targhe commemorative e di mazzi di fiori nei luoghi simbolo di questa tragedia»[3]. Quindi, se non proprio dimenticato,

[3] *Cento anni fa cadeva Giovanni Berta, vittima dell'odio antifascista*, «Cam-

l'Italia aveva forse fatto pace con il suo passato fascista? Benché specializzato in un aspetto, seppur particolare, del fascismo italiano, non riuscivo a capire perché Giovanni Berta fosse stato così importante da giustificare l'intitolazione dello stadio a suo nome o perché ci fossero ancora tante commemorazioni a Roma, Firenze e in altre parti d'Italia, quando nessuno sembrava sapere chi fosse. Questo libro è un tentativo di trovare una risposta a queste e ad altre domande, approfondendo lo scomodo rapporto dell'Italia con il suo passato fascista.

La storia

Giovanni Berta è morto la sera del 28 febbraio 1921 e, fino alla caduta del regime fascista, la sua scomparsa e la sua memoria sono state mantenute vive nella coscienza pubblica da una campagna di propaganda vasta nella sua espressione e costante nel suo messaggio (fig. 1). I fatti relativi alla sua morte non sono mai stati chiariti in modo definitivo, per quanto una lettura sommaria della stampa fascista contemporanea suggerisca il contrario. Quello che sappiamo è che il ventisettenne annegò nel fiume Arno, sotto il Ponte Sospeso. Presentato dal regime come un atto di martirio, potrebbe anche essere stato semplicemente un terribile incidente o il risultato della violenza politica che imperversava a Firenze in quel periodo. Come si vedrà, è difficile stabilire se Giovanni Berta avesse espresso la volontà di morire per la causa, se fosse un martire o addirittura se fosse fascista, eppure la sua morte e le responsabilità ad essa associate crearono un'immediata spaccatura della memoria che rimase impressa nel folklore fascista e nella coscienza pubblica italiana.

Da subito venerato come martire fascista, nei due decenni di regime che seguirono la sua storia fu ripetuta e potenziata. Sebbene numerose persone siano state arrestate, processate e condannate per il loro presunto coinvolgimento nella sua morte, dal proces-

po Marzio», 28 febbraio 2021, https://campomarzio.home.blog/2021/02/28/cento-anni-fa-cadeva-giovanni-berta-vittima-dellodio-antifascista/ [ultimo accesso 13 ottobre 2021].

Fig. 1. Un ritratto di Giovanni Berta dal volume *L'Olocausto di Firenze*, pubblicato dal giornale fiorentino «La Nazione».

so non è emerso un rendiconto conclusivo degli eventi e nessuno è mai stato condannato per l'omicidio. L'alone di mistero che ne è derivato ha favorito la costruzione e lo sviluppo della leggenda intorno a Giovanni Berta, sfruttata dal regime durante l'ascesa al potere, le campagne imperiali e la seconda guerra mondiale.

Una delle tante morti violente e drammatiche di fascisti e antifascisti avvenute a Firenze e provincia nei primi anni Venti, quella di Giovanni Berta non fu la prima ma sarebbe diventata la più iconica e significativa. Inizialmente un affare locale, con il passare del tempo la sua morte e la sua memoria avrebbero assunto un significato sempre più nazionale. Dapprima tumulato nella tomba di famiglia nel Cimitero delle Porte Sante, Berta fu inumato insieme a trentasei camerati fiorentini «caduti» in una cripta sotto la Basilica di Santa Croce nel 1934. La cerimonia, ricca di simbolismi, altamente ritualizzata e con una forma di liturgia, è stata l'apoteosi del culto fascista del martire. Importante per il regime, in quanto «andava verso il popolo» e apriva il partito alle adesioni di massa, la memoria di Giovanni Berta è stata successivamente vivificata invocando il suo spirito a sostegno delle imprese coloniali del fascismo e, ancora una volta, in occasione dell'ingresso dell'Italia nella seconda guerra mondiale. Rappresentando lo squadrismo puro e idealizzato della prima ora, che presumibilmente aveva salvato l'Italia dalla minaccia interna ed estera, negli anni successivi gli ideali di Berta furono evocati per difendere il fascismo stesso.

Il ricordo di Giovanni Berta si è affievolito nella memoria pubblica con il passaggio generazionale e politico post-fascista, ma non è scomparso del tutto. A partire dagli anni Sessanta, mentre il Paese scivolava nuovamente nella violenza politica, i neofascisti riaccesero la sua fiamma. Durante gli «anni di piombo» del terrorismo, la morte di Giuseppe Pinelli, nel 1969, in seguito alla bomba di piazza Fontana a Milano, offriva un confronto impressionante. Divisi da quasi cinquant'anni, la rassomiglianza delle loro inquiete vite postume, per usare l'espressione di John Foot, è notevole, con la sola differenza delle rispettive posizioni politiche.

> Per molti Pinelli non era semplicemente caduto; piuttosto era «caduto», era «stato suicidato», era «precipitato».
>
> Le fotografie del cadavere di Pinelli sono state utilizzate nei manifesti di propaganda [...] Le ferite, o presunte tali, di Pinelli sono state analizzate nei minimi dettagli, così come le sue varie fratture. Un mito della sinistra – che Pinelli fosse stato ucciso da un colpo di karate – era legato a un rigonfiamento sulla spalla dell'anarchico [...] Il corpo di Pinelli fu sepolto, poi riesumato e furono eseguite nuove autopsie; poi fu risotterrato, poi riesumato e infine risotterrato...[4]

Se non fosse per la seconda autopsia e per il colpo di karate, che può essere sostituito con il leggendario taglio delle mani, così determinante per l'impatto della leggenda, i resti mortali di Giovanni Berta sono passati attraverso un percorso molto simile.

[4] J. Foot, *The Death of Giuseppe Pinelli*, in S. Gundle, L. Rinaldi (a cura di), *Assassinations and Murder in Modern Italy. Transformations in Modern Society and Culture*, London, Palgrave, 2007, pp. 61-2.

Fondamentale per la radicalizzazione della sinistra dopo il 1969, l'effetto del caso Pinelli aggiunge un ulteriore punto di paragone:

> Pinelli ha anche fornito un altro esempio di memoria divisa, in cui un evento cruciale ha prodotto diverse serie di ricordi e versioni diverse di ciò che era accaduto [...] Infine, il mistero Pinelli ha prodotto una straordinaria serie di opere – film, articoli di giornale, libri, opere teatrali e d'arte – che si sono ispirate e hanno tratto spunto dal caso[5].

In modo molto simile e con risultati analoghi, la storia di Giovanni Berta rivela la divisione binaria della memoria del passato fascista nell'Italia del dopoguerra.

Cosa sappiamo

A rischio di depotenziare le argomentazioni fin qui avanzate sull'importanza della morte di Giovanni Berta, pochi studi sull'ascesa del regime e sul sanguinoso periodo dello squadrismo l'hanno trattata; neppure il secondo volume della estesa biografia di Mussolini di Renzo De Felice e l'esauriente studio di Adrian Lyttelton sull'ascesa del fascismo la menzionano[6]. Il dettagliato lavoro di Marco Palla su Firenze sotto il fascismo ha fornito un importante studio del contesto locale per gli anni centrali del regime, ma con un riferimento solo marginale a Berta. L'unico esame dettagliato del suo omicidio, se non della creazione del suo mito e della sua memoria, è quello di Roberto Cantagalli, pubblicato nei primi anni Settanta[7]. I pochi riferimenti a Berta nella ricerca hanno generalmente riprodotto la narrazione fascista senza approfondirla, un errore che ho commesso anch'io. Se la ricostruzione della storia di Berta e della sua memoria è stato un lavoro impegnativo, non è stato più complicato di qualsiasi altro progetto di ricerca, ed è difficile capire

[5] Ivi, p. 70.

[6] R. De Felice, *Mussolini il fascista. I. La conquista del potere 1921-1925*, Torino, Einaudi, 1966.

[7] R. Cantagalli, *Cronache fiorentine del ventennio fascista*, Roma, Cadmo, 1981; Id., *Storia del fascismo fiorentino: 1919/1925*, Firenze, Vallecchi, 1972; M. Palla, *Firenze nel regime fascista (1929-1934)*, Firenze, Olschki, 1978.

perché il suo caso sia rimasto più o meno ignorato per tanto tempo, considerata la risonanza del suo nome in epoca fascista.

Il fascismo nacque in seguito all'esperienza della prima guerra mondiale, alla crisi economica del dopoguerra e alla presunta minaccia rappresentata dal Partito Socialista Italiano. La violenza che esplose all'inizio degli anni Venti e che portò alla morte di Giovanni Berta nel 1921 non può quindi essere compresa senza tenere conto di questi eventi traumatici che scossero la società italiana e crearono le tensioni che il fascismo ha sfruttato. Nel 1915 la società italiana era profondamente divisa dall'ingresso del paese nel conflitto. La posizione del Partito Socialista di «non appoggiare né sabotare la guerra» aveva già compromesso le sue credenziali di patriottismo quando, nel 1917, la sconfitta di Caporetto vide i socialisti tacciati di disfattismo e accusati di aver venduto la nazione al bolscevismo. Non avendo ottenuto i vantaggi desiderati e attesi dalla guerra, l'Italia si avviò sulla strada della violenza attraverso un regolamento di conti con una serie di specifici nemici interni, a cui venivano attribuite le responsabilità[8]. È il mito fondativo del fascismo: «il conflitto mondiale fu via via mitizzato e narrato in termini di palingenesi nazionale attraverso l'uso di termini quali sacrificio, martirio e olocausto»[9]. I «traditori» dell'Italia, secondo la narrazione fascista, erano quindi ferocemente presi di mira dalle «squadracce», alcuni membri delle quali avevano prestato servizio al fronte e avevano portato lo spirito degli Arditi e le tattiche di assalto frontale nella battaglia politica interna. Come nota ancora Salvante: «fu la figura del combattente ad essere costantemente invocata, sollecitata e gratificata: l'esperienza bellica o squadristica fu di fatto valutata come segno distintivo di virilità»[10]. Il ricordo di Emilio Lussu sui reduci rivela un'ulteriore importante dinamica: «milioni di combattenti rientravano nella vita civile, stanchi della guerra e assetati di pace. Ma, come suole avvenire ai ferventi sostenitori della pace, essi portarono, in questo loro sentimento profondo, uno spirito di

[8] Si veda A. Ventrone, *Il nemico interno. Immagini, parole e simboli della lotta politica nell'Italia del Novecento*, Roma, Donzelli, 2005, p. 6.

[9] M. Salvante, *La paternità nell'Italia fascista. Simboli, esperienze e norme, 1922-1943*, Roma, Viella, 2020, p. 78.

[10] Ivi, p. 20.

guerra»[11]. Figure leggendarie, i veterani erano ammirati e imitati nell'imminente conflitto interno da quegli squadristi troppo giovani per aver combattuto. Attirando anche gli sradicati e gli inattivi di tutte le classi sociali nelle loro file, «i quadri del fascismo toscano [...] erano composti in gran parte da uomini, senza lavoro e senza legami, per i quali la controrivoluzione offriva lavoro, autostima, connessioni lucrative e una nuova base di partenza per uomini dalla carriera politica interrotta»[12].

Se la borghesia non fu risparmiata, furono soprattutto i socialisti a subire il peso della violenza squadrista. Considerata una vendetta per la loro mancata partecipazione o per il presunto sabotaggio della campagna di guerra italiana, fu anche una risposta diretta alle significative conquiste elettorali nazionali e locali ottenute dal PSI nel periodo 1918-20, e ai disordini che culminarono nell'occupazione delle fabbriche del 1920, quando oltre 400.000 operai presero il controllo di numerosi stabilimenti, espulsero i dirigenti, continuarono a lavorare e pianificarono l'autodifesa. La protesta, durata quasi quattro settimane, dette l'impressione che il governo non avesse alcuna risposta alla militanza operaia e contribuì a diffondere la sensazione che la rivoluzione fosse dietro l'angolo. Questa percezione fu rafforzata dai socialisti massimalisti e rivoluzionari, che invocavano una presa di potere violenta in stile bolscevico, anche se in realtà non esisteva un piano del genere. Come ha notato Angelo Tasca a proposito del manifesto dell'agosto 1919, pubblicato dalla fazione massimalista dominante:

> L'instaurazione della Società Socialista [...] non può essere compiuta con un decreto o con una deliberazione di qualsiasi Parlamento o Costituente [...] Si deve invece spingere il Proletariato alla conquista violenta del potere politico ed economico che dovrà essere affidato interamente ai Consigli degli operai e dei contadini[13].

Non avendo mai promosso realmente la rivoluzione, il momento del PSI era già passato, se mai c'era stato. Tuttavia, poiché

[11] E. Lussu, *Marcia su Roma e dintorni*, Torino, Einaudi, 1945, p. 11.
[12] F. Snowden, *The Fascist Revolution in Tuscany 1919-1922*, Cambridge, U.P., 1989, p. 161.
[13] A. Tasca, *Nascita e avvento del fascismo*, vol. I, Bari, Laterza, 1961, p. 95.

gli imprenditori e i proprietari terrieri si sentivano ancora minacciati, molti si rivolsero alle squadre fasciste per ottenere protezione. Dumini, che secondo Banchelli «può considerarsi il vero fondatore materiale del Fascismo toscano»[14], lo ricorda come il momento in cui la gente era improvvisamente pronta a offrire «donazioni», cruciali per finanziare le attività delle squadre fasciste locali[15]. Un sostegno spesso ottenuto con minacce di violenza, ma che rappresentava anche un'opportunità per l'élite industriale e agricola di acquisire influenza all'interno del partito locale e di proteggere i propri interessi. Per il fascismo, il rischio era il potenziale sfruttamento da parte dei suoi patroni e una diluizione del suo radicalismo. Come ricordava Umberto Banchelli:

> Si vedevano giungere alla sede del Fascio in Piazza degli Ottaviani molte facce torve e rapaci di ex fornitori militari, dimessamente calzati e vestiti, ma con l'immancabile brillante di gran pezzo in dito; e noi costretti ad accettare per il bisogno di avere i mezzi necessari per soffocare un male peggiore di loro[16].

Esploso nell'inverno e nella primavera del 1920-21, lo squadrismo servì bene all'*establishment* che lo sovvenzionava.

Vissuta da molti squadristi come un eccitante passatempo del fine settimana, la violenza fu legittimata da fonti fasciste come una difesa patriottica della nazione in risposta all'incapacità del moribondo Stato liberal-democratico di combattere il socialismo. Come sostenne Mussolini nel 1921: «l'azione del fascismo ha salvato la libertà e le fortune del popolo italiano!»[17]. Comprensibilmente, i socialisti risposero con atti di autodifesa e, a volte, con la violenza preventiva. Non potendo competere con una forza armata e paramilitare, provocarono la furia fascista e fornirono uno specchio sul quale si rifletteva lo squadrista «onorevole», benevolo e buono. La demonizzazione del socialismo e dei suoi sostenitori era

[14] U. Banchelli, *Le memorie di un fascista (1919-1922)*, Firenze, Sassaiola Fiorentina, 1923, p. 11.

[15] R. Cantagalli, *Storia del fascismo fiorentino* cit., p. 117.

[16] U. Banchelli, *Le memorie di un fascista* cit., p. 35.

[17] C.C. dei Fasci Italiani di Combattimento, *Barbarie rossa. Riassunto cronologico delle principali gesta commesse dai socialisti italiani dal 1919 in poi...*, Roma, Tipografia Sociale, 1921, p. 3.

quindi una parte essenziale della costruzione dell'identità fascista, ma anche fondamentale per la legittimazione delle proprie azioni violente in risposta a quelle di cui era vittima: «la realtà è che i fascisti pagano un vasto e sacro tributo di sangue al loro ideale, come nessun altro movimento in Italia fece mai [...] Tracceremo un elenco dei nostri caduti. Stamperemo il loro elenco perché si incida nella memoria di tutti»[18]. Nella sua analisi del diario dello squadrista veneziano Raffaele Vicentini, Giulia Albanese conferma il punto: «non esiste conflitto in questo diario che non sia considerato risposta a qualche tipo di provocazione o sfida, esplicita o no, dei socialisti»[19].

Per qualche tempo, la violenza fascista fu interpretata come poco più che una reazione antiproletaria al Biennio Rosso. Tuttavia, l'analisi della violenza a Firenze e il caso specifico di Giovanni Berta nel 1921 suggeriscono che lo squadrismo era anche una risposta alle minacce percepite alla tradizione e alle basi del potere locale, nonché una forma di esaltante passatempo per molti che erano stati educati alla violenza nella prima guerra mondiale. Definendo il 1918-21 come una guerra civile[20], Fabio Fabbri ha esaminato la violenza socialista, statale e squadrista nel contesto locale. Nel sostenere che l'azione repressiva del fascismo durante la sua ascesa fu, in realtà, una forma di prosecuzione delle tensioni del 1918-21, Fabbri fa risalire le radici dell'imbarbarimento della società italiana alla fine della prima guerra mondiale. Superando la tradizionale divisione cronologica del Biennio Rosso e del Biennio Nero, ha presentato l'ascesa del fascismo come un evento unico in sé. Le espressioni di conflitto all'interno della stessa società, la violenza su entrambi i lati della divisione politica è una parte fondamentale della storia di Giovanni Berta, che Fabbri esamina quando considera l'insurrezione di San Frediano a Firenze, nel febbraio-marzo 1921. Descrivendo la morte di Berta come «l'epi-

[18] B. Mussolini, *Si continua!*, «Il Popolo d'Italia», 2 marzo 1921, VIII, in E. e D. Susmel (a cura di), *Opera omnia di Benito Mussolini*, XVI, *Dal Trattato di Rapallo al primo discorso alla Camera*, Firenze, La Fenice, 1955, p. 191.

[19] G. Albanese, *Alle origini del fascismo. La violenza politica a Venezia 1919-1922*, Padova, Il Poligrafo, 2001, p. 17.

[20] Albanese sostiene che fu a partire dall'aumento della violenza fascista nel gennaio 1921 che l'espressione *guerra civile* divenne più comunemente usata per descrivere la situazione, *La marcia su Roma*, Roma-Bari, Laterza, 2006, p. 26.

sodio più raccapricciante», Fabbri aggiunge poco alle conoscenze acquisite ma evita soprattutto di ripetere la narrazione consolidata e «la dinamica di un episodio in cui l'apologia fascista applicò subito l'immagine del mito della vittima sacrificale»[21].

L'omicidio di Berta, quindi, non è stato utilizzato solamente per giustificare le rappresaglie, ma anche per alimentare la paura e il disgusto verso quella che veniva dipinta come una «religione» bestiale e i suoi mostruosi seguaci. Qualsiasi guerra civile o insurrezione, inoltre, richiede un clima di iper-partigianeria stimolato dall'incessante demonizzazione dell'opposizione, un'apparente perdita di fiducia nella democrazia e, soprattutto, l'accesso alle armi e la volontà di usarle. Tutti questi elementi erano presenti nell'Italia del 1921, insieme a un uso sistematicamente violento del linguaggio da parte della stampa che provocava e giustificava l'assalto del fascismo al potere e ai suoi avversari «rossi», rappresentati spesso come violenti, animaleschi, barbari, vigliacchi, crudeli e disumani.

La violenza fascista non si interrompe nemmeno con l'ascesa al potere. Lo studio di Michael Ebner sulle diverse istituzioni repressive che controllavano la gente comune, le famiglie e le comunità sotto il fascismo mostra come la violenza fosse considerata un mezzo per indurre una rigenerazione morale e fisica. Nell'ambito della sua opera di «normalizzazione», il regime tentò di mettere sotto controllo le squadre fasciste nella seconda metà degli anni Venti, ma molte rimasero ostinatamente e violentemente attive. In realtà, Mussolini

> non escluse completamente il partito dal lavoro di identificazione e punizione dei nemici dell'ordine fascista. Da questo scontro tra concezione squadrista e statalista della violenza nacque un'economia della violenza tipicamente fascista che avrebbe preservato il potere politico del regime per quasi due decenni[22].

La violenza degli squadristi fu cruciale per l'ascesa e il consolidamento del potere del fascismo, ma il loro rapporto con il

[21] F. Fabbri, *Le origini della guerra civile. L'Italia dalla Grande Guerra al fascismo, 1918-1921*, Torino, UTET, 2010, p. 456.

[22] M. Ebner, *Ordinary Violence in Mussolini's Italy*, Cambridge, U.P., 2016, p. 25.

regime non fu semplice: «prima elevati a 'eroi della rivoluzione' e a 'santa canaglia' redentrice della nazione, gli squadristi sono poi denigrati dal loro stesso duce come un 'residuo anacronistico', e infine esaltati come archetipi dell'uomo nuovo fascista»[23]. Rappresentando lo squadrismo e gli ideali originari del fascismo, Giovanni Berta e la sua memoria hanno fornito una narrazione capace di mediare queste differenze. Come scrisse Mussolini nel 1921: «un nome basterà a sventare la manovra: Scimula o Sonzini o Giordani o Berta o Platania o i centouno altri che sono stati trucidati dalla ferocia unita alla viltà pussista»[24]. Utile sia al partito che agli squadristi, il suggerimento fu fatto proprio da entrambi.

Se l'omicidio è il perno su cui si regge questo studio, il suo esame, insieme alla formazione dei miti e delle leggende che lo circondano, si collega alle lotte di potere in corso in quegli anni. Queste si manifestarono nella battaglia della federazione locale per mantenere la propria indipendenza di fronte al partito nazionale egemone, e anche nei conflitti di fazione locali che emersero da rivalità e gelosie mentre gli uni e gli altri cercavano di fare carriera e di acquisire influenza e potere. Con l'aumentare delle opportunità nel tempo, si intensificarono anche le tensioni tra le ali radicali e moderate delle federazioni locali in varie città e regioni. Assunta ad esempio di coraggio, eroismo e abnegazione, la memoria di Giovanni Berta fu invocata a livello sia di partito locale che nazionale, le cui rivalità, contraddizioni e complessità sono sapientemente svelate da Paul Corner[25]. La sua analisi, che è stata di grande ispirazione per questo studio, ha inoltre evidenziato dei modelli che hanno ulteriormente chiarito molti aspetti della storia, soprattutto quando si cerca di spiegare come e perché la leggenda di Berta sia stata utilizzata in tempi diversi. Questa prospettiva trova conferma nella ricerca di Matteo Di Figlia sulla memoria della strage di Palazzo d'Accursio a Bologna nel 1920,

[23] M. Millan, *Squadrismo e squadristi nella dittatura fascista*, Roma, Viella, 2014, p. 18.

[24] B. Mussolini, *Barbarie rossa*, «Il Popolo d'Italia», 17 giugno 1921, VIII, in E. e D. Susmel (a cura di), *Opera omnia di Benito Mussolini* cit., p. 422.

[25] P. Corner, *The Fascist Party and Popular Opinion in Mussolini's Italy*, Oxford, U.P., 2012 (trad. it. *Italia fascista. Politica e opinione popolare sotto la dittatura*, Roma, Carocci, 2015).

così come Cristina Baldassini, nella sua analisi dell'autorappresentazione del fascismo della «prima ora», dalle origini fino agli anni Ottanta, sostiene con forza la necessità di periodizzare il regime fascista. Come sottolinea l'autrice, è proprio la lunga «storia» della memorialistica fascista a renderla una fonte utile per comprendere le fluttuazioni e le alternanze della memoria:

> Il caso fascista ben mostra infatti come le autobiografie costituiscano un luogo in cui riscrivere il proprio passato in relazione al contesto, alle convenienze personali e ancor prima alle oggettive pressioni che provengono dal particolare momento storico in cui i testi vengono scritti e/o pubblicati: il 1923, il 1929, il 1932, il 1943-45, il 1980 (per richiamare alcuni snodi nella «storia» della memoria fascista)[26].

La storia di Giovanni Berta e la costruzione della memoria intorno ad essa sono più o meno conformi alla periodizzazione di Baldassini, confermandone la forza esplicativa.

La memoria del «martire» è stata inoltre regolarmente alimentata dal suo contributo alla campagna di mobilitazione di massa del fascismo e alla generazione di consensi in diversi periodi del suo governo. Nel 1974, Renzo De Felice sosteneva che il fascismo era riuscito a creare consenso negli anni centrali del suo governo[27]. La sua argomentazione molto controversa, basata sull'apparente mancanza di opposizione o di protesta, è stata contrastata da coloro che vedevano nella propaganda e nella coercizione fascista le spiegazioni per la presunta passività e conformità[28]. Ciò che è certamente vero è che per qualche tempo, a partire dalla metà degli anni Trenta, un numero significativo di italiani era stato esposto o aveva partecipato a organizzazioni di massa per uomini, donne e bambini gestite dal PNF, a battaglie nazionali e a campagne di propaganda. In questo contesto si inserisce anche l'istituzione di culti, tra cui quello dei morti e dei martiri, costantemente ricordati come eroici difensori della fede e della nazione.

[26] C. Baldassini, *Autobiografia del primo fascismo. Ideologia politica, mentalità, memoria*, Soveria Mannelli, Rubbettino, 2014, pp. 11-2.

[27] R. De Felice, *Mussolini il duce. I. Gli anni del consenso 1929-1936*, Torino, Einaudi, 1974.

[28] Sui dibattiti intorno a De Felice, si veda N. Carter, *Modern Italy in Historical Perspective*, London, Bloomsbury, 2010, pp. 89-93.

Esempi ispiratori e motivanti, il fascismo commemorava martiri come Giovanni Berta per dimostrare che anche la destra fosse sotto attacco. In questo modo, gli assalti venivano presentati come eventi frequenti, come ricorda Roberto Farinacci nel suo diario, a proposito di un evento a Cremona:

Anche tre fascisti di Motta Baluffi [...] sono stati presi di mira dai comunisti, inseguiti in bicicletta e aggrediti subito fuori del paese. Il fascista Galli Pierino, atterrato da due comunisti, è tenuto immobile, mentre un terzo gli introduce la rivoltella in bocca e lo fredda con un colpo[29].

Esagerando spesso le violenze subite durante l'ascesa al potere, attraverso la storia di Berta il fascismo ricordava le sue radici radicali e il suo mito di fondazione eroica. Sottolineava inoltre la minaccia rappresentata dall'avversario violento, brutale e demoniaco e l'ingiustizia delle morti fasciste. Per legittimare ulteriormente la violenza squadrista, i «martiri» fascisti venivano spesso commemorati utilizzando un linguaggio e un'immagine «religiosa» facilmente comprensibili, come nei due titoli della «Riscossa» del 1922: *Nella religione della memoria dei nostri morti vegliamo per l'alba della riscossa* e *Nella luce del martirio sorge l'aurora della nuova Italia!*[30].

Ricercando il fascismo veneziano, Giulia Albanese ha mostrato come le storie di martiri siano state cruciali per la costruzione della memoria fascista: «presenze e rimozioni degli eroi di quella che i fascisti chiamavano 'rivoluzione fascista', evocazione delle date memorabili della rivoluzione e di ciò che accadde in città hanno una rilevanza nel discorso storico che si è cercato di costruire»[31]. Anche Mimmo Franzinelli ha richiamato l'attenzione sulla forte identità che si è sviluppata intorno al culto del martire, e in particolare a quello di Berta:

Il *culto dei* martiri creò una forte identità di appartenenza [...] Un oliato apparato propagandistico sedimentò nella memoria collettiva la

[29] R. Farinacci, *Squadrismo. Dal mio diario della vigilia 1919-1922*, Roma, Ardita, 1933, p. 88.
[30] «La Riscossa», 4 febbraio 1922, p. 3; 18 febbraio 1922, p. 2.
[31] G. Albanese, *Alle origini del fascismo* cit., p. 251.

storia delle origini del fascismo come mito piuttosto che come concreta realtà storica cui fare riferimento. Il fiorentino Giovanni Berta [...] rappresentò l'emblema del martirio e le stesse circostanze dell'uccisione furono snaturate onde far risaltare la bestialità rossa[32].

La reiterazione della storia fu quindi fondamentale per consolidare la narrazione con cui i nemici «rossi» del fascismo venivano demonizzati. «La violenza 'buona' veniva contrapposta alla violenza 'cattiva'. In questo senso, l'uso della propaganda, delle 'fake news' e il sistema giudiziario furono altrettanti pilastri della storia che il fascismo italiano raccontò al suo popolo»[33]. I nemici interni ed esterni erano quindi essenziali per le sue campagne propagandistiche e, come ha dimostrato Marla Stone, «quel nemico storico, prima interno e poi esterno, era 'il nemico comunista' [...] che rappresentava tutta l'opposizione di sinistra»[34]. Sfruttando Berta come filo conduttore, il regime collegò la sua fondazione alle battaglie contemporanee contro i suoi nemici e i sovversivi, nella speranza che questo potesse invigorire gli italiani e mobilitarli all'azione. Eppure, nonostante l'importanza dei martiri e l'ampia copertura a loro riservata nel corso del Ventennio, è sorprendente l'attenzione accademica relativamente limitata che hanno ricevuto, soprattutto Giovanni Berta.

Più che un semplice mezzo per strumentalizzare il passato a fini politici, John Foot ha suggerito che il mito del «martire» fascista era anche «un tentativo di eliminare tutte le altre memorie del periodo post-bellico»[35]. Integrata nel racconto fascista della storia italiana, la commemorazione dei suoi morti rafforzava anche i legami tra le generazioni politiche[36].

[32] M. Franzinelli, *Squadristi. Protagonisti e tecniche della violenza fascista 1919-1922*, Milano, Mondadori, 2003, pp. 169-70.

[33] J. Foot, *Blood and Power. The Rise and Fall of Italian Fascism*, London, Bloomsbury, 2022, p. 4 (trad. it. *Gli anni neri. Ascesa e caduta del fascismo*, Bari-Roma, Laterza, 2022, p. 16).

[34] M. Stone, *The Changing Face of the Enemy in Fascist Italy*, «Constellations», (15)3, 2008, p. 332 [332-50].

[35] J. Foot, *Italy's Divided Memory*, London, Palgrave, 2009, p. 56 (trad. it. *Fratture d'Italia*, Milano, Rizzoli, 2009, p. 97).

[36] M. Berezin, *Making the Fascist Self. The Political Culture of Interwar Italy*,

Anche la creazione di cripte per i caduti fascisti, in particolare a Firenze, è stata parte integrante dello sviluppo del loro culto, incrementato e propagandato attraverso la letteratura e i romanzi[37].

Lo studio dei martiri, infatti, è un importante strumento di analisi del processo di identificazione tra fascismo e nazione, con il continuo sovrapporsi di martiri fascisti e martiri italiani che avrebbe avuto la sua più impressionante rivelazione nella sepoltura dei martiri fascisti fiorentini in Santa Croce nel 1934[38].

Pantheon della cultura italiana, Santa Croce è stata un punto focale della memoria nazionale. Il Sacrario dei Caduti per la Rivoluzione Fascista è uno dei luoghi più importanti per la commemorazione dei martiri fascisti e la sua collocazione in una cripta sotto la basilica nel 1934 non è stata casuale. Anch'essa, tuttavia, è stata in qualche modo trascurata dal mondo accademico. Gli unici studi sulla cripta che vanno al di là di un accenno sommario non trattano specificamente della presenza di Giovanni Berta, al quale fu assegnata una delle posizioni più importanti davanti all'altare[39].

Il progetto stesso e la cerimonia di inaugurazione della cripta, densa di elementi religiosi e liturgici, hanno contribuito ad accrescerne la sacralità. Accentuati dal suo carattere di «santuario»[40],

Ithaca, Cornell U.P., 2009, p. 205; R. Forlenza, B. Thomassen, *From Myth to Reality and Back Again. The Fascist and post-Fascist reading of Garibaldi and the Risorgimento*, «Bulletin of Italian Politics», 3(2), 2011, pp. 263-81; R. Suzzi Valli, *Il culto dei martiri fascisti*, in O. Janz, L. Klinkhammer (a cura di), *La morte per la Patria. La celebrazione dei caduti dal Risorgimento alla Repubblica*, Roma, Donzelli, 2008, pp. 101-17.

[37] R. Suzzi Valli, *The Myth of Squadrismo in the Fascist Regime*, «Journal of Contemporary History», 35(2), 2000, p. 139 [131-50].

[38] R. Suzzi Valli, *Il culto dei martiri fascisti* cit., pp. 101-2.

[39] A. Staderini, *La 'Marcia dei martiri': la traslazione nella cripta di Santa Croce dei caduti fascisti*, «Annali di Storia di Firenze», 3, 2011, pp. 195-214; S. Morellini, *La cripta dei martiri fascisti a Santa Croce*, tesi di laurea in Storia dei movimenti e dei partiti politici, Università degli Studi di Firenze, a.a. 2004-2005; L. Sebregondi, *Santa Croce sotterranea. Trasformazioni e restauri*, Firenze, Città di Vita, 1997.

[40] A. Portelli, *The Order Has Been Carried Out. History, Memory and Meaning of a Nazi Massacre in Rome*, New York, Palgrave, 2003, p. 195 (trad. it. *L'ordine è già stato eseguito. Roma, le Fosse Ardeatine, la memoria*, Milano, Feltrinelli, 2012, p. 206).

questi elementi religiosi e sacri non possono essere presi in considerazione senza fare riferimento alla teoria di Emilio Gentile sulla costruzione di una religione politica fascista[41]. Sebbene non sia questa la sede per riesaminare ciò che è già stato ampiamente dibattuto[42], questo studio deve considerare quale funzione potessero avere tali siti, culti ed eventi nella vita privata e quotidiana degli italiani. Per Gentile, c'erano pochi dubbi sul fatto che il fascismo fosse riuscito a far penetrare la sua ideologia nelle masse.

> Per due decenni [...] le piazze d'Italia [...] furono trasformate in un unico, immenso scenario dove milioni di persone celebravano, con una simultanea coralità, scandita da un ritmo continuo, le feste della nazione, gli anniversari del regime, le vittorie della 'rivoluzione', il culto dei caduti, la glorificazione degli eroi, la consacrazione, le apparizioni del duce [...] Popolo e paese furono avvolti in una fitta rete di simboli [...] imprimendo ovunque e su tutto, dallo stemma dello Stato ai *tombini di strada* [enfasi mia], l'emblema del fascio littorio[43].

Gentile è stato accusato da Richard Bosworth di «non riuscire a cogliere la differenza tra parole e fatti»[44], ma la realtà si colloca forse a metà strada tra le due letture. Inoltre, come sottolinea Millan, gran parte della partecipazione di massa ai riti, ai miti e alle liturgie fasciste fu ottenuta con la violenza. «Una violenza che non è solo quella istituzionale dell'Ovra o delle forze di polizia [...] La violenza squadrista assume infatti funzioni diverse ma complementari rispetto a quella poliziesca e si rivela capace di sopravvivere a lungo»[45]. Sebbene questo volume non voglia sostenere che i culti del martirio, come quello di Berta e dei suoi trentasei camerati, facessero parte di una religione politica che gli italiani sottoscrivevano pienamente, il fascismo impiegò e sfruttò immagini religiose e liturgie facilmente riconoscibili intorno ai suoi martiri a fini politici. Come scrisse «La Riscossa» a seguito di un attacco squadrista agli uffici della «Difesa», nel gennaio 1921:

[41] E. Gentile, *Il culto del littorio. La sacralizzazione della politica nell'Italia fascista*, Roma-Bari, Laterza, 1993.
[42] N. Carter, *Modern Italy* cit., pp. 95-6.
[43] E. Gentile, *Il culto del littorio* cit., p. VII.
[44] N. Carter, *Modern Italy* cit., p. 157.
[45] M. Millan, *Squadrismo e squadristi nella dittatura fascista* cit., p. 271.

Il nostro martirologio continua. Altre figure nobilissime, scompaiono per opera di banditi camuffati col nome dei comunisti, e di socialisti [...] Sacerdoti di un'idea, cadono martiri di una indistruttibile fede[46].

Circa 17 anni dopo, il «Corriere della Sera» ricordava i caduti fascisti fiorentini in termini ugualmente religiosi:

Il fascismo, fin dalla prima battaglia, ha gridato «Presente» al nome di ogni compagno caduto. Presente con la presenza infiammante dello spirito esemplare: presente con il monito e la luce del sacrificio [...] e un compagno caduto era sempre un'anima viva tesa nella lotta. Presente nei ranghi anche ora che tutto il popolo è legione, presente per la sacra comunione del sangue[47].

Ciò che è indubbio è che la storia di Giovanni Berta fu ampiamente e ripetutamente raccontata attraverso una varietà di rappresentazioni altamente retoriche durante il Ventennio. Destinati a un pubblico specifico, in particolare ai consumatori della stampa fascista, questi racconti avevano certamente una certa capacità di influenza.

Cosa ci hanno raccontato

La ricostruzione e la spiegazione della longevità della storia di Giovanni Berta e del significato della sua memoria richiedono l'esame di molteplici prospettive e fonti. Scritti negli ultimi giorni dell'Italia liberale, i rapporti delle agenzie governative e di polizia locali e nazionali offrono una visione cruciale dell'interpretazione che lo Stato ha dato degli eventi che hanno circondato la sua morte. Nei rapporti del prefetto e della polizia ai ministeri e al centro del potere, sono evidenti le tensioni politiche all'interno della città e le preoccupazioni delle autorità per l'ordine pubblico. Va ricordato, tuttavia, che si tratta solo di interpretazioni e che, come

[46] *La delinquenza del pussismo italiano non arresterà la marea travolgente del fascismo!*, «La Riscossa», 29 gennaio 1921, p. 1.

[47] *In un'atmosfera di alta solennità e di passione Firenze esprime al Duce la fede di tutta l'Italia*, «Corriere della Sera», 28 ottobre 1934, p. 1.

ogni fonte, sono state influenzate da una serie di fattori; il timbro dell'ufficialità non le rende automaticamente affidabili. Inoltre, l'abissale incapacità dello Stato di proteggersi dalle incursioni e dalle violenze squadriste suggerisce che le simpatie per il fascismo esistevano già. Le fonti pre-fasciste e quelle sotto il regime richiedono quindi un attento esame e un sano scetticismo, soprattutto nella narrazione degli eventi.

Anche la massiccia partecipazione al corteo al momento dell'inaugurazione della cripta a Firenze richiede una lettura attenta e critica. Ciò che rivela sull'accoglienza pubblica di Giovanni Berta e sugli eventi che circondarono lui e i suoi compagni caduti è molto discutibile. I preparativi per l'evento mostrano comunque che negli anni Trenta il controllo ecclesiastico sulla Basilica di Santa Croce era ormai compromesso e le autorità conventuali erano disposte a collaborare con il regime. L'esame dei problemi economici e produttivi della fonderia offre anche una micro-visione dell'economia in difficoltà dell'Italia fascista, mentre i suoi rapporti con il regime svelano sia il continuo significato della memoria di Berta sia l'importanza dei contatti personali nell'assegnazione degli appalti statali.

Oltre a queste fonti formali e statali, le diverse opere letterarie e le rappresentazioni figurative della vita e della morte di Berta mostrano come la sua memoria sia stata costruita e diffusa a livello locale e nazionale. Il fatto di essere il «primo martire» del fascismo e di essere fiorentino ha contribuito a mantenere viva la sua storia. All'indomani della sua morte, la stampa fu determinante nel fissare la storia nella memoria collettiva, naturalmente secondo la propria interpretazione e ricostruzione degli eventi. Come afferma Palla, la stampa fiorentina fu importante «per seguire gli orientamenti dell'opinione pubblica e la battaglia aperta tra fascismo e antifascismo»[48]. Monopolizzando l'informazione quotidiana fiorentina, «La Nazione» e «Il Nuovo Giornale» diedero entrambi un contributo significativo all'ascesa del partito locale[49]. Come spiega Frank Snowden:

[48] M. Palla, *Firenze nel regime fascista* cit., p. 133.

[49] Per un'analisi dettagliata della stampa fascista fiorentina cfr. M. Palla, *Firenze nel regime fascista* cit., pp. 124-35. Sulla stampa in generale si veda M.

Il «Telegrafo» di Livorno, il «Nuovo giornale» e «La Nazione» di Firenze, i tre principali quotidiani toscani, [...] condussero una vasta campagna di propaganda a favore del movimento fascista. I direttori dei quotidiani fiorentini, Carlo Scarfoglio della «Nazione» e Athos Gastone Banti del «Nuovo giornale» furono particolarmente energici [...] Quando gli squadristi iniziarono la loro 'redenzione' della città e della campagna, «La Nazione» non poté che lodare il loro operato[50].

Letto soprattutto in città, «Il Nuovo Giornale» si distingueva «per un indirizzo politico, se non ostile al fascismo, più moderato e timidamente 'democratico' soprattutto nel periodo della crisi Matteotti»[51]. In effetti, la sua moderazione fu evidenziata il 31 dicembre 1924 quando gli squadristi, intenzionati a difendere quello che consideravano il vero fascismo rispetto a quello diffuso dai vertici del partito, ne devastarono le sedi. Se all'epoca della Marcia su Roma Firenze era priva di un importante giornale fascista, dal 1924 in poi «La Nazione» iniziò a spostare la sua posizione già favorevole per diventare, di fatto, la voce ufficiale del partito locale.

Negli anni Venti Firenze si distingue per lo straordinario numero di pubblicazioni fasciste, che comprendono numerosi fogli di informazione dei vari rioni, come «La Fionda» nel quartiere delle Cure e il settimanale «La Ghega». Di breve durata nella sua versione originale, riprese le pubblicazioni negli anni Quaranta, commercializzata sfruttando il nome di Berta, inserito sotto la testata. Questa varietà di fonti di notizie denotava la natura fortemente faziosa del fascismo fiorentino, che vedeva la maggior parte dei gruppi, delle squadre o dei leader locali diffondere le proprie idee e opinioni attraverso i propri organi di stampa settimanali, quindicinali o mensili. Alcuni erano solo numeri unici, mentre altri furono pubblicati per tutto il periodo del governo fascista. Tra i tanti esempi: «Il Pattuglione» di Umberto Banchelli, «La Pattuglia» di Giacomo Lumbroso e «Camicia Nera», l'organo dei fasci autonomi e di una delle Camere italiane del lavoro il cui segretario era Curzio Malaparte:

Dondi, *La stampa liberale di fronte allo squadrismo e al fascismo*, «Mondo contemporaneo», 2, 2017, pp. 5-34.

[50] F. Snowden, *The Fascist Revolution in Tuscany* cit., p. 150.

[51] M. Palla, *Firenze nel regime fascista* cit., pp. 124-5.

era difficile trovare qualche indirizzo programmatico e [...] in sostanza erano buoni solo a dare in escandescenze verbali, a incitare all'odio e alla violenza, a stilare liste di proscrizione degli avversari politici e a emettere sentenze di condanna a morte per i sovversivi nemici della Patria[52].

Una delle prime e più agguerrite pubblicazioni periodiche, come si evince dal titolo, fu la «Sassaiola Fiorentina» (1920-21) che si ispirava alle truppe ardite che si erano lanciate contro le trincee nemiche nella prima guerra mondiale. Fondata alla vigilia delle elezioni del novembre 1920, sostenne il Blocco Nazionale che prese il controllo del comune con l'appoggio di candidati fascisti e rivendicò la responsabilità delle prime squadre d'azione della città. Acquistata da Amerigo Dumini, spesso poco più di un foglio di una pagina, la «Sassaiola Fiorentina» mantenne una linea editoriale antisocialista virulenta e violenta e rivolse ai suoi nemici politici attacchi e intimidazioni personali. Indicativa è la descrizione che Fernando Agnoletti fa del quotidiano fiorentino del Partito Socialista «La Difesa»:

Un foglietto vigliacchetto di Firenze, scritto da scimunitelli borghesi e ciuchi e da proletari inabili alle fatiche di pace e perciò liberali in libellismo, l'ebdomadario socialistoide *Difesa* che [...] oggi si regge succhiando dalle fogne tutte le bassezze[53].

Come scrive Mario Piazzesi nel suo diario del 21 marzo, le violenze e le intimidazioni della «Sassaiola Fiorentina» erano un monito e una minaccia per i suoi nemici: «i rossi sono evaporati: forse ha contribuito l'avviso mandato per tempo al Mondolfi, il sindaco rosso, che in caso di disturbi gli avremmo fatta fare la fine del Lavagnini»[54].

Tra i circoli fascisti fiorentini, la «Sassaiola Fiorentina» era in diretta concorrenza con «La Riscossa», che operò dal gennaio 1921 all'ottobre 1922, quando passò sotto il controllo della Fede-

[52] A. Mazzoni, *Spartaco il ferroviere. Vita morte e memoria del ragionier Lavagnini antifascista*, Prato, Pentalinea, 2021, pp. 355-6.

[53] F. Agnoletti, *Bisfacio*, citato in U. Banchelli, *Le memorie di un fascista* cit., p. 18.

[54] M. Piazzesi, *Diario di uno squadrista toscano. 1919-1922*, Roma, Bonacci, 1980, p. 128.

razione provinciale fascista fiorentina. Sorta in concomitanza con una scissione nel partito fiorentino, «La Riscossa» aveva come ragion d'essere quella di riportare l'ordine e la disciplina in una città insubordinata. Diretta da Guido Carbonai, il suo linguaggio estremamente violento prese di mira anche il neonato PCI.

La più importante fonte di informazione e propaganda del Fascio fiorentino fu però il settimanale «Il Bargello». Voce ufficiale del fascismo fiorentino, fu fondato da Alessandro Pavolini circa due mesi dopo essere diventato leader del partito locale e pubblicato per la prima volta il 9 giugno 1929. Se da un lato il fascismo preferiva rilevare e dirigere, ove possibile, le testate esistenti, dall'altro non esitava a crearne di nuove, come nel caso de «Il Bargello» che mirava a creare un'immagine culturale nuova o rinnovata per la Firenze fascista. L'apertura delle colonne del giornale a scrittori e artisti di diverse tendenze fu un atto di inclusione che aiutò Pavolini a destreggiarsi tra gli squadristi originari e i nuovi membri emergenti dalle file giovanili del fascismo. Grande successo per la federazione, sotto la guida di Pavolini «Il Bargello» diede un contributo credibile alla sua produzione propagandistica. L'analisi di Palla sulla celebrazione da parte di Pavolini di una specifica «tradizione» fascista è quindi rilevante per lo sviluppo della storia di Berta da parte de «Il Bargello»:

> L'odio di classe, la consapevolezza più o meno lucida che forze antifasciste, organizzate o no, fossero presenti non solo all'estero ma nel paese, la necessità di individuare gli avversari nello scontro frontale, l'avvertimento a non sopravalutare i risultati della conquista fascista del potere, furono gli elementi realistici sottintesi dell'azione politica di Pavolini[55].

«Il Bargello» è stata una delle pubblicazioni fasciste più longeve, quasi unica per la sua ininterrotta durata dal 1929 al 1943. La sua notorietà a livello nazionale fu superiore anche alla sua diffusione, e fu ampiamente citato dalla stampa di tutta la penisola[56]. Non a caso, per tutta la sua esistenza e soprattutto durante la direzione del Fascio fiorentino da parte di Pavolini (1929-34),

[55] M. Palla, *Firenze nel regime fascista* cit., p. 182. Citato da A. Pavolini, *In profondità*, «Il Bargello», 7 luglio 1929.

[56] Per quanto riguarda i collaboratori e i contenuti del settimanale, si veda:

pubblicò numerosi articoli che celebravano e commemoravano Berta. Dopo che l'avvocato Giulio Ginnasi prese il posto di Pavolini, «Il Bargello» cambiò direzione.

> Gli venne a mancare proprio quella pagina politica e quei commenti che ne avevano fatto una voce originale tra la stampa fascista di provincia, e inoltre non fu più diretto dal segretario federale, ma da un giornalista professionista come Gioacchino Contri, che però non ricopriva incarichi di partito di particolare rilievo. Con Ginnasi, il PNF entrava anche a Firenze in quella che è generalmente nota come 'l'era di Starace'[57].

Preoccupate dalle proprie perdite e dai propri martiri da celebrare e commemorare, non sorprende che le fonti socialiste abbiano prestato poca attenzione alla morte di Giovanni Berta. Guardando oltre l'immediata cronaca dell'evento, l'istituzione della censura sulla stampa e la messa al bando dei partiti e dei giornali dell'opposizione non lasciarono quasi nessun organo di informazione non apertamente fascista ad approfondire il caso. Rimuovendo la possibilità di far emergere un'alternativa alla narrazione «ufficiale», la leggenda della morte di Berta entrò senza ostacoli nel folklore fascista e nella memoria pubblica, dove si sarebbe fissata in vent'anni di ripetizioni in una molteplicità di formati.

Fondamentali nello sviluppo della leggenda di Berta furono quindi le testimonianze specificamente fasciste, significative per dettaglio e numero. Destinate a orientare la narrazione, la rapidità con cui questa versione fu stabilita e la coerenza con cui fu divulgata indicano un'immediata consapevolezza del peso politico del suo «martirio». Gli articoli e le memorie fasciste del Ventennio, nonostante la loro evidente parzialità e la frequente esagerazione delle minacce e delle intimidazioni ricevute dai nemici socialisti, con un'attenta interpretazione e analisi, sono sempre preziosi. Come ha sostenuto Mabel Berezin, un'accorta disamina di questi testi può «offrire una visione della vita fascista ideale, o di ciò che il Partito Nazionale Fascista desiderava costruire. I manuali e i libri di testo del partito fascista fornivano le cornici retoriche da cui i

P. Hainsworth, *Florentine Cultural Journalism Under Fascism*: *Il Bargello*, «The Modern Language Review», 95(3), 2000, pp. 696-711.

[57] M. Palla, *Firenze nel regime fascista* cit., p. 223.

capi locali del partito inevitabilmente ricavavano le loro descrizioni degli eroi fascisti»[58]. Per essere utilizzati con successo, questi testi devono essere contestualizzati, anche se la loro affidabilità è discutibile. Se pur di scarso rilievo in termini di prove concrete sulla morte di Berta e dei suoi responsabili, mostrano come essa sia stata sfruttata a fini politici e sono illuminanti sull'importanza del martirio per il regime. Un'ulteriore difficoltà è rappresentata dall'assenza di materiale proveniente da Giovanni Berta stesso. Morto all'età di 26 anni, l'ex marinaio e operaio di fonderia non ha lasciato alcun diario o autobiografia. Gli unici resoconti della sua morte sono contestabili testimonianze oculari, per cui le memorie e i ricordi di alcuni ex squadristi sono le fonti più complete. Come sostiene Baldassini:

è nella rappresentazione del fenomeno squadristico che le memorie offrono i maggiori spunti di riflessione. La ricchezza di particolari con cui si descrivono le azioni squadriste, da una parte, e l'utilizzo di particolari espressioni gergali, dall'altra, cercano di rendere in modo immediato l'immagine che lo squadrista ha avuto di sé e del proprio ambiente, la «squadra», nonché del proprio nemico quotidiano, «il sovversivo». Le memorie, in particolare quelle scritte e pubblicate durante il fascismo, offrono un quadro vivo ed articolato dello stile di vita dello squadrista e del suo orizzonte mentale[59].

Scritte in momenti diversi tra l'ascesa e la caduta del regime[60], richiedono anch'esse un'analisi circospetta. Come avverte John Tosh a proposito delle testimonianze orali:

Alcuni resoconti sono distorti dalla memoria selettiva e dal senno di poi, altri sono errati nei fatti, altri ancora sono filtrati da esperienze successive o contaminati da ciò che è stato assorbito da altre fonti sull'evento grazie alla copertura mediatica, sovrapposti alla nostalgia di tempi apparentemente migliori o distorti da un senso di rimorso[61].

[58] M. Berezin, *Making the Fascist Self* cit., p. 211.

[59] C. Baldassini, *Fascismo e memoria. L'autorappresentazione dello squadrismo*, «Contemporanea», 5(3), 2002, p. 478 [475-506].

[60] Scritta negli anni del regime, l'opera di Piazzesi è stata pubblicata solo nel 1980.

[61] J. Tosh, *The Pursuit of History: Aims Methods and New Directions in the Study of History*, 6ª ed., Abingdon, Routledge, 2015, p. 269.

Si tratta, in effetti, di memorie costruite, che si intrecciano con la leggenda che stavano cercando di comporre intorno alle loro vite, poiché molti di questi testi autobiografici erano chiaramente destinati a massimizzare le credenziali fasciste degli autori, soprattutto per quanto riguarda la loro attività nei primi tempi. Come osserva Corner: «di fronte alle misure disciplinari, molti ex squadristi non potevano non ricordare i bei tempi in cui il loro potere era assoluto, quando avevano ampiamente spadroneggiato negli affari locali, con un'autorità incontestata e un'assoluta disponibilità della cosa pubblica ad uso privato»[62]. Il risultato è il conformismo e la ripetizione di storie addomesticate, piuttosto che la loro messa in discussione e la loro decostruzione. Tuttavia, come nota ancora Baldassini: «non trattandosi di testi esplicitamente ideologici ma legati alla quotidianità e alla personale esperienza degli autori, le autobiografie, infatti, restituiscono particolarità della vita fascista non riscontrabili in altri tipi di fonti a stampa»[63]. Per le varie interpretazioni della storia si può fare riferimento alle opere consolidate, ma per entrare nella mente degli squadristi e stabilire come volevano rappresentare sé stessi e il movimento queste testimonianze sono preziosissime[64].

Convergendo cronologicamente e tematicamente intorno agli anni e alle esperienze dell'ascesa fascista del 1919-21, i vari autori provengono da una vasta gamma di ambienti, che vanno da importanti leader fascisti, a figure minori all'interno del partito e ad alcuni dei suoi più giovani seguaci che non ebbero ruoli ufficiali o legami con la sua leadership. Tra questi, le memorie dei fascisti fiorentini Umberto Banchelli, Bruno Frullini e Mario Piazzesi, oltre allo studio sul fascismo dell'istriano Giorgio Alberto Chiurco, sono fonti preziose. Sebbene la loro attendibilità storica sia discutibile, essi rivelano comunque alcune delle radici del mito di Berta.

Umberto Banchelli fu descritto dal camerata squadrista Bruno Frullini come «l'uomo di azione e di guerra, il quale, non contento di avere sparso il suo sangue in Serbia e nell'Argonne, sul

[62] P. Corner, *The Fascist Party and Popular Opinion* cit., p. 68 (trad. it. cit., p. 77).

[63] C. Baldassini, *Autobiografia del primo fascismo* cit., p. 9.

[64] Per un elenco completo delle memorie si veda ivi, pp. 271-3.

Carso e sul Faiti, volle lasciarne un altro po' nella sua Firenze per ottenere il raggiungimento della Vittoria finale»[65]. Nel 1923, ancora giovane e fresco di memoria, pubblica i suoi ricordi degli anni dello squadrismo in *Le memorie di un fascista*. Fondatore della pubblicazione fascista dissidente «Il Pattuglione» nel 1924 e responsabile del Fascio locale per gli armamenti[66], «era tutt'altro che pacifista [...] In prima fila nelle spedizioni punitive, 'il mago' (così lo chiamavano i suoi compagni) era apprezzato per coraggio e sangue freddo»[67]. Secondo Franzinelli: «fiero delle proprie radici popolari, Banchelli era infastidito dalla violenza scatenata dai figli di papà per motivazioni classiste»[68]. Come ha scritto Banchelli stesso:

> Occorre ben ricordare che i barbogi e i loro clienti e i loro figli erano entrati nel Fascio con i loro scopi particolari, uno fra tanti, quello di esercitare la giustizia di classe, cioè punire non come fascisti, ma come figli dell'avvocato, del dottore, del fornitore, ecc.[69]

Banchelli aveva un'opinione alquanto sprezzante di Bruno Frullini che, secondo Cancogni, «fino al 1919 era stato uno dei socialisti più arrabbiati di Firenze», per poi aderire all'Alleanza della difesa cittadina al momento della sua formazione nel 1919. «L'avvocato Michele Terzaghi che la presiedeva si era messo a cercare uomini che fossero capaci di menare le mani contro i socialisti»[70]. A conferma della reputazione violenta di Frullini, Banchelli ne rileva anche la popolarità tra alcuni membri della gerarchia del partito, in particolare Umberto Pasella, per lo stesso motivo: «perché era di quelli che picchiavano sodo»[71]. Frullini pubblicò le sue memorie nel 1933 e anche Pavolini, che contribuì alla prefazione, non vedeva il suo fascino estendersi molto al di là di coloro che avevano vissuto il periodo e che avrebbero potuto godere di vedere il proprio nome in un libro. «Non so se per gli

[65] B. Frullini, *Squadrismo fiorentino*, Firenze, Vallecchi, 1933, pp. 119-20.
[66] U. Banchelli, *Le memorie di un fascista* cit., p. 56.
[67] M. Franzinelli, *Squadristi* cit., p. 39.
[68] *Ibid.*
[69] U. Banchelli, *Le memorie di un fascista* cit., pp. 16-7.
[70] M. Cancogni, *Storia dello squadrismo*, Milano, Longanesi, 1959, p. 97.
[71] U. Banchelli, *Le memorie di un fascista* cit. p. 95.

altri questo libro avrà un valore, o addirittura un senso. Dico *gli altri* per significare tutti quelli che non ebbero la ventura di fare il fascista a Firenze negli anni primi. Troveranno ingenue queste pagine, o in altri punti retoriche; le troveranno forse slegate e disuguali»[72].

«Ex-avanguardista della 'Disperata' e implicato in delittuose spedizioni squadristiche (del 'Carlo Menabuoni')», Mario Piazzesi aderisce al Fascio il 20 giugno 1920 e partecipa alla Marcia su Roma[73]. Dopo aver combattuto nella guerra coloniale del 1935-36, aderisce alla Repubblica Sociale Italiana e presta servizio come prefetto di Lucca, Piacenza e Alessandria[74]. Unico diario di un membro di primo piano di una squadra fascista ad essere sopravvissuto, il libro di Piazzesi ha un valore significativo, anche se con i limiti già menzionati[75]. Come ha indicato Mario Toscano nell'introduzione: «Quello che conta è il valore documentario del diario, questa sua capacità di farci addentrare in un mondo particolare e sconosciuto, quello di uno squadrista». Esponente acculturato della borghesia fiorentina, la formazione e l'attaccamento di Piazzesi alla città influenzarono la sua visione dello squadrismo come difensore della tradizione. Come osserva ancora Toscano: «c'è uno schermo di civiltà che la differenzia dal resto del paese, e al suo interno vivono precisi, *intoccabili*, rapporti. Se il discorso *famiglia-borghesia* presenta la contraddizione tra reazione e rinnovamento, in questo caso ci sembra predominante un atteggiamento di conservazione»[76]. Così, Piazzesi vedeva e giustificava le azioni violente dello squadrismo come una difesa della tradizione contro l'assalto socialista.

Di famiglia istriana, povera e irredentista Giorgio Chiurco si trasferì a Siena per studiare medicina, laureandosi nel 1921. Inizialmente repubblicano, si arruola nel Fascio di Combattimento il 16 giugno 1919 e comanda la squadra d'azione di Siena. Segreta-

[72] B. Frullini, *Squadrismo fiorentino*, cit., p. VIII.

[73] M. Palla, *Firenze nel regime fascista* cit., p. 224.

[74] M. Missori, *Gerarchie e statuti del Pnf. Gran consiglio, Direttorio Nazionale, Federazioni provinciali: quadri e biografie*, Roma, Bonacci, 1986, p. 257.

[75] P. Corner, *The Fascist Party and Popular Opinion* cit., p. XIII (trad. it. cit., p. 6).

[76] M. Piazzesi, *Diario di uno squadrista toscano* cit., pp. 44; 32.

rio federale della città dal 17 luglio 1921 al 15 novembre 1922, fu attivo nella violenta ascesa al potere del fascismo e partecipò alla Marcia su Roma. Nel 1929 pubblicò la sua *Storia della Rivoluzione Fascista* in cinque volumi, ristampata nel 1972. Anche lui, dopo aver partecipato alle campagne d'Abissinia e di Spagna, sostenne la RSI e tornò a Siena per diventarne prefetto dal 25 ottobre 1943 all'1 luglio 1944. Inizialmente condannato a morte per crimini di guerra alla fine della seconda guerra mondiale, fu infine condannato a 22 anni di reclusione dalla Corte d'Assise di Viterbo per collaborazionismo militare e «omicidio continuato e aggravato», il 20 gennaio 1950, prima che la Corte d'Assise d'Appello di Perugia lo prosciogliesse dall'accusa di omicidio e lo amnistiasse per il reato di collaborazionismo, il 20 giugno 1953[77].

L'anno in cui fu inaugurato il Sacrario dei Caduti per la Rivoluzione Fascista a Firenze (capitolo 6), il 1934, vide la pubblicazione di altri tre testi fondamentali per commemorare i martiri fiorentini e soprattutto Giovanni Berta. Il taglio de *L'Olocausto di Firenze. I caduti della rivoluzione fascista* era chiaro già dal titolo. Collegando il termine olocausto al fascismo fiorentino, faceva riferimento all'idea biblica del supplizio, piuttosto che dello spargimento di sangue, e all'ascensione del martire al cielo. Lungo circa 250 pagine, *L'Olocausto di Firenze* aveva un prezzo molto economico di 6 lire[78]. Con il ricavato interamente devoluto all'Opera Assistenziale Cittadina, era «perciò doppiamente doveroso l'acquisto da parte di quei fiorentini che vogliono rendere il supremo omaggio ai Caduti: ricordando e beneficando»[79]. Formalmente un resoconto storico dello squadrismo fiorentino, riportava le date di nascita, di ferimento e di morte di ciascuno dei martiri della città, oltre a una fotografia e a una breve biografia della loro vita che comprendeva le azioni a cui avevano partecipato e la causa della loro morte.

Nello stesso anno, una mostra di reliquie relative a Giovanni Berta consacrò ulteriormente l'aura «religiosa» che intorno a lui si respirava. La mostra fu organizzata dal Gruppo Rionale locale

[77] M. Franzinelli, *Squadristi* cit., pp. 203-4.

[78] In confronto, con 10 lire nel 1936 si poteva acquistare una copia del supplemento settimanale a colori del quotidiano del regime «La Rivista Illustrata del Popolo d'Italia».

[79] AA.VV., *L'Olocausto di Firenze* cit., p. 3.

Fig. 2. La copertina del volume celebrativo pubblicato dal Gruppo Rionale «Giovanni Berta», Firenze, 1934.

a lui intitolato (capitolo 3), includeva il parapetto del ponte da cui si presume fosse rimasto sospeso e venne accompagnata da un volume che ne ricordava la vita e la morte (fig. 2). Insieme alla storia del Gruppo Rionale «Giovanni Berta», il libro offriva una delle descrizioni più lunghe e dettagliate della vita di Berta, sebbene integralmente dal punto di vista fascista.

Pubblicata anch'essa nel 1934, l'agiografia di Marco Del Bello faceva parte della collana «Breviari dei Martiri della Rivoluzione». Molto retorico, il libretto di 30 pagine aveva un prezzo di 4 lire. Indicativo delle grossolane imprecisioni che di tanto in tanto comparivano tra i vari resoconti fascisti, Del Bello indicava la data della morte di Berta come il 6 febbraio 1921, circa tre settimane prima dell'evento reale che in seguito citerà con maggiore precisione[80]. Anche il suo racconto ripete fedelmente i vari tropi fasci-

[80] M. Del Bello, *Giovanni Berta*, Roma, Agostiniana, 1934, p. 20.

sti, con la solita enfasi sulla bastonatura delle mani e l'invocazione finale alla madre.

Oltre alle varie fonti letterarie, vi furono anche numerosi riferimenti artistici, poetici e musicali alla sua morte. A prima vista rappresentazioni e ricreazioni fedeli della storia di Berta, essi divennero parte del folklore fascista che riproduceva ricordi e suscitava passioni e saranno oggetto di esame anche come strumenti per comprendere l'affermarsi della leggenda.

Ricordare il fascismo

A quasi ottant'anni dalla morte di Mussolini e dal crollo del fascismo, e a più di cento dalla morte di Giovanni Berta, la società italiana rimane profondamente ambivalente sul senso e sul significato del Ventennio fascista. Gli storici del fascismo in Italia hanno tardato a indagare come gli italiani abbiano ignorato, affrontato o gestito la difficile eredità fascista del Paese[81]. Sebbene la cultura materiale fascista sia stata riconosciuta come problematica nell'immediato dopoguerra, l'idea che si trattasse di un patrimonio da preservare come mezzo per documentare o educare a quella storia è quasi inesistente. Questo è principalmente una conseguenza della divisione ideologica dell'Italia del dopoguerra[82], ove la guerra civile sotto l'occupazione nazista e la contestata liberazione e ricostruzione hanno portato a un ambiente postbellico caratterizzato da una generale volontà di dimenticare oppure da un confronto antagonistico.

La duratura memoria della natura «buona» del fascismo richiedeva quindi un oblio collettivo, oppure la rimozione dei suoi eccessi, come esemplificano le opinioni contrastanti che attribuiscono la colpa ai partigiani italiani o agli esecutori nazisti nello studio di Alessandro Portelli sull'eccidio delle Fosse Ardeatine

[81] N. Carter, S. Martin (a cura di), *Difficult heritage: negotiating the material legacies of fascism in post-war and contemporary Italy*, «Modern Italy», 24(2), 2019, pp. 117-235.

[82] C. Pavone, *Una guerra civile. Saggio storico sulla moralità nella Resistenza*, Torino, Bollati Boringhieri, 1991; J. Foot, *Italy's Divided Memory* cit.

del 1944[83]. Trasformando tale antagonismo, in cui gli avversari politici sono visti come nemici da distruggere, in quello che Chantal Mouffe ha definito «agonismo»[84], questo studio su Berta si sforzerà di adottare un approccio «agonistico» alla memoria, come definito da Bull e Hansen[85]. Come sottolinea Portelli: «la memoria si divide, in modo più difficile e drammatico, anche *dentro* le persone dentro i testi [...] un modo sicuro per non capirla è farla a pezzi, e spartirsela prendendosi ognuno il pezzo che gli fa comodo»[86]. Cercando di evitare di contrapporre il «bene» al «male», ricordando il passato in modo critico e ricostruendo il contesto storico, questo studio cercherà di superare le memorie antagoniste formatesi intorno a Berta e di esaminare la sua memoria in maniera olistica. Raggiungere questo obiettivo attraverso l'analisi della commemorazione di un martire fascista è naturalmente complesso. Nel processo, si riconosce il rischio che la demitizzazione di un ex eroe si trasformi in demonizzazione, consentendo così la sua riappropriazione positiva da parte di forze antagoniste e antidemocratiche. Considerando tutte le figure e strutture coinvolte nella produzione, sopravvivenza e ricordo della memoria di Giovanni Berta, si ricostruirà il contesto storico e si cercherà di evitare la semplificazione degli eventi che potrebbe ostacolarne la comprensione. Per mettere in luce la natura di costruzione sociale della memoria collettiva, questo metodo agonistico prenderà in considerazione molteplici prospettive per considerare le lotte socio-politiche del passato e ricostruirne il contesto storico.

In linea con la descrizione di una modalità di memoria binaria e quindi antagonista che non lascia spazio al dibattito, ogni opinione su Berta rappresenta quindi anche una scelta politica. Come nota Amy King nel suo esame dei martiri laici: «per quei cittadini in lutto che si mobilitano per ricordare i loro morti quando la

[83] A. Portelli, *The Order Has Been Carried Out* cit., p. 206 (trad. it. cit., p. 221).

[84] C. Mouffe, *On the Political*, New York, Routledge, 2005; Ead., *An Agonistic Approach to the Future of Europe*, «New Literary History», 43(4), 2012, pp. 629-40.

[85] A. Cento Bull, H.L. Hansen, *On Agonistic Memory*, «Memory Studies», 9(4), 2015, p. 391 [390-404].

[86] A. Portelli, *The Order Has Been Carried Out* cit., p. 205 (trad. it. cit., p. 223).

nazione in generale non lo fa, la commemorazione è diventata un atto politico e la memoria rimane strettamente legata a un gruppo particolare»[87]. L'esame del modo in cui la storia di Giovanni Berta è stata costruita e divulgata, e la sua leggenda, la sua memoria e il suo significato sono stati registrati e riprodotti, non è semplicemente una ricerca storica, poiché una concreta contestualizzazione richiede anche la considerazione della recente evoluzione degli studi sulla memoria[88]. Scrivendo negli anni Venti, Maurice Hawlbachs considerava la «memoria collettiva» come profondamente selettiva e ricostruttiva. Orientata alle esigenze del gruppo nel presente, «ciò che viene ricordato può essere distorto e spostato a tal punto che il risultato è più vicino alla finzione che alla realtà del passato»[89]. Scrivendo nello stesso periodo, Aby Warburg ha teorizzato la capacità di oggetti, immagini e simboli di evocare la memoria e creare continuità culturale. Sostenendo che erano dotati di una «energia mnemonica» trasferibile da una generazione all'altra, suggeriva che questa potesse innescare i ricordi. Condividendo «la percezione che la cultura e la sua trasmissione siano prodotti dell'attività umana»[90], entrambi gli studiosi hanno insistito sul ruolo umano nella trasmissione della memoria, importante per la successiva concettualizzazione della memoria culturale.

Scrivendo qualche anno dopo, con specifico riferimento alla Francia e all'Italia, Pierre Nora e Mario Isnenghi hanno suggerito che i luoghi e i siti che ricostruiscono e mettono in relazione i saperi con le situazioni contemporanee sono la chiave di questo processo[91]. Al centro della teoria profondamente interdisciplinare della «memoria culturale» di Aleida e Jan Assmann ci sono «eventi

[87] A. King, *Italy's secular martyrs: the construction, role and maintenance of secular martyrdom in Italy from the twentieth century to the present day*, Tesi di dottorato, University of Bristol, settembre 2018, p. 16.

[88] Per i testi chiave del crescente avanzamento della ricerca, vedi: A. Assmann, *Cultural Memory and Western Civilization*, Cambridge, U.P., 2011; A. Erll, *Memory in Culture*, London, Palgrave, 2011; J.K. Olick, *The Politics of Regret. On Collective Memory and Historical Responsibility*, New York, Routledge, 2007; S. Macdonald, *Difficult Heritage. Negotiating the Nazi Past in Nuremberg and Beyond*, London, Routledge, 2009; B. Niven, S. Berger (a cura di), *Writing the History of Memory*, London, Bloomsbury, 2014.

[89] A. Erll, *Memory in Culture* cit., p. 17.

[90] Ivi, p. 21.

[91] M. Isnenghi (a cura di), *I luoghi della memoria. Simboli e miti dell'Italia*

mitici del passato remoto che vengono interpretati come fondanti per la comunità». Questa teoria analizza «le interdipendenze tra memoria culturale, identità collettiva e legittimazione politica»[92]. La «trasmissione del significato» è formata dal patrimonio simbolico incarnato da riti, oggetti, monumenti, celebrazioni, templi, tombe, idoli, eccetera, che possono innescare significati e costruire un quadro narrativo del passato attraverso il quale si costruiscono immagini e identità.

Guardando al di là del periodo fascista, lo studio di Rosario Forlenza sull'impatto e la memoria della seconda guerra mondiale sottolinea «il potere di attribuzione di significato delle memorie e dei simboli nel processo storico e politico, nonché sulle aspirazioni e le aspettative formulate dalle persone in condizioni di incertezza sociale ed esistenziale»[93]. Concentrandosi sulla seconda guerra mondiale e sulla Resistenza per mostrare come la storia sia stata interpretata e sfruttata in base alle esigenze politiche e istituzionali, Forlenza mette in luce come «i simboli e le immagini costruiti e immagazzinati nella memoria culturale della nazione siano diventati portatori attivi di significati politici e culturali»[94].

Sviluppata e promossa attraverso intitolazioni di strade, tombini, immagini pittoriche, racconti di fantasia, una città coloniale e una nave militare, per citarne solo alcuni, la memoria della storia di Giovanni Berta si allinea chiaramente a queste spiegazioni teoriche sulla formazione della memoria. Sebbene la conoscenza e la memoria non siano necessariamente radicate nell'esistenza fisica, edifici, monumenti e opere d'arte possono dare solidità materiale e un segno di riconoscimento ufficiale, ostacolando così il processo di oblio. Come si vedrà, il nome e l'immagine di Berta sono ancora visibili in Italia, in particolare sui tombini romani. Uno di particolare rilievo si trova in via del Portico d'Ottavia, nel cuore dell'ex ghetto ebraico. Probabilmente inosservato dalla maggior

unita, Roma-Bari, Laterza, 1996; P. Nora, *Realms of Memory. The Construction of the French Past*, vol. 3, New York, Columbia U.P., 1998.

92 A. Erll, *Memory in Culture* cit., pp. 27-8.

93 R. Forlenza, *Sacrificial Memory and Political Legitimacy in Postwar Italy. Reliving and Remembering World War II*, «History & Memory», 24(2), 2012, p. 76 [73-116].

94 Ivi, p. 77.

parte dei passanti, fa pensare all'osservazione di Boyarin, secondo cui l'oblio è anche un grande fattore di memoria[95].

I vari modi in cui si vedrà come la storia di Giovanni Berta è stata ricordata e commemorata sollevano nel loro insieme ampie questioni sulla formazione della memoria, sulle rimozioni, sull'oblio e sul ricordo del regime.

Il capitolo finale, che esamina lo sfruttamento politico della memoria di Berta nel contesto italiano post-fascista e contemporaneo, metterà in luce la difficoltà dell'Italia nel creare una narrazione e un'identità condivisa del dopoguerra. Mostrerà inoltre come la memoria del fascismo storico abbia contribuito, e continui a contribuire, alla creazione di divisioni nella società italiana.

[95] J. Boyarin, *Storm from Paradise. The Politics of Jewish Memory*, Minneapolis, Minnesota U.P., 1992.

1

LA MORTE

Il fascismo toscano

Dopo la formazione del movimento fascista a Milano, nel marzo 1919, lo squadrismo si affermò rapidamente in Istria e in Friuli lanciando raid contro le associazioni e le istituzioni di lingua slava, prima di rivolgersi alla Pianura Padana, all'Emilia-Romagna e alla Toscana per attaccare le organizzazioni dei contadini e dei lavoratori rurali[1]. Centrato su città o province specifiche, i cui obiettivi variavano a seconda della politica locale, «la Toscana è notoriamente annoverata tra le regioni chiave della nascita e dell'avvento di quel fenomeno politico non ordinario»[2]. Angelo Tasca ha anche suggerito che «in nessuna parte d'Italia, forse, si è arrivati a superare in violenza e in crudeltà l'azione del fascismo nella *gentil Toscana*»[3], mentre Frank Snowden ha scritto che «il fascismo toscano [...] non era secondo a nessuno per violenza, forza organizzativa e intransigenza», soprattutto nel periodo 1921-22[4]. Ricordando il discorso di Mussolini al Teatro Nazionale in occasione del primo congresso del Fascio fiorentino, nel 1919, Bruno Frullini scriveva: «uscimmo infine dal Teatro dopo aver ammonito che ad ogni violenza, avremmo risposto con altrettanta violenza!»[5]. In seguito, «ogni domenica

[1] Un buon esempio di narrazione successiva all'incursione è M. Piazzesi, *La spedizione di Perugia (Marzo 1921)*, «Il Bargello», 27 ottobre 1934, p. 11.

[2] M. Palla, *I fascisti toscani*, in G. Mori (a cura di), *Storia d'Italia. Le regioni dall'Unità a oggi. La Toscana*, Torino, Einaudi, 1986, p. 457 [455-528].

[3] A. Tasca, *Nascita e avvento del fascismo* cit., p. 177.

[4] F. Snowden, *The Fascist Revolution in Tuscany* cit., p. 1.

[5] B. Frullini, *Squadrismo fiorentino* cit., p. 10.

le truppe d'assalto fasciste seguivano [Amerigo] Dumini e i suoi compagni assassini in spedizioni punitive attraverso i villaggi toscani con una testa di morto ricamata sulle loro camicie nere»[6]. Un esempio tra i tanti è il seguente:

verso le ore 24 del giorno 30 Agosto scorso in Prato, il pattuglione dei Reali Carabinieri [...] vide che una quindicina di individui bastonavano una persona che cadeva ferita a terra, invocando aiuto. Alla vista dei Carabinieri che accorrevano sul posto, detti individui si davano alla fuga. L'appuntato Cappelli per intimorirli, esplodeva un colpo di mitraglia ed il Carabiniere Bacci altro colpo a pallottola. Il bastonato venne identificato pel comunista Vannucci Umberto[7].

«La vera scossa», secondo Roberto Vivarelli, «che qui determinò lo scatenarsi della reazione fascista e uno sviluppo notevole del movimento [...] furono i gravi e sanguinosi avvenimenti, preceduti da un crescendo di forti tensioni, tra la fine di febbraio e i primi di marzo, a Firenze e a Empoli»[8].

Oltre a reclutare veterani di guerra, che portavano con sé esperienza organizzativa militare e sete di violenza, lo squadrismo arruolava anche studenti, piccola borghesia urbana, professionisti, gli emarginati politici, banditi di tutte le classi sociali, criminali condannati e affiliati del crimine organizzato. Come osserva ancora Snowden:

L'utilità di uomini con una lunga esperienza nell'uso della forza e pochi scrupoli nell'applicarla era evidente nel lavoro delle squadre, e in nessun luogo d'Italia tali uomini erano più ricercati che in Toscana, dove il movimento aveva ottenuto scarso successo attraverso i metodi tradizionali della competizione politica[9].

[6] D. Mack Smith, *Modern Italy. A Political History*, New Haven-London, Yale U.P., p. 303.

[7] ACS [Archivio Centrale dello Stato], MI [Ministero dell'Interno] 1814-1986, Pubblica Sicurezza, Div. AAGGRR [Affari generali riservati], AG [Archivio generale], Categorie Annuali, 1921, b. 96, Telegramma dal Prefetto di Firenze al Ministero Interno, 1° settembre 1921.

[8] R. Vivarelli, *Storia delle origini del fascismo. L'Italia dalla grande guerra alla Marcia su Roma*, vol. III, Bologna, il Mulino, 2012, p. 164.

[9] F. Snowden, *The Fascist Revolution in Tuscany* cit., p. 163.

L'importanza di stabilire una stretta relazione con le truppe responsabili del mantenimento dell'ordine pubblico divenne evidente dopo l'omicidio del socialista Spartaco Lavagnini e la successiva rivolta di San Frediano, all'epoca della morte di Giovanni Berta. Le squadre fasciste fiorentine non rimasero senza opposizione e ci furono numerosi «martiri» tra le loro file, come Dante Rossi, a cui fu tagliata la gola dopo un incidente che coinvolse il camion che stava guidando di ritorno da un'incursione a Foiano della Chiana. Come testimoniato da Giuseppe Figino:

erano in molti, noi senz'armi, il camion perduta la guida di Rossi ha sbandato e prima ancora che potessimo renderci conto dell'accaduto, Cinini, Rossi e Quadri erano immersi nel loro sangue colpiti dalle roncolate degli assassini, ed io, impotente a muovermi, inchiodato fra il camion e la siepe ho dovuto assistere a quella barbaria[10].

Dal 1920 al 1922, il costo stimato della violenza in termini di morti fu di circa trecento fascisti e tremila dei loro oppositori, una cifra che alcuni contestano[11].

Citando Antonio Gramsci, Palla ha sostenuto che i socialisti non avevano né gli strumenti né il tempo per fermare il fascismo. Impegnati nelle loro occupazioni quotidiane, non erano in grado di organizzare squadre d'assalto permanenti e specializzate, mentre le loro armi preindustriali, falci e coltelli da potatura, non erano all'altezza dei revolver, delle mitragliatrici, delle bombe e talvolta dei cannoni offerti ai fascisti[12].

La Toscana era profondamente politicizzata. Includendo Firenze e Siena, con i loro modesti settori industriali, il porto comunista di Livorno e le campagne circostanti, abitate principalmente da mezzadri inferociti dalla politica di collettivizzazione delle terre del PSI, offriva ai fascisti locali un'arena e un'opposizione per operare. L'analisi di Snowden sull'ascesa del fascismo toscano comprende sia l'agricoltura che l'industria, con particolare attenzione al rilevante settore metallurgico della regione. Con circa 15.000 operai ben organizzati e associati, era una realtà molto

[10] Cit. in B. Frullini, *Squadrismo fiorentino* cit., p. 210.
[11] D. Mack Smith, *Modern Italy* cit., p. 303.
[12] M. Palla, *I fascisti toscani* cit., p. 475.

importante per il movimento operaio e la politica di Firenze. Pur non rappresentando un centro industriale di grande rilievo, la più grande fabbrica di Firenze, le Officine Galileo, insieme alla fonderia Pignone impiegavano circa 1.800 operai. Se si aggiungono quelli delle aziende più piccole, come la fonderia Berta, si arriva ad altri 700 lavoratori[13]. Attivisti esperti e ben organizzati, i metalmeccanici sono stati i più vicini a unire l'intero movimento operaio contro l'ordine costituito. «È stata soprattutto la loro lotta a fare da spartiacque nella storia del movimento operaio regionale e italiano, oltre che nelle sorti politiche dei *fasci*»[14]. Nel 1921, tuttavia, il settore metallurgico militante fiorentino era una forza in esaurimento che lottava per la sopravvivenza contro il violento squadrismo toscano. Come chiarisce ancora Snowden:

> È esaminando il sostegno alla reazione delle principali aziende che possiamo apprezzare tutta la potenza del fascio fiorentino e comprendere l'ascesa del movimento in intere aree della Toscana dove la questione agraria era secondaria [...]
>
> Le prove del coinvolgimento dei principali industriali e delle maggiori aziende della regione nel movimento fascista, per quanto incomplete, lasciano poco spazio a dubbi[15].

Il denaro privato e l'industria ebbero quindi un ruolo importante nell'ascesa del fascismo fiorentino, con il settore metallurgico della città, al quale contribuì la fonderia della famiglia Berta dalla sua sede nel quartiere delle Cure.

Ex sobborgo agricolo, il quartiere industriale delle Cure si era sviluppato oltre i binari della ferrovia a est della città, sotto Fiesole. L'industria fiorentina era storicamente localizzata sulla sponda sud dell'Arno, nel quartiere di San Frediano, finché non fu costruito un secondo quartiere a nord-est della città, intorno a Rifredi. Come descritto da Vasco Pratolini nel suo romanzo *Lo scialo* del 1960, ambientato a Firenze tra le due guerre: «sussisteva un terzo nucleo, a suo modo decentrato, con una seconda grande fonderia e un moderno pastificio, nel rione delle Cure, ormai tutto

[13] R. Cantagalli, *Storia del fascismo fiorentino* cit., p. 116.
[14] F. Snowden, *The Fascist Revolution in Tuscany* cit., p. 142.
[15] Ivi, pp. 147-8.

villini, dove gli operai ci lavoravano ma non ci stavano di casa»[16]. Qui, dalla metà degli anni Cinquanta dell'Ottocento fino alla seconda guerra mondiale, abitava una Firenze proletaria di lavoratori industriali impiegati dal produttore di farina e pane Mulino Biondo (1884), dalle Officine Galileo, produttrici di strumenti scientifici e astronomici, dalla Società Anonima Les Tramways Florentins, prima azienda tranviaria della città, dalla fabbrica di tinture Romer (1895) e dalla tipografia Salani (1888), solo per citarne alcune[17]. Con l'apertura della stazione ferroviaria di Campo di Marte nel 1890 e i nuovi collegamenti disponibili in direzione di Faenza e Arezzo, l'area divenne ancora più conveniente alle esigenze dell'industria e del trasporto delle merci.

> Un panorama estremamento [sic] vario e diversificato, dunque, in cui erano rappresentati i più vari settori produttivi. Accanto a veri e propri stabilimenti industriali, sorgevano piccoli e piccolissimi opifici, ad accentuare la vocazione artigianale del quartiere[18].

La concentrazione di lavoratori alle Cure implicava anche la presenza di molte Società di Mutuo Soccorso, che avevano iniziato a comparire in Italia dalla metà dell'Ottocento[19]. Oltre alla tradizionale associazione di dipendenti delle stesse fabbriche o della stessa categoria di lavoro, era emersa anche una versione più eterogenea. Accogliendo tutti i lavoratori, compresi quelli non specializzati e i contadini, nel quartiere si sviluppò un forte senso di comunanza di interessi, anche se entrambi i tipi di società erano in realtà iniziative filantropiche promosse dai proprietari delle fabbriche borghesi con l'obiettivo di limitare l'azione di classe. Dopo la formazione del PSI nel 1892, queste società si liberarono dal controllo dei proprieta-

[16] V. Pratolini, *Lo scialo*, Milano, Mondadori, 1976, p. 275, da S. Gasparo, *Fabbriche e operai in un quartiere fiorentino. Appunti per una storia*, Firenze, Comune di Firenze-Consiglio di Quartiere, 1984, p. 11.

[17] Comune di Firenze, *Q2 Campo di Marte. Breve storia del quartiere*, http://q2.comune.fi.it/export/sites/q2/materiali/q2/serv_q2/STORIA_DEL_QUARTIERE.pdf [ultimo accesso 4 giugno 2020].

[18] S. Gasparo, *Fabbriche e operai in un quartiere fiorentino* cit., p. 16.

[19] Sullo sviluppo delle Società di Mutuo Soccorso a Firenze si veda U. Bardi, *Le piccole ribalte durante il fascismo*, in AA.VV., *La Toscana nel regime fascista, 1922-1939*, vol. II, Firenze, Olschki, 1971, pp. 657-61.

ri per svolgere ruoli chiave nello sviluppo sociale e politico della classe operaia delle Cure. Tra queste, la più tipica fu la Società di Mutuo Soccorso San Marco Vecchio. Fondata nel 1892, fu attiva fino all'avvento al potere dei fascisti nel 1922[20].

Una fitta rete di strutture ricreative, educative e culturali aveva sviluppato coesione sociale all'interno del quartiere. Come la Società di Mutuo Soccorso San Marco Vecchio, anche queste furono rapidamente incamerate dal fascismo. Distruggendo i centri democratici dove erano stati accolti i partiti operai e lasciando un vuoto dove un tempo operavano gruppi culturali e teatrali, molti di essi furono poi trasformati in Case del Fascio. Come riportava «La Difesa» nel gennaio 1921, i metodi fascisti erano spesso sommari:

> Ieri verso le ore 16 circa, trecento fascisti dopo avere scorrazzato per la città intimidendo e minacciando i cittadini, si portarono alla sede di Mutuo Soccorso e Cooperativa di San Marco Vecchio, e dopo sparate molte revolverate contro lo stabile tentarono abbattere la porta per entrare. In quel momento però gli operai che si trovavano dentro la Società, gettarono sugli aggressori una gragnola di pietre che valse a far ritirare di pochi metri quella turba, la quale rispose allora con un nutrito fuoco di rivoltelle e gettando una bomba incendiaria contro la porta dello stabile, che per fortuna non fu danneggiato[21].

La Fonderia delle Cure, che sarebbe poi diventata la Fonderia delle Cure «Giovanni Berta», fu costituita nel 1868. Dopo il ritorno in Italia dagli Stati Uniti nel 1870, Francesco Berta la acquistò tra il 1876 e il 1877. La famiglia Berta, che rimase proprietaria fino alla fine della seconda guerra mondiale, modernizzò e ampliò la fonderia, che rimase comunque «una azienda a conduzione familiare, probabilmente con un numero abbastanza limitato di operai, con metodi di lavorazione a carattere artigianale». Nel 1898, il figlio di Francesco, Giovanni, nato a New Orleans, assunse il controllo dell'azienda, che mantenne fino alla morte, nel 1930. Direttore dal carattere paternalistico, offrì condizioni di lavoro

[20] S. Gasparo, *Fabbriche e operai in un quartiere fiorentino* cit., p. 28.

[21] *L'aggressione fascista alla Mutuo Soccorso di S. Marco Vecchio*, «La Difesa», 29 gennaio 1921, p. 2.

migliori rispetto a quelle della storica fonderia Pignone, che si tradussero in un'ottima qualità di lavoro, «un rapporto molto stretto tra padrone e operai, tendente a creare un ambiente di lavoro quasi 'familiare'»[22].

A differenza di molte aziende industriali, la fonderia non conobbe una crescita significativa durante la prima guerra mondiale, fabbricando solo proiettili di piccolo e medio calibro. Il conflitto portò pochi cambiamenti nel numero di dipendenti, l'organico nel 1918 si aggirava sulle 120 unità. Un'azienda di medie dimensioni e di stampo paternalistico, i suoi lavoratori furono comunque attivi nell'occupazione delle fabbriche del 1920. Come riporta «La Nazione», molte delle principali fabbriche in Toscana e Umbria furono occupate e fu issata la bandiera rossa. Anche sulla Fonderia Berta[23], che in seguito diventerà significativa per lo sviluppo del mito e della memoria postuma del suo martire:

negli uffici della direzione si trovavano i fratelli Giovanni e Francesco Berta e lo stesso Giusti, allorché in un giorno dell'agosto 1920, si presentò loro il capo lega per comunicare da quel momento la Fonderia sarebbe gestita direttamente dagli operai. Anzi le parole furono più dure e più volgari: «D'ora in poi i padroni siam noi», e fu la frase che fece scattare Giovanni Berta. D'un balzo si gettò su capo lega impugnando la rivoltella. Il Giusti intuì subito la tragedia, valutò in un attimo le conseguenze del gesto di Berta, e, rapido e deciso, intervenne e gli fermò il braccio[24].

Meno di cinque mesi dopo, la fonderia fu al centro degli eventi che scossero la città e, in risposta alla morte di Giovanni, chiuse. Come sostenuto dall'«Azione Comunista»:

Il sig. Giovanni Berta, prendendo pretesto della morte del figlio vuole infliggere la più grave punizione agli operai mettendoli sul lastrico [...] perché non si impedisce ad un capriccioso di industriale, di chiudere uno stabilimento che mette alla fame cento famiglie? La ragione è che si vuole fare la rappresaglia la più violenta contro gli operai[25].

[22] S. Gasparo, *Fabbriche e operai in un quartiere fiorentino* cit., pp. 62-3.

[23] *Come è avvenuta l'occupazione degli stabilimenti fiorentini*, «La Nazione», 3 settembre 1920, p. 4.

[24] AA.VV., *L'Olocausto di Firenze* cit., p. 41.

[25] *La serrata dell'officina Berta*, «L'Azione Comunista», 15 marzo 1921, p. 1.

La chiusura della fonderia avvenne contemporaneamente a quella delle Officine Galileo. Quattro giorni dopo, «L'Azione Comunista» confermava la propria solidarietà ai lavoratori licenziati: «li invitiamo a rimanere fermi al loro posto di battaglia, mentre i loro rappresentanti conducono le trattative necessarie alla riapertura della Berta e della Gallileo»[26]. Lo sciopero si protrasse fino a maggio, quando venne costituita la Società anonima esercizio Fonderia delle Cure con un investimento di 50.000 lire ciascuno da parte del fondatore Francesco Berta, del figlio Giovanni senior e di Comino Comini. Ancora saldamente sotto il controllo della famiglia Berta, Gasparo sostiene che: «né Giovanni [senior] né Francesco Berta si occupavano evidentemente in questo periodo della gestione dello stabilimento, affidato probabilmente a personale tecnico, dato che gli operai credevano della completa estraneità della famiglia Berta alla neo-costituita società». Come riporta «L'Azione Comunista», il 4 marzo 1922 la fabbrica era stata sequestrata dai fascisti con il tacito appoggio dei proprietari e delle autorità. L'intervento fascista molto probabilmente faceva comodo all'epoca e sicuramente si rivelò utile alla famiglia qualche anno più tardi, quando cercò di avvalorare le proprie credenziali fasciste e quelle della fonderia per aggiudicarsi contratti governativi.

Alla riapertura della fonderia, le condizioni di lavoro peggiorarono notevolmente rispetto al punto più alto raggiunto dopo le occupazioni del 1920. «I fascisti, che in questi mesi andavano compiendo una vera e proprio escalation al livello cittadino, e che nel quartiere erano resi più audaci e baldanzosi dall'episodio del Ponte Sospeso, creavano in fabbrica un clima di violenza e intimidazione»[27]. Come chiarì Giovanni Berta senior in una lettera a Mussolini del 1927:

> Chiusa [...] nel febbraio 1921, in seguito alla dolorosa perdita di mio figlio Giovanni [...] la Ditta riprese quasi subito la consueta attività, con il precipuo programma di essere nell'Industria Nazionale, la prima assertrice della volontà Fascista e di dominare fermamente le imposizioni delle organizzazioni rosse.

[26] *La crisi metallurgica*, «L'Azione Comunista», 19 marzo 1921, p. 1.
[27] S. Gasparo, *Fabbriche e operai in un quartiere fiorentino* cit., pp. 69-70.

Fig. 3. Gli operai della Fonderia delle Cure «Giovanni Berta» nel 1920.

E tale fermo programma ebbe subito inizio col riprendere al lavoro solo quegli onesti e bravi operai, che con tutta fiducia si dichiararono pronti a sostenere la lotta di lavoro e di fede, e completare il personale con un forte nucleo di provati Fascisti[28].

A testimoniare questo cambiamento sono due fotografie contrastanti della fonderia, pubblicate nell'agiografia del 1934 del suo omonimo martire dal Gruppo Rionale «Giovanni Berta». Nella prima (fig. 3), scattata nell'agosto del 1920 durante l'occupazione delle fabbriche, un centinaio di operai in tuta o in camicia senza colletto e bretelle sono riuniti fuori dalla fabbrica. Mentre uno di loro solleva una falce e martello, la stessa icona è fissata al muro dell'edificio. Con alcuni degli operai in posa di sfida a braccia incrociate, altri che appoggiano un braccio sulla spalla del compagno mentre i rimanenti si attardano in primo piano, questo gruppo unito, dall'aspetto rude, duro e determinato, si presenta

[28] ACS, SPD [Segreteria particolare del duce] 1922-43, CO [Carteggio ordinario], b. 1673, f. 521257, Lettera da Giovanni Berta a S. Eccellenza Mussolini, 7 dicembre 1927.

come una versione industriale del dipinto *Il Quarto Stato* di Giuseppe Pellizza da Volpedo. Poco dopo, l'industria fiorentina subì la risposta fascista.

I militanti politici vennero allontanati, i comitati interni, i consigli di fabbrica e le organizzazioni sindacali socialiste vennero abolite e le varie conquiste ottenute con gli scioperi del 1919 e del 1920 vennero abrogate. [...] In questo lavoro i *fasci* svolsero un ruolo centrale nel superare la resistenza al nuovo ordine, nel dispensare minacce e intimidazioni, nel reclutare i disoccupati per creare una nuova forza lavoro apolitica e nell'istituire una rete di 'sindacati aziendali' che costituivano il quadro istituzionale per la gerarchia industriale, la disciplina e l'obbedienza[29].

Più precisamente, come si legge nell'agiografia del Gruppo Rionale:

Gli operai della Fonderia Berta, primi in Italia, risposero alle rosse bandiere issando sullo stabilimento, il 1° maggio 1921, il tricolore. E poco dopo gli squadristi del Rione costituirono gli «Arditi Giovanni Berta» [...] per onorare il Martire caduto [...] e per giurare a sé stessi che il sangue di lui non era stato versato in vano[30].

La seconda immagine (fig. 4), scattata 15 mesi dopo, nel novembre 1921, offre un netto contrasto. Il numero simile di operai della fonderia è ora posizionato di fronte a un insieme più austero di colonne romano-doriche e disposto in modo più formale, con la prima fila seduta, con le mani sulle ginocchia. Vestiti con abiti, cravatte e soprabiti, il loro aspetto è più in sintonia con quello dei colletti bianchi irreggimentati che con quello degli operai della fonderia. In luogo della falce e martello sono raggruppati attorno a un fascio littorio[31].

L'ascesa del fascismo portò un cambiamento significativo nella continuità e nella solidità del tessuto sociale toscano e la forza del movimento nella regione appare indiscutibile. Come nota Palla, tuttavia, la crescita del fascismo in Toscana a partire dalla pri-

[29] F. Snowden, *The Fascist Revolution in Tuscany* cit., p. 152.

[30] Gruppo Rionale Fascista «Giovanni Berta» di Firenze, *Giovanni Berta*, Milano, Bemporad, 1934, p. 66.

[31] Ivi, pp. 20-1.

Fig. 4. Gli stessi operai nel 1921.

mavera del 1921-22 fu lenta e irregolare, con improvvise accelerazioni piuttosto che con uno sviluppo graduale[32]. Il più attivo nella regione era il Fascio di Firenze, ma anche qui incontrò varie difficoltà. Dilaniato da conflitti interni, il partito locale si divise nel gennaio del 1921. Alla fine del primo periodo del fascismo nazionale, secondo Banchelli, la crisi rifletteva l'infiltrazione nel Fascio di membri dell'élite politica e sociale e dei loro figli, che portò a quella che egli considerava una scissione inevitabile:

> Giova ricordare che [...] i partiti barbogi, quelli che da cinquant'anni governano l'Italia, si erano fatti ampiamente rappresentare nei Fasci dai loro clienti, dai loro figli, mentre però nel primo organismo erano entrati in massa, nel secondo no; poiché le detonazioni delle armi non erano consone ai loro principi positivi e pratici[33].

Spinto ad agire dopo l'intervento del governo nel porre fine all'occupazione di Fiume, il gruppo scissionista, con circa trecen-

[32] M. Palla, *I fascisti toscani* cit., p. 459.
[33] U. Banchelli, *Le memorie di un fascista* cit., p. 13.

to aderenti nella regione, fu intitolato a Gabriele D'Annunzio e comprendeva quelli che sarebbero diventati alcuni dei principali attivisti e militanti del fascismo fiorentino. Amerigo Dumini, poi identificato come uno dei principali responsabili dell'omicidio del deputato socialista Giacomo Matteotti, e Bruno Frullini furono attivi nelle violenze più estreme che scoppiarono a Firenze nel febbraio 1921. Nei primi anni del regime Firenze fu uno degli epicentri del fascismo dissidente, che assunse un carattere diverso a seconda delle città. In alcune, la ribellione tendeva a ruotare intorno a figure note, regionali e nazionali, mentre «a Firenze, dissidenze e frazioni furono un fatto più largo, radicato e tenace, ché anzi riuscì in qualche modo a dar vita ad una tradizione lungo l'intero arco della parabola del regime»[34]. Nei primi anni del movimento, il gruppo dissidente fiorentino e il partito ufficiale si scontrarono attraverso i rispettivi settimanali, la «Sassaiola Fiorentina» e «La Riscossa», pur continuando a riunirsi per le scorrerie punitive del fine settimana nelle campagne. In un momento cruciale di espansione del fascismo, quando i proprietari terrieri affrontarono le leghe contadine locali con ogni risorsa disponibile, «i fascisti dissidenti perpetrarono spesso atti di violenza che sarebbero stati considerati dannosi se fossero stati commessi dai fascisti al potere, ma che erano comunque vantaggiosi per il regime di Mussolini, e quindi in definitiva nell'interesse di quest'ultimo»[35].

La scissione durò poco più di un mese, la riconciliazione fu negoziata da Dino Perrone Compagni. Discendente di una famiglia di proprietari terrieri di una certa ricchezza, il cui residuo fu sperperato nel gioco d'azzardo, «alla fine del 1921 era diventato l'uomo politico più potente della Toscana, al di sopra della legge, con ampie risorse e un esercito privato al suo comando»[36]. La descrizione di Ernesto Ragionieri è molto simile:

[34] E. Santarelli, *Per una storia dello squadrismo fiorentino*, in AA.VV., *La Toscana nel regime fascista, 1922-1939* cit., p. 611.

[35] G. Albanese, *Violence and Political Participation during the Rise of Fascism (1919-1926)*, in G. Albanese, R. Pergher (a cura di), *In the Society of Fascists. Acclamation, Acquiescence, and Agency in Mussolini's Italy*, Basingstoke, Palgrave, 2012, p. 56.

[36] F. Snowden, *The Fascist Revolution in Tuscany* cit., p. 162.

il capo di una sorta di 'Stato Maggiore', Dino Perrone Compagni, si muove effettivamente «come il comandante di ventura che si arrogava autorità regionale, ordinando pubblicamente assassinî di dirigenti e distruzioni di sedi di organizzazioni proletarie, imponendo le dimissioni di amministrazioni comunali, trattando personalmente con generali e prefetti»[37].

Uno dei membri più anziani del Fascio, noto per i suoi discorsi alquanto retorici ma spesso logici e persuasivi, Perrone Compagni aveva evitato di schierarsi dopo la frattura e si era creato invece un ruolo di «pacificatore». Le preoccupazioni di quanti avevano investito nell'agricoltura, molto inquietati dalla scissione di fronte alle azioni delle leghe contadine e alle confische delle terre, e gli eventi che si svolgevano in città erano stati fattori importanti nel promuovere il riavvicinamento.

> Fu assassinato Giovanni Berta, in barbaro modo, e anche il brigadiere Loy a Varlungo, dove i comunisti si manifestarono, secondo il loro solito degli abbietti assassini. Fu ucciso il comunista ferroviere Spartaco Lavagnini, gettata la bomba in Piazza Antinori, il cannone tonò al Ponte a Ema e ovunque le fucilate rombarono a centinaia. I due Fasci si erano riuniti per le azioni combattive nella sede del Fascio in Piazza Ottaviani, ospiti dei Combattenti[38].

A testimonianza dello spirito di militanza, la fragilità iniziale del partito fiorentino fu compensata dalla fedeltà e dalla fermezza dei suoi iscritti. Nel marzo 1921, «durante l'Assemblea di riappacificazione [...] fu acclamato un segretario politico [Dino Perrone Compagni] fra i gridi entusiasti di: Viva il marchese Perrone! Viva l'Italia!!!!»[39] All'epoca, il fascismo toscano era in grave ritardo rispetto a molte altre regioni in termini di fasci e di singoli iscritti, con solo otto fasci locali nella regione e una media di tre fascisti su cento toscani. Ma alle elezioni nazionali del maggio di quell'anno, il partito locale aveva conosciuto la sua prima grande espansione in termini numerici e amministrativi, soprattutto a Firenze. A differenza di altre regioni che avevano perso associati nello stesso

[37] Cit. in M. Palla, *I fascisti toscani* cit., p. 469.
[38] U. Banchelli, *Le memorie di un fascista* cit., p. 25.
[39] Ivi, pp. 24-5.

periodo, gli iscritti della provincia aumentarono lentamente ma costantemente fino a 3.600 unità[40]. Nel maggio 1922 i fasci locali erano 411 su un totale nazionale di 2.129, con i 51.372 toscani che contribuivano alla cifra nazionale di 322.210, ovvero un quinto dei fasci nazionali e un sesto dei fascisti in Italia[41].

Firenze fu governata da un frequente avvicendamento di commissari temporanei regi e prefettizi dal 1918 fino alla vittoria del Blocco Nazionale nelle elezioni amministrative del 1920. «Fu dopo queste elezioni amministrative che la violenza fascista divenne più estrema, poiché i fascisti intensificarono la militarizzazione dei loro gruppi e svilupparono il metodo della 'spedizione punitiva'»[42]. Mentre i socialisti conquistano la maggioranza dei comuni e delle circoscrizioni, in Toscana nel novembre 1920 il controllo della città passa al Blocco Nazionale. Antonio Garbasso guiderà la giunta di Firenze per i sei anni successivi, salvo un breve intervallo di due mesi dall'aprile alla metà di giugno del 1923, quindi anche durante e subito dopo la rivolta di San Frediano. «Fu un'amministrazione composita, senza nomi di grandissimo rilievo, che svolse i suoi compiti senza particolare impegno al di là del mero lavoro tecnico»[43]. Garbasso, un «conservatore di vecchio stampo», si iscrisse al Partito Fascista nel 1923, diventando così il primo sindaco fascista di Firenze. La risposta del comune alla morte di Giovanni Berta, tuttavia, suggerisce che le sue simpatie si erano già indirizzate in quella direzione da tempo.

Bisogna anche considerare che i fascisti si trovarono di fronte a oppositori convinti e pronti a usare la violenza se e quando necessario. Come descrive Cantagalli:

> Estremisti a Firenze non ne mancavano. Solo che allora quando si diceva «estremisti», s'intendeva nell'opinione comune della gente cosiddetta «per bene», prima di tutto i socialisti di tutte le gradazioni. Tale interpretazione, deliberatamente faziosa e in malafede, destinata poi ad esser ripetuta all'infinito come verità indiscussa che poneva tut-

[40] M. Palla, *I fascisti toscani* cit., p. 460.

[41] E. Ragionieri, *Il partito fascista. (Appunti per una ricerca)*, in AA.VV., *La Toscana nel regime fascista 1922-39*, cit., p. 59.

[42] G. Albanese, *Violence and Political Participation during the Rise of Fascism* cit., p. 52.

[43] M. Palla, *Firenze nel regime fascista* cit., pp. 94-5.

ti indiscriminatamente nel sacco, parlando di «bolscevichi», senza dio, senza patria, senza famiglia, bruti, ignoranti, ubriaconi, ladri, dediti al ventre, disertori, pugnalatori alle spalle, seviziatori degli avversari caduti, vigliacchi sempre[44].

Con una definizione così vaga, era quasi impossibile determinare la responsabilità di molti degli atti violenti commessi all'epoca. C'era anche la possibilità che agenti provocatori agissero per incolpare l'opposizione, anche se i socialisti consideravano l'idea che fascisti oppure membri della polizia attaccassero i loro commilitoni troppo estrema per essere realistica. Come riassume Roberta Suzzi Valli:

Chiunque non fosse 'rosso' apparteneva automaticamente al campo degli italiani. E quindi dei fascisti, mentre la responsabilità dei rossi diventava una responsabilità oggettiva, perché anche qualora non avessero commesso direttamente alcun delitto, erano loro i colpevoli per aver creato la situazione di tensione che caratterizzava l'Italia del dopoguerra[45].

In un altro caso, a seguito di un incidente avvenuto in piazza San Marco, a Venezia, il 22 luglio 1920, passarono 15 anni prima che Raffaele Vicentini rivendicasse la responsabilità dell'attentato a nome del fascismo veneziano, che ferì 18 civili: «nei giorni successivi all'avvenimento nessun movimento o partito avrebbe potuto assumersene la responsabilità senza gravi conseguenze politiche»[46]. Queste considerazioni sono importanti se si considera l'attentato di piazza degli Antinori, nel centro di Firenze, del 27 febbraio 1921, che diede il via alla serie di eventi violenti che portarono alla morte di Giovanni Berta circa 36 ore dopo.

27 febbraio 1921

Gli uffici del quotidiano comunista «La Difesa» furono distrutti il 26 gennaio 1921. Come riporta il giornale stesso:

[44] R. Cantagalli, *Storia del fascismo fiorentino* cit., p. 148.
[45] R. Suzzi Valli, *Il culto dei martiri fascisti* cit., p. 106.
[46] G. Albanese, *Alle origini del fascismo* cit., p. 19.

Freddamente, pacatamente, sotto il paterno occhio vigilante delle autorità di pubblica sicurezza i duecento fascisti fiorentini hanno assalito la tipografia della nostra «Difesa» e hanno tutto distrutto.

Ben armati di pugnali e di rivoltelle e di bombe a mano i duecento eroi, fiancheggiati e seguiti da guardie regie, hanno potuto compiere indisturbati l'opera di violenza e di rapina[47].

I disordini che ne seguirono, pur non avendo avuto un costo in termini di vite umane o di danni, aumentarono la tensione e indussero il prefetto a vietare tutti i futuri cortei e sfilate. Il 27 febbraio il Partito Liberale organizzò un corteo patriottico per celebrare l'inaugurazione della bandiera del suo gruppo studentesco, la cui autorizzazione venne inizialmente rifiutata. Su pressione di Dumini, Frullini e Manfredo Chiostri, il divieto fu revocato e il corteo fu autorizzato a condizione che fosse scortato da circa 60 carabinieri e agenti della Polizia di Stato in borghese[48]. Con alcuni sostenitori del fascismo tra i 100-200 partecipanti, varie testimonianze riportano che il corteo intonò canzoni patriottiche mentre passava lungo le rive dell'Arno prima di svoltare in via Tornabuoni e piazza degli Antinori. Qui, quattro colpi di pistola furono seguiti da un'esplosione che ferì 18 persone e lasciò l'ufficiale dei carabinieri Antonio Petrucci con una ferita mortale alla testa. «Il suo corpo era verso il suolo, e la faccia irriconoscibile, era intrisa di sangue e cosparsa di materia cerebrale». Fu portato via in automobile. Il veicolo si muoveva lentamente tra la folla domenicale in piazza del Duomo, dove sembra sia stato ordinato ai presenti di togliersi il cappello in segno di rispetto per l'ufficiale ferito in servizio. Giunti alla Loggia del Bigallo, si verificò un secondo grave incidente. Come riporta «La Nazione» con una manifesta vaghezza:

C'è chi afferma che l'individuo in parola ostentasse una grande indifferenza al passaggio della vettura; ed altri asserirebbero che lo sconosciuto non accogliesse con troppo fervore l'invito di togliersi il cappello, proferendo anzi questa frase cinica ed ingiuriosa: «Meno male! Ce n'è

[47] *L'agguato*, «La Difesa», 29 gennaio 1921, p. 1.

[48] Per un resoconto dettagliato della giornata si veda R. Cantagalli, *Storia del fascismo fiorentino* cit., pp. 147-60.

uno di meno» – intendendo alludere al morto. Ad un tratto [...] echeggiava un colpo secco di moschetto.
Un carabiniere di sopra la vettura aveva fatto scattare la sua arma[49].

Due giorni dopo, la versione viene chiarita e si forniscono alcune giustificazioni per gli eventi:

tutti si toglievano il cappello davanti al cadavere della vittima del dovere; in Piazza del Duomo però, il ferroviere Gino Mugnai [...] finse di non vedere il mesto convoglio, e all'invito dei cittadini di scoprirsi, egli rispose: «È morto un carabiniere? Uno di meno!» Uno dei carabinieri di scorta udì la frase ed esasperato gli sparò contro un colpo di moschetto uccidendo il Mugnai[50].

Il resoconto della «Difesa» dipinge un quadro leggermente diverso, sostenendo che all'arrivo del veicolo Mugnai era così concentrato sul giornale che stava leggendo da non rendersi conto di ciò che stava accadendo[51].

Non mostrando segni di vita, il trentunenne capotreno fu caricato sullo stesso mezzo e portato all'ospedale Santa Maria Nuova. Seconda vittima della giornata, venne dichiarato morto poco dopo le 12. Alla stazione fu raccolto anche lo studente universitario Carlo Menabuoni, che aveva ricevuto gravi ferite alle gambe nell'esplosione iniziale. Sopravvissuto alla prima guerra mondiale, il ventitreenne aveva partecipato a poche azioni, essendo stato quasi subito catturato dalle forze austriache. Fascista attivo dal 1920, aveva partecipato a diversi raid punitivi. Come ricordava eufemisticamente il suo ex insegnante, padre Ermenegildo Pistelli, egli era uno «studente universitario liberale [...] tutte o quasi tutte le domeniche, per riposare la mente dagli studi umanistici, se ne andava in campagna con gli amici squadristi a distribuire ai contadini lezioni di liberalismo»[52]. Menabuoni morì tre settimane

[49] *Una bomba contro un corteo patriottico. Terribili episodi di rappresaglia*, «La Nazione», 2 marzo 1921, p. 1.
[50] *Una rapida cronistoria delle tragiche giornate*, «La Nazione», 4 marzo 1921, p. 3.
[51] *La cronaca dei luttuosi avvenimenti*, «La Difesa», 5 marzo 1921, p. 2.
[52] R. Cantagalli, *Storia del fascismo fiorentino* cit., p. 151.

dopo, il 14 marzo, e divenne verosimilmente il secondo martire fascista fiorentino più importante, dopo Berta.

Il panico che seguì l'esplosione rese praticamente impossibile l'identificazione del colpevole, che di fatto non sarebbe mai venuto alla luce. Come informò «La Difesa» all'epoca:

> Rimasto ferito a morte il carabiniere Petrucci, i colleghi, per niente in possesso di quella calma che avrebbe loro permesso a raggiungere il reo od i rei di sì nefando attentato, sparando lungamente all'impazzata, provocando un maggiore panico che fu causa di vari altri ferimenti[53].

Alle 15.45, il prefetto riferiva comunque alla Direzione Generale della Pubblica Sicurezza: «si dice che l'attentato sia opera dei comunisti»[54], termine corretto in «sovversivi» alle 22.45 della stessa sera[55]. Considerata l'ampia definizione di tali termini accusatori, «sovversivi» era riferibile praticamente a chiunque. Inoltre, nel tentativo di ricostruire gli eventi emerge un groviglio di testimonianze contraddittorie. Tra queste c'è quella del segretario della Società Ufficiali Pensionati, il colonnello Carraro, che ne offre una descrizione stereotipata: «Uno di costoro [...] portava un berretto nero calcato sugli occhi, una giacchetta scura e l'immancabie [sic] cravatta svolazzante»[56]. Nel luglio 1922 gli anarchici Domenico Aratari, in contumacia, e Pietro Galassini furono condannati all'ergastolo[57]. Secondo Sheyla Moroni: «Aratari avrebbe sempre negato ogni responsabilità nel fatto, additando quale omicida il pregiudicato (fascista) 'Garuglieri Renato di Dante, riparato in Svizzera'»[58].

Indicativo della grande varietà di resoconti è quello di Giorgio Alberto Chiurco, che registra la morte di Menabuoni e Petrucci ma non fa alcun riferimento a Gino Mugnai[59]. A proposito del

[53] *La cronaca dei luttuosi avvenimenti* cit., p. 2.

[54] ACS, MI 1814-1986, Pubblica Sicurezza, Div. AAGGRR, AG, Categorie Annuali, 1921, b. 96, fasc. C.1, 'Telegramma 6512'.

[55] Ivi, 'Fonogramma 3570'.

[56] *I risultati delle prime indagini*, «La Nazione», 2 marzo 1921, p. 1.

[57] A. Mazzoni, *Spartaco il ferroviere* cit., p. 326.

[58] S. Moroni, *Vincere e convincere. Processi e politica a Firenze dal 1922 al 1924*, «Annali di Storia di Firenze», VII (2012), p. 173 [165-93].

[59] G.A. Chiurco, *Storia della Rivoluzione Fascista*, vol. V, Milano, Edizioni del Borghese, 1972, pp. 91-2.

suo presunto rifiuto di togliersi il cappello, il prefetto offre uno specifico riferimento alla posizione politica di Mugnai:

> Ne avvenne un diverbio e poiché uno dei borghesi, che si vuole che sia stato il ferroviere Mugnai Gino, sono stati esplosi 2 colpi di rivoltella all'indirizzo dei fascisti e della diligenza; il carabiniere Falcogno che trovavasi in essa ha sparato un colpo di rivoltella uccidendolo. Il Mugnai portava all'occhiello il distintivo del Soviet[60].

Il 6 marzo, la versione del prefetto sulla morte di Mugnai cambia ancora una volta:

> fermi all'angolo di via Calzaioli, partirono delle frasi ingiuriose verso i carabinieri e furono esplosi subito alcuni colpi di rivoltella. Un militare dell'Arma rispose con un colpo di moschetto uccidendo il ferroviere Mugnai Gino, che avrebbe esplosi i colpi di rivoltella contro i carabinieri[61].

Elencando i vari episodi di violenza della giornata, il prefetto registrò l'arresto di cinquanta persone, la maggior parte delle quali furono indicate come anarchici o comunisti in possesso di armi illegali[62]. Non si fa menzione di arresti di fascisti. Invitando alla pace in città, il bilancio della «Nazione» sugli eventi della mattinata denotava la posizione del giornale: «il dolore dell'aggressione orrenda ha generato il male della rappresaglia, triste anch'essa. Ma qualsiasi giudizio non può che prendere le mosse da Piazza degli Antinori»[63]. Quello che accadde nei tre giorni successivi fu certamente innescato dall'attacco al corteo patriottico, ma ciò che risulta già chiaro è che ci fu una notevole confusione che la stampa e le autorità scelsero di non chiarire prima di commentare.

[60] ACS, MI 1814-1986, Pubblica Sicurezza, Div. AAGGRR, AG, Categorie Annuali, 1921, b. 96, fasc. C.1, 'Fonogramma 3570', 27 febbraio 1921.

[61] ACS, MI 1814-1986, Pubblica Sicurezza, Div. AAGGRR, AG, Categorie Annuali, 1921, b. 96, fasc. C.1, Prefettura di Firenze, Gabinetto N. 869, Rapporto sui fatti avvenuti nelle giornate del 27, 28 febbraio, Firenze 6 marzo 1921, p. 1.

[62] ACS, MI 1814-1986, Pubblica Sicurezza, Div. AAGGRR, AG, Categorie Annuali, 1921, b. 96, fasc. C.1, 'Fonogramma 3570', 27 febbraio 1921.

[63] *Dopo l'incubo*, «La Nazione», 2 marzo 1921, p. 1.

Inoltre, vista la mancata identificazione dei colpevoli, non si giustificava la successiva «rappresaglia» contro Spartaco Lavagnini.

La «Sassaiola Fiorentina» riservò particolare animosità nei confronti di Lavagnini che, come amministratore della «Difesa» nel 1914, si era opposto con forza all'ingresso dell'Italia nella prima guerra mondiale. Contabile di professione, divenne direttore della «Difesa» nel 1918. Dirigente del Sindacato Ferrovieri Italiani, tra i fondatori del Partito Comunista Italiano nel gennaio 1921, primo segretario e direttore del quotidiano fiorentino del PCI «L'Azione Comunista», non sorprende che Lavagnini abbia attirato un'attenzione particolare da parte del giornale. Con un linguaggio violento e crudo, anche rispetto ad altre pubblicazioni fasciste dell'epoca, i nemici socialisti della «Sassaiola Fiorentina» venivano spesso chiamati *pussisti*, dall'acronimo del Partito Ufficiale Socialista (PUS)[64]. Si trattava, tuttavia, anche di un gioco sulla parola «pus» che patologizzava il partito come «un pericoloso veicolo di infezione per l'intero corpo sociale»[65]. Alla descrizione di Lavagnini come uno degli «uomini del PUS» nella sua seconda edizione straordinaria, si somma un attacco minaccioso e profetico nell'edizione successiva[66]. Citando le critiche socialiste alla sua posizione contraria allo sciopero a sostegno della Russia e dell'Ungheria, il 20-21 luglio 1919, in quell'editoriale si dichiarava: «Spartaco Lavagnini è ora, moralmente parlando, un uomo morto. Confesso di avere qualche rimorso nel gettare sale sulle ferite del suo cadavere. Ma è necessario. Tutti devono sapere di questo miserabile traditore, di questo vile crumiro che oggi è diventato il portabandiera della classe operaia»[67]. Nonostante la mancata elezione di Lavagnini a Palazzo Vecchio nelle elezioni comunali dell'ottobre/novembre 1920, quando aveva nutrito ambizioni di sindaco e si era poi classificato quinto nella lista socialista, la «Sassaiola Fiorentina» continuò con il suo minaccioso sottofondo di violenza e con un linguaggio che

[64] Il cosiddetto Partito Socialista Ufficiale si distingueva dai riformisti sociali di Bissolati, dai socialisti indipendenti di Ciccotti e dai sindacalisti rivoluzionari di Mussolini, si veda A. Mazzoni, *Spartaco il ferroviere* cit., p. 358, n. 112.

[65] A. Ventrone, *Il nemico interno* cit., p. 13.

[66] «Sassaiola Fiorentina», secondo numero straordinario, 6 novembre 1920, pp. 1-2.

[67] *Spartaco Lavagnini giudicato dai socialisti Bianchi, Baldesi e Saccenti*, «Sassaiola Fiorentina», 6 novembre 1920, p. 1.

lasciava presagire non solo la sua morte ma anche quella di Berta. In un articolo intitolato *Alla fogna!*, in cui prometteva di gettare nella fogna i candidati socialisti sconfitti, scriveva:

> Alza la testa *Spartaco Lavagnini!* Hai sognato troppo [...] nella tua anima di plebeo di diventare il Doge di Firenze! Lo credevi un frutto maturo [...] e sei precipitato. Giù, giù nel fondo, o infimo borghesuccio senza testa, senza cuore e senza coraggio; giù nel fondo torna alle tue scartoffie e Lenin ti salvi da qualche crstigo [sic] più tremendo che noi rinunziamo ad affibbiarti noi...
>
> *Alla fogna! Alla fogna!*
>
> E chiudiamolo la botola e gettiamone la chiave in Arno[68].

Un'occasione a lungo attesa, avrebbe poi ricordato Giacomo Lumbroso: la sera dell'attentato di piazza degli Antinori i fascisti fiorentini si riunirono in piazza Ottaviani, il primo quartier generale del Fascio fiorentino – per gentile concessione dell'Associazione Combattenti –, il cui leader Dino Perrone Compagni (segretario federale dal 25 dicembre 1924 al 9 ottobre 1925) tenne un breve ma entusiasmante discorso:

> «Occhio per occhio, dente per dente! Prima di stasera i capi del bolscevismo avranno scontato quest'ultima infamia!»
>
> Un urlo immenso gli risponde [...] E mentre Carlo Menabuoni agonizza nella stanzetta di Santa Maria Novella, dal cortile di piazza Ottaviani i fascisti muovono alla rappresaglia[69].

Pur essendo in numero ridotto a causa della dislocazione in campagna di cinque gruppi agguerriti per «occuparsi» delle manifestazioni socialiste, cinque «squadre della vendetta» vennero incaricate di trovare e uccidere un comunista di spicco[70]. In prima serata, un gruppo di circa trenta uomini si diresse in via Taddea 2, sede del Sindacato dei Ferrovieri, della Federazione comunista provinciale e dell'«Azione Comunista», dove Spartaco Lavagnini stava preparando l'edizione di prossima pubblicazione. Fu ucciso

[68] *Alla fogna!* «Sassaiola Fiorentina», 13 novembre 1920, p. 1.
[69] G. Lumbroso, *Febbraio del '21*, «Il Bargello», 27 ottobre 1934, p. 7.
[70] D. Perrone Compagni, *Giornate fiorentine*, «Gioventù fascista», 5 aprile 1931, p. 9.

con diversi colpi d'arma da fuoco e l'ufficio fu devastato[71]. Qualche anno dopo, nel 1959, lo scrittore e giornalista Manlio Cancogni descrisse l'omicidio nella sua storia dello squadrismo, con il dettaglio aggiuntivo della sigaretta. Un aspetto raccapricciante di questo omicidio, per cui si potrebbero ragionevolmente sollevare dubbi anche sulla sua accuratezza storica:

> A pianterreno, dietro un banco sedeva il segretario del sindacato ferrovieri, Spartaco Lavagnini. I quattro spararono subito e Lavagnini cadde col viso sul tavolo. Uno degli assassini lo prese per i capelli e gli sollevò la testa appoggiandola allo schienale della sedia: nel viso bianco gli occhi erano aperti e fissi. Lo sparatore si tolse di bocca la sigaretta e la mise fra i denti al morto[72].

La versione di Giorgio Chiurco è analoga, con l'aggiunta dell'ipotesi che Lavagnini avesse sparato per primo, di cui non si hanno prove[73]. In concreto, tra coloro che entrarono nell'ufficio emerse rapidamente il nome di Italo Capanni. Uno dei più temuti attivisti del fascismo fiorentino e presto deputato al Parlamento (1921), Antonio Scurati lo cita come l'assassino di Lavagnini, anche se non venne mai formalmente incriminato[74].

Indicativa della posizione dei rappresentanti dello Stato in città all'epoca, è la descrizione che il prefetto fa di Lavagnini, in più di un'occasione, come impiegato delle ferrovie, e noto attivista comunista[75]. Il servizio della «Nazione» sul crimine offriva ulteriori dettagli e un esempio sconcertante di «neutralità» giornalistica di fronte all'evidenza. Riportando come una squadra di trenta uomini abbia raggiunto l'indirizzo e tre o cinque di loro siano entrati nell'ufficio, mentre gli altri mettevano in sicurezza l'ingresso, commenta:

[71] Per le versioni dell'omicidio di Lavagnini si veda R. Cantagalli, *Storia del fascismo fiorentino* cit., pp. 157-9; A. Mazzoni, *Spartaco il ferroviere* cit., pp. 325-54.

[72] M. Cancogni, *Storia dello squadrismo* cit., pp. 90-1.

[73] G.A. Chiurco, *Storia della Rivoluzione Fascista* cit., pp. 91-2.

[74] A. Scurati, *M. Il figlio del secolo*, Milano, Bompiani, 2018, p. 433.

[75] ACS, MI 1814-1986, Pubblica Sicurezza, Div. AAGGRR, AG, Categorie Annuali, 1921, b. 96, fasc. C.1, 'Fonogramma 3570', 27 febbraio 1921; ivi, 'Fonogramma 3598', 28 febbraio 1921.

È stato forse che allora il Lavagnini veniva scoperto? Quello che sembra quasi sicuro è che egli si trovasse solo nel locale. La scena deve quindi essersi svolta senza testimoni. Si udivano soltanto a un certo momento alcuni colpi di rivoltella e subito dopo il gruppo dei giovani veniva veduto allontanarsi dalla casa di Via Taddea[76].

Senza pietà né lacrime di coccodrillo, la «Sassaiola Fiorentina» dichiarava Lavagnini vittima di «quella passione politica che sta al disopra di ogni passione umana, perché è la somma di tutte le passioni impersonali e disinteressate, che ha nel passato le sue radici e serba all'avvenire i suoi frutti»[77]. Semilegittimando l'atto, Mussolini non ebbe dubbi neppure sulla sua giustificazione e sulla sua misura:

> La rappresaglia che ha seguito la barbarica aggressione è pienamente giustificata. La provocazione non è partita dagli elementi antisocialisti. I fascisti fiorentini si erano riversati nelle campagne e non avevano premeditato nulla. I comunisti invece avevano teso l'agguato micidiale [...] Ora, dopo ogni delitto pussista, la rappresaglia fascista piomba inesorabile[78].

Dino Philipson, sostenitore del fascismo prima di prendere le distanze dal regime a metà degli anni Venti, rafforzò questo punto nel dibattito parlamentare sulle violenze, tenutosi l'8 marzo. Attribuendo la colpa al PCI per l'intera serie di eventi, sostenne che l'attentato iniziale al corteo patriottico era stato il segnale per lanciare una rivolta in tutta la provincia. Inoltre, dopo l'assassinio di Lavagnini, Philipson rimproverava ai deputati del PCI di non aver impedito la violenza e di aver reso più difficile il compito di far rispettare la legge e ristabilire la pace[79].

La morte di Lavagnini dimostra come, alla fine di febbraio del 1921, la violenza politica avesse portato Firenze a un punto di rottura. «Se la notizia dell'atroce assassinio ci ha stretto la gola con un nodo di pianto, lo sdegno in noi è così forte che

[76] *L'uccisione di Spartaco Lavagnini*, «La Nazione», 2 marzo 1921, p. 1.

[77] *Primavera di sangue*, «Sassaiola Fiorentina», 5 marzo 1921, p. 1.

[78] B. Mussolini, *Responsabilità*, «Il Popolo d'Italia», 1° marzo 1921, VIII, cit. in E. e D. Susmel (a cura di), *Opera omnia di Benito Mussolini* cit., p. 189.

[79] Camera dei Deputati, Atti Parlamentari, Leg. XXV, 1ª Sessione, Discussioni, Tornata di martedì 8 marzo 1921, Roma, Tipografia del Senato, 1922, pp. 8487-8.

soffocando il dolore ci fa sentire sacra la ribellione violenta e il dovere della rivendicazione»[80]. Dichiarato «martire dell'idea comunista» (5 marzo 1921) e «martire della fede» (21 marzo 1921), nel lungo articolo dell'«Azione Comunista» del 5 marzo dedicato alla memoria di Lavagnini «si evince quale fosse il rispetto che i compagni fiorentini nutrivano per Lavagnini e quale autorevolezza gli venisse riconosciuta in una fase storica in cui lo scontro di classe sembrava ormai giunto al suo apice decisivo e risolutivo»[81]. Inoltre, la distribuzione da parte della «Difesa» di litografie a due colori del «Primo Martire Comunista» per 30 centesimi (19 marzo 1921) indica come il martirio fosse uno strumento politico e propagandistico per entrambi gli estremi dello schieramento politico. Infatti, come rivela Mazzoni, il sequestro delle immagini di Lavagnini pare sia stato al centro di una controversia che ebbe come protagonista anche «una canzone che irrideva alla memoria del fascista Giovanni Berta» e che portò alla morte Annibale Foscari, poi sepolto nella cripta fascista sotto Santa Croce[82].

«Vittima del proprio dovere, per causa del Proletariato, che aveva dedicato la sua vita», secondo «L'Azione Comunista»[83], «La Difesa» vedeva nella sua morte qualcosa di rigenerante, ed è interessante che si riferisse a lui come al «duce» della sinistra molto prima che Mussolini assumesse questo titolo: «e sulla fossa di questo nostro amato duce che lascia la sua dolorante compagna a piangerlo per sempre, i fiori vermigli della fede comune!»[84] A conferma di queste idee di rigenerazione e martirio, Fernando Garosi paragonò Lavagnini a Karl Liebknecht, il comunista tedesco assassinato nel 1919 dai Freikorps. Nel suggerire che anche Lavagnini potesse essere consapevole del destino che lo attendeva, il suo commento è un'ulteriore indicazione dell'esistenza di memorie contrapposte sui martiri rivali o concorrenti:

[80] *In memoria di Spartaco Lavagnini. Per il martire nostro*, «L'Azione Comunista», 5 marzo 1921, p. 2.

[81] A. Mazzoni, *Spartaco il ferroviere* cit., p. 367.

[82] Ivi, p. 371.

[83] E. Lazzarini, *Spartaco Lavagnini nato a Cortona*, «L'Azione Comunista», 5 marzo 1921, p. 1.

[84] Gavroche, *L'Uomo*, «La Difesa», 5 marzo 1921, p. 1.

Come il grande martire tedesco, conscio della tua fine, del sacrificio prossimo della tua giovine vita, quando scrivevi nell'ultimo tuo articolo di fondo del 26 febbraio: «*L'azione rivoluzionaria è azione che può rendere sublime il sacrificio, ma che il sacrificio vuole, esige, impone.*» Ventiquattro ore dopo questo scritto il tuo sacrificio era compiuto![85]

Utilizzando un linguaggio che sarebbe potuto facilmente passare per fascista negli anni successivi, l'omaggio di Ettore Lazzarini a Lavagnini si aggiunge al senso di finalità attribuito alla sua scomparsa. Come si vedrà nel capitolo 6, dare un senso all'insensato era un mezzo per affrontare le conseguenze della violenza politica che il fascismo avrebbe poi adottato e sfruttato appieno per giustificare e alleviare il dolore delle sue perdite.

il tuo martirio, o Lavagnini [...] è l'apoteosi della nostra Idea. Migliaia e migliaia di martiri [...] da tante e tante altre terre del mondo, accolgono oggi Te, novellamente arrivato alla sacra legione degli spiriti precursori; voi forse vedete da cotesta ultraterrestre altitudine, quello che noi, con l'occhio ancora sorpreso dalle nebbie delle terrestri valli non vediamo: la grande linea di questo magnifico movimento, di questa Palingenesi del mondo che si va maturando, voi la vedete fino al suo termine [...] Per questo ideale val bene vivere, o compagni; e val bene anche morire, o Lavagnini![86]

«La Difesa» riassunse più sinteticamente l'omicidio e il suo impatto:

Trovatolo serenamente intento al lavoro lo uccidevano come un cane idrofobo con due colpi di rivoltella [...] Fu esso la causa unica delle susseguenti sanguinose giornate. Colui che assassinò Spartaco Lavagnini, ha assassinato le altre venti vittime[87].

Come sostiene Mazzoni, il ricordo del sacrificio di Lavagnini fu costantemente presente nella battaglia sempre più aspra del comunismo fiorentino contro la tirannia dei suoi oppressori fa-

[85] F. Garosi, *Spartaco Lavagnini assassinato 27 febbraio 1921*, «L'Azione Comunista», 5 marzo 1921, p. 2.
[86] E. Lazzarini, *Spartaco Lavagnini nato a Cortona* cit., p. 1.
[87] *La cronaca dei luttuosi avvenimenti* cit., p. 2.

scisti[88]. In questo modo, Lavagnini ha probabilmente fatto di più per promuovere i suoi ideali in morte che in vita, e certamente ha sollevato tensioni all'interno della città e in tutta la provincia e il Paese[89]. A quanto pare fu aperta un'inchiesta per identificare i suoi assassini, ma seguì solo il silenzio. Impuniti, gli assassini di Lavagnini, secondo Mazzoni, erano ben posizionati per fare carriera nel partito o nel regime[90]. Se pure la morte di Berta sarebbe stata celebrata, vendicata e ricordata dai fascisti, quella di Lavagnini fu senza dubbio più direttamente motivata politicamente ed ebbe un impatto sull'Italia, mentre il potere del fascismo cresceva. In seguito

un'intera città, insorta contro il barbaro, predominio della violenza, era stata occupata da squadre fasciste e mezzi militari e consegnata al quotidiano dominio di terrore.

In realtà, gli eventi di quei giorni avevano aperto definitivamente la strada al fascismo, e non solo in Toscana[91].

28 febbraio 1921

Lavagnini è il secondo ferroviere ad essere assassinato il 27 febbraio, e alla notizia del suo omicidio il sindacato proclamò uno sciopero, presumibilmente in spregio alla dichiarazione di Perrone Compagni – da lui stesso successivamente ricordata – che cento di loro avrebbero pagato allo stesso modo se la protesta fosse proseguita. Sostenuto dai lavoratori dei tram e della rete elettrica, lo sciopero presumibilmente paralizzò la città e la ridusse all'oscurità fino al giorno successivo ai funerali di Lavagnini, anche se questo è un altro aspetto degli eventi che è difficile da accertare. Più definito è invece il modo in cui i membri della marina italiana, inviati da Livorno a Firenze per rimpiazzare macchinisti e fuochisti e interrompere così lo sciopero, furono scambiati per

88 A. Mazzoni, *Spartaco il ferroviere* cit., p. 370.

89 Per un resoconto dettagliato dei vari incidenti, si veda F. Fabbri, *Le origini della guerra civile* cit., pp. 453-71.

90 A. Mazzoni, *Spartaco il ferroviere* cit., p. 353.

91 F. Fabbri, *Le origini della guerra civile* cit., pp. 460-1.

fascisti e attaccati a Empoli. «I fatti di Empoli» provocarono la morte di sei marinai e tre carabinieri, oltre a dieci feriti[92]. Più che un ennesimo scontro toscano, Empoli è stato un evento nazionale di grande portata che ha innescato grandi ripercussioni.

La mattina del 28 febbraio quasi tutti i negozi fiorentini erano chiusi e sulle porte erano affissi cartelli con l'avviso «chiuso per lutto cittadino», firmati dal Fascio di Combattimento[93]. I giornali quel giorno non andarono in stampa e pochi lavoratori uscirono di casa per sostenere lo sciopero e/o per paura di ulteriori rappresaglie fasciste. Senza piani preorganizzati, armi, denaro o organizzatori, e a solo un mese dalla scissione del PSI a Livorno, una resistenza proletaria fu organizzata frettolosamente in tutta la città[94]. Quella che era iniziata come una serie di scaramucce tra ferrovieri e fascisti si trasformò in un'insurrezione popolare che scosse la città e la provincia nei giorni successivi[95]. Mentre i fascisti tentavano di devastare le sedi socialiste e i quartieri che le ospitavano, i socialisti cercavano di resistere con le armi che riuscivano a trovare. Nei quartieri d'oltrarno della città, in particolare nel quartiere di San Frediano, il timore di rappresaglie fasciste con il tacito appoggio della polizia indusse a erigere barricate. Come registra il prefetto: «poco fa i sovversivi del borgo S. Frediano, roccaforte degli anarchici dei pregiudicati asserragliatisi dietro barricate e nelle case hanno ripreso una viva lotta contro la forza pubblica»[96]. Ritornando sugli eventi oltre una settimana dopo, il prefetto aggiungeva: «più gravi fatti si dovevano lamentare nel quartiere di S. Frediano, dove si annidano gli elementi più perico-

[92] J. Foot, *Blood and Power* cit., p. 4 (trad. it. cit., p. 7). Per un resoconto dettagliato degli eventi si veda, ACS, MI 1814-1986, Pubblica Sicurezza, Div. AAGGRR, AG, Categorie Annuali, 1921, b. 96, fasc. C.1, Gabinetto N. 140, R. Sottoprefettura di S. Miniato al Prefetto di Firenze, 'Sciopero di protesta per i fatti di Firenze e moti rivoltosi nel Circondario'.

[93] *Un moto insurrezionale nel quartiere San Frediano*, «La Nazione», 2 marzo 1921, p. 2.

[94] R. Cantagalli, *Storia del fascismo fiorentino* cit., p. 161.

[95] Per un resoconto completo degli eventi secondo la Prefettura di Firenze, si veda: ACS, MI 1814-1986, Pubblica Sicurezza, Div. AAGGRR, AG, Categorie Annuali, 1921, b. 96, fasc. C.1, Prefettura di Firenze, Gabinetto N. 869, Rapporto sui fatti avvenuti nelle giornate del 27, 28 febbraio, Firenze 6 marzo 1921.

[96] ACS, MI 1814-1986, Pubblica Sicurezza, Div. AAGGRR, AG, Categorie Annuali, 1921, b. 96, fasc. C.1, 'Telegramma 6588', 28 febbraio 1921.

losi per l'ordine pubblico. Furono innalzate barricate dalle quali si iniziò il fuoco sugli agenti della forza pubblica»[97]. Secondo il quotidiano romano «La Tribuna»: «è giusto però rilevare per la verità che la guerriglia iniziatasi nel pomeriggio a S. Frediano non è stata provocata dai fascisti che vi si sono recati solo in piccolo numero solo oltre due ore dopo che era incominciata fra guardie ed elementi torbidi»[98].

La situazione era così tesa e difficile che un gruppo di fascisti intenzionati ad attaccare gli abitanti di San Frediano, che costeggiava la riva meridionale dell'Arno a valle di Ponte Vecchio, fu costretto a passare attraverso il tortuoso percorso del più lontano Ponte San Niccolò, prima di risalire il viale dei Colli (viali Michelangelo, Galilei, Machiavelli) e avvicinarsi da dietro a Porta Romana. Qui, all'altezza di piazza Tasso, furono fermati dalle barricate e da una scarica di colpi. Non riuscendo a sfondare le difese e sotto il fuoco pesante, a un certo punto, dopo le 14, la polizia chiese il supporto dell'esercito e si verificarono episodi da scenario di guerra[99]. Il titolo in prima pagina della «Nazione» del 2 marzo 1921 riassumeva: «le strade di Firenze insanguinate dalla guerriglia civile. Un tragico bilancio: 15 morti e 100 feriti». La minaccia all'ordine pubblico era così grave che il prefetto vietò i funerali di tutte le vittime e organizzò il trasporto delle salme al cimitero nel modo più semplice possibile[100].

Poco a est di San Frediano, il quartiere del Pignone non fu coinvolto nei disordini ma fu qui, al Ponte Sospeso, che gli eventi avrebbero preso un'altra grave piega con la morte di Giovanni Berta. Secondo Cantagalli: «il 28 sera andò in bicicletta al Pignone [...] Probabilmente il Berta voleva informarsi di persona alla fon-

[97] ACS, MI 1814-1986, Pubblica Sicurezza, Div. AAGGRR, AG, Categorie Annuali, 1921, b. 96, fasc. C.1, Prefettura di Firenze, Gabinetto N. 869, Rapporto sui fatti avvenuti nelle giornate del 27, 28 febbraio, Firenze 6 marzo 1921, p. 4.

[98] ACS, MI 1814-1986, Pubblica Sicurezza, Div. AAGGRR, AG, Categorie Annuali, 1921, b. 96, fasc. C.1, 'Alla Tribuna Roma da Firenze', 28 febbraio 1921.

[99] R. Cantagalli, *Storia del fascismo fiorentino* cit., p. 164.

[100] ACS, MI 1814-1986, Pubblica Sicurezza, Div. AAGGRR, AG, Categorie Annuali, 1921, b. 96, fasc. C.1, Lettera da Il Presidente del Consiglio dei Ministri al Comandante Generale Arma RR.CC., 1° marzo 1921.

deria del Pignone, di cui era proprietario il suo amico Benini»[101]. Analogamente, sostenendo che Berta stava cercando di raggiungere la fonderia Pignone per discutere di come comportarsi con la forza lavoro, che aveva già indetto uno sciopero per il giorno successivo, Gasparo suggerisce che i proprietari delle fonderie Berta e Pignone avessero un rapporto di sostegno reciproco di lunga data[102].

L'omicidio

Chiunque avesse tentato di attraversare il ponte sarebbe stato chiaramente visibile e, visti gli eventi della giornata, è comprensibile che i difensori della zona del Pignone non avrebbero permesso il passaggio di estranei. Giovanni Berta aveva chiaramente intenzione di farlo, come era anche suo diritto. Era una scelta saggia, date le circostanze? Chiaramente no. Stava forse cercando di raggiungere i suoi presunti camerati fascisti, come afferma la leggenda? È impossibile dirlo. Intorno alle 17 arriva in bicicletta un giovane vestito di scuro. Sebbene sia improbabile che qualcuno abbia riconosciuto Giovanni Berta, dal suo abbigliamento sarebbe stato evidente che non proveniva dal quartiere popolare di San Frediano. Ciò che accadde nei minuti successivi rimane poco chiaro, il che è fondamentale per la creazione della sua leggenda. Secondo il prefetto: «alle ore 17 Berta Giovanni, figlio del proprietario dell'Officina meccanica alle Cure mentre passava dal Ponte Sospeso fu disarmato dai sovversivi e gettato in Arno. Fu trasportato cadavere all'Ospedale. Ignorasi se sia un fascista o scambiato per tale»[103].

Uno dei primi resoconti giornalistici fu quello della «Nazione», il 2 marzo, ma mentre il sottotitolo parlava di una «feroce vendetta contro un 'fascista'» non c'era alcun riferimento specifico a

[101] R. Cantagalli, *Storia del fascismo fiorentino* cit., p. 168.
[102] S. Gasparo, *Fabbriche e operai in un quartiere fiorentino* cit., p. 63.
[103] ACS, MI 1814-1986, Pubblica Sicurezza, Div. AAGGRR, AG, Categorie Annuali, 1921, b. 96, fasc. C.1, Fonogramma Prefettura di Firenze 28 febbraio 1921, ore 23.

Berta[104]. In un articolo a parte, tuttavia, il quotidiano affermava: «sembra che il giovane fosse iscritto ai Fasci di Combattimento», cosa che ripeteva anche il 4 marzo[105]. Sei giorni dopo l'incidente, il prefetto confermava quella che riteneva essere l'appartenenza politica della vittima:

Un più grave assassinio veniva consumato al Ponte Sospeso sull'Arno in danno al fascista Berta Giovanni, figlio del proprietario dell'officina meccanica alle Cure. Mentre egli vi transitava, fu aggredito da molti giovani sovversivi e dopo disarmato fu violentemente gettato in Arno rimanendo cadavere[106].

«La Nazione» pubblicò il primo resoconto su un quotidiano nazionale nell'edizione del 2 marzo. Come per la memoria di molti altri martiri fascisti, il primo racconto fu cruciale per cementare questa versione nella memoria pubblica. Dopo essere stato recuperato dal fiume dai vigili del fuoco, il suo cadavere viene portato all'ospedale Santa Maria Nuova dove è confermata la morte per annegamento. Sul suo corpo vengono riscontrate numerose escoriazioni, con particolare riferimento ad una sul capo e a una lacerazione sul labbro superiore. Nelle tasche non viene trovato alcun documento d'identità, non c'è il portafogli, manca il revolver dalla fondina vuota agganciata alla cintura. Come sarebbe emerso in seguito, anche la sua bicicletta era scomparsa. Inoltre, piccoli dettagli del momento che in seguito sarebbero diventati molto significativi per la storia e il mito erano il distintivo della Croce Rossa attaccato al bavero della giacca e il guanto di pelle che avrebbe indossato alla mano sinistra.

A tre giorni dalla morte di Giovanni Berta, gli inquirenti affermarono di aver ricostruito i fatti sulla base della testimonianza oculare di un dipendente del «Lungarno Archibusieri», che avrebbe

104 *Le strade di Firenze insanguinate dalla guerriglia civile. Un tragico bilancio: 15 morti e 100 feriti*, «La Nazione», 2 marzo 1921, p. 1.

105 *Un barbaro episodio al ponte sospeso*, «La Nazione», 2 marzo 1921, p. 2; *Una rapida cronistoria*, «La Nazione», 4 marzo 1921, p. 3.

106 ACS, MI 1814-1986, Pubblica Sicurezza, Div. AAGGRR, AG, Categorie Annuali, 1921, b. 96, fasc. C.1, Prefettura di Firenze, Gabinetto N. 869, Rapporto sui fatti avvenuti nelle giornate del 27, 28 febbraio, Firenze 6 marzo 1921, p. 4.

visto tutto[107]. Un altro presunto testimone è stato il proprietario di un bar, Angiolo Scanselli, che tuttavia non aveva potuto assistere all'intera sequenza di eventi e quindi offrire dettagli precisi sui suoi aggressori[108]. Tutto ciò che si può dire con certezza è che alcuni minuti dopo il tentativo di Berta di attraversare il ponte, egli cadde nell'Arno.

Ci sono dubbi su quanto fosse alta l'acqua e forte la corrente del fiume in quel momento, ma Berta non tornò in superficie. Alcuni individui corsero dal ponte fino alla riva del fiume nel tentativo di salvarlo, mentre un vigile del fuoco e un agente della polizia locale, Francesco Rosi, si portarono sul fiume con una barca ma non riuscirono a individuare il corpo. Meno di mezz'ora dopo, Giovanni Berta fu recuperato dal fiume, completamente vestito. Nel diventare il più grande martire del fascismo, la storia che fu picchiato e gettato nel fiume dai comunisti divenne presto un «fatto». Così qui, sul Ponte Sospeso, «si compie il martirio che farà passare per tutto il mondo un brivido di sdegno e di commozione»[109].

29 febbraio 1921 e oltre

Violenze simili si verificarono in altre zone della città, ma una volta sconfitta la resistenza popolare i socialisti rimasero senza difese, i loro quartieri vennero invasi e spesso incendiati[110]. Alla fine dell'insurrezione (26 febbraio-1° marzo), 16 persone erano morte, 200 erano state ferite e 450 arrestate,

> molte delle quali debbono rispondere di mancato omicidio e di violenza in danno degli agenti della forza pubblica, per possesso abusivo di armi e per omessa denuncia delle medesime. Sono stati inoltre identificati e arrestati otto sovversivi responsabili di omicidio del Berta. Presso uno di questi fu sequestrata anche la pompa della bicicletta rubata alla vittima[111].

[107] *Uno dei presunti assassini di G. Berta arrestato al Mercato Centrale*, «La Nazione», 4 marzo 1921, p. 3.

[108] *Le alacri indagini della polizia per identificare i provocatori dei moti*, «La Nazione della Sera», 6 marzo 1921, p. 2.

[109] AA.VV., *L'Olocausto di Firenze* cit., p. 44.

[110] R. Vivarelli, *Storia delle origini del fascismo* cit., pp. 164-5.

[111] ACS, MI 1814-1986, Pubblica Sicurezza, Div. AAGGRR, AG, Catego-

Cinque giorni dopo l'omicidio di Spartaco Lavagnini, il giornale che qualche anno prima aveva diretto, «La Difesa», lanciava un appello deciso ed equilibrato:

> Abbiamo detto che non vogliamo né accusare né difendere. Si offenderebbero i morti i nostri e quelli dell'altra parte.
> In nome dei caduti, e in nome dei vivi che sono rimasti a soffrire, noi troviamo una sola parola che esprime in quest'ora, il nostro pensiero: Pace.
> Cessino, da ogni parte, la sete di vendetta, le mobilitazioni improvvise![112]

Anche «La Nazione» esortava i cittadini a guardare alle proprie coscienze per ritrovare il buon senso, anche se c'era una critica di fondo ai socialisti e un sostegno ai fascisti coinvolti[113]. Meno conciliante fu il convinto messaggio di approvazione di Mussolini ai fascisti fiorentini il 7 marzo, che non servì certo a scoraggiarli.

> Carissimi amici del Fascio
> Vi giunga il mio più fervido plauso personale per l'opera compiuta da voi nelle scorse giornate. Non «mollate» sino a quanto non sia schiantata la mala genia che insidia l'avvenire della patria.
> Per i valorosi e intrepidi fascisti fiorentini, per i morti e i feriti, per le battaglie di ieri e di domani, eja eja alalà![114]

Mentre Firenze viene riportata ad uno stato di semi-normalità, in altre zone della provincia – Empoli, Siena, Livorno e Arezzo – i fascisti e la polizia lanciano una serie di azioni repressive e una spedizione a Perugia getta le basi del fascismo umbro[115].

rie Annuali, 1921, b. 96, fasc. C.1, Prefettura di Firenze, Gabinetto N. 869, Rapporto sui fatti avvenuti nelle giornate del 27, 28 febbraio, Firenze 6 marzo 1921, p. 8.

112 *Dopo aver sepolto i morti*, «La Difesa», 5 marzo 1921, p. 1.

113 P. Domenichelli, *Esami di coscienza di un cittadino*, «La Nazione della Sera», 6 marzo 1921, p. 1.

114 *Mussolini saluta i fascisti fiorentini*, «La Riscossa», 12 marzo 1921, p. 1.

115 Per le violenze che seguirono nei due mesi successivi, si veda F. Fabbri, *Le origini della guerra civile* cit., pp. 454-71.

Il processo

Gli accusati dell'omicidio di Giovanni Berta sono inizialmente undici: Giovanni Busoni, Giulio Geri, Renato Pacini, Alberto Pacini, Gino Romoli, Italo Benucci, Alfredo Benucci, Armando Marsini, Filiberto Buscioni, Dino Ricci e Vasco Andrei, oltre a Giuseppe Pacini, Virgilio Zuffanelli e Giuseppe Taviani per favoreggiamento e complicità. Inoltre, Busoni, con la complicità di Armando Marsini, è accusato di aver rubato la bicicletta di Berta e Dino Ricci di aver preso la sua pistola[116]. Tutti vengono arrestati sulla base della testimonianza di una donna che pare stesse attraversando il ponte al momento dell'omicidio e di Orlando Bertini, di 27 anni, che aveva dichiarato di essere stato minacciato dagli assalitori di Berta pochi minuti prima.

> Tanto il Geri, quanto i due Pacini, messi a confronto al Bertini, sono stati da quest'ultimo riconosciuti come gli assalitori del Berta. Il Geri è stato anche indicato come uno dei più forsennati avendolo il Berta scorto mentre colpiva con un bastone il disgraziato giovane, pochi istanti prima di essere gettato nel fiume[117].

Anche Alberto Olivotti testimoniò di aver visto gettare Giovanni Berta nel fiume. Tuttavia, dopo aver affermato di aver riconosciuto due dei fratelli Pacini e Geri tra la folla, era estremamente titubante a ripeterlo sotto giuramento[118].

Il reportage della «Nazione» sugli arresti descriveva anche come due funzionari dell'ufficio tasse presenti sul ponte, Virgilio Zuffanelli e Giuseppe Taviani, fossero stati chiamati dal funzionario investigativo vicecommissario dott. Genovese. Nessuno dei due dichiarò di aver visto nulla o di essere in grado di identificare gli aggressori[119], ma entrambi furono successivamente accusati di favoreggiamento:

[116] Archivio di Stato di Firenze, Tribunale di Firenze, Atti Penali d'Assise, 1926, fasc. 26 (Primo Processo).

[117] *Gli autori dell'assassinio di Giovanni Berta arrestati dalla Squadra Mobile*, «La Nazione», 5 marzo 1921, p. 3.

[118] *Drammatiche deposizioni di testi al processo per l'assassinio di Giovanni Berta*, «La Nazione», 23 novembre 1921, p. 2.

[119] *Uno dei presunti assassini di G. Berta arrestato al Mercato Centrale* cit., p. 3.

l'avere taciuto sui particolari del fatto da loro senza dubbio presenziato non esaurisce gli estremi del delitto di favoreggiamento, e depone solo della loro vigliaccheria di fronte ad un delitto sì enorme, e se deplorevole dinanzi al dovere del cittadino non può essere represso con sanzione penale ma deve essere soltanto oggetto di biasimo e disprezzo.

Nel contempo, Filiberto Buscioni e i fratelli Benucci venivano rilasciati per mancanza di prove[120].

Il furto della bicicletta di Giovanni Berta ha avuto un ruolo chiave nel crimine, e il suo recupero rappresenta una parte cruciale delle prove dell'accusa. Come sosteneva «La Nazione» il 5 marzo, qualcuno doveva aver visto uno degli aggressori prendere la bicicletta e passarla a un altro individuo che faceva parte della banda[121]. Una perquisizione della polizia nella casa della madre di Giovanni Busoni, dove alloggiava durante una licenza militare, portò alla luce una pompa da bicicletta che fu poi identificata come quella di Berta. Come racconta Frullini, tuttavia:

potei, insieme con altri, entrare in una casa del Pignone e trovare sotto a un cumulo di cenci sporchi, la pompa della bicicletta che aveva il povero Berta quando fu assassinato, pompa che oggi è nelle mani del Camerata ragionier Giusti e che forse potrebbe stare, con altri cimeli, in una futura Mostra della Rivoluzione[122].

Il processo iniziò il 22 novembre 1921 presso la Corte d'Assise di Firenze, dove anche il padre di Berta, Giovanni, la madre Maria e il fratello Francesco avviarono una causa civile per risarcimento danni[123]. Il giorno dell'apertura del processo «La Nazione» pubblicò una sintesi degli eventi che si discostava dai resoconti precedenti. Dopo aver pedalato velocemente per evitare un gruppo minaccioso sul lato Cascine (nord) del ponte, Berta avrebbe attraversato il fiume prima di uscire sulla piazza del Pignone «ove fu affrontato

[120] Archivio di Stato di Firenze, Tribunale di Firenze, Atti Penali d'Assise, 1926, fasc. 26, b. 54, Parte II (Primo Processo).

[121] *Gli autori dell'assassinio di Giovanni Berta arrestati dalla Squadra Mobile*, «La Nazione», 5 marzo 1921, p. 3.

[122] B. Frullini, *Squadrismo fiorentino* cit., pp. 166-7.

[123] Sui crimini e i processi legati alla lotta politica a Firenze negli anni 1919-26, si veda S. Moroni, *Vincere e convincere* cit., p. 173.

da un gruppo di persone che lo circondarono domandandogli a qual partito fosse iscritto: egli rispose di non essere legato ad alcun partito»[124]. Contrariamente a quanto affermato dal giornale all'indomani dei fatti, si tratta di una delle poche occasioni in cui viene apertamente riconosciuta la sua estraneità al movimento fascista, ribadita negli atti istruttori del processo e nuovamente dal testimone chiave Bruno Stiattesi[125]. Privato del revolver dalla folla inferocita,

> Il Berta allora, già sceso dalla bicicletta, credette trovare il suo salvamento nella fuga col ritornare correndo sul Ponte di Ferro [...] ma fu inseguito dai suoi aggressori gridanti a squarciagola e ripetutamente: «Dagli, dagli al fascista!» [...]
>
> Circondato da tutte le parti fu il Berta brutalmente e vigliaccamente percosso [...] Avendo alcuno gridato: «Buttiamolo in Arno!» il povero Berta venne immediatamente sollevato in aria e lanciato nel vuoto al di là della spalletta del ponte dalla parte della foce.
>
> Nonostante ciò il Berta riuscì ad aggrapparsi con le mani ai ferri del ponte rimanendo per breve tempo sospeso; ma nuovamente, con inaudita barbarie percosso nelle mani e in altri parti del corpo, non avendo più forza di reggere a quello strazio, precipitò nel fiume[126].

Dal momento che il processo aveva suscitato un grande interesse, inizialmente era stato proposto che si svolgesse a porte chiuse, con accesso limitato alla stampa, per motivi di sicurezza pubblica. L'ingresso del pubblico fu infine consentito, alla condizione che il tribunale sarebbe stato svuotato al primo segno di disordine. Dei sessantuno testimoni chiamati, molti dichiararono di aver sentito urlare «dagli al fascista!» prima che Giovanni Berta fosse presumibilmente gettato dal ponte[127]. Durante l'interrogatorio, Giulio Geri, Renato Pacini, Alberto Pacini, Gino Romoli, Armando Marsini, accusato di aver preso la bicicletta prima di passarla a Bruno Stiattesi, Dino Ricci, accusato di aver preso il

124 *Il processo per l'assassinio di Giov. Berta*, «La Nazione», 22 novembre 1921, p. 2.

125 Archivio di Stato di Firenze, Tribunale di Firenze, Atti Penali d'Assise, 1926, fasc. 26 (Primo Processo), f. Ricorsi in Cassazione, 26 luglio 1921, p. 2.

126 *Il processo per l'assassinio di Giov. Berta* cit., p. 2.

127 Per le varie testimonianze e dichiarazioni si veda «La Nazione», 22-27 novembre 1921.

revolver di Berta, e Vasco Andrei protestarono tutti la loro innocenza e fornirono vari alibi[128].

Il primo degli accusati a essere interrogato fu Giovanni Busoni. A casa in licenza militare, stava pescando nelle vicinanze quando affermò di aver visto un giovane penzolare dal ponte prima di cadere nel fiume. Tornato a casa della madre, ricevette la visita di Bruno Stiattesi, un giovane conosciuto dal fratello di Busoni, che si offrì di vendergli la bicicletta di Berta. «Allora gli ordinai di portarla via; ma siccome vidi Stiattesi così sbiancato e confuso, acconsentii a prenderla per solo dieci minuti; ma Stiattesi non si fece più vedere, e io andai al fiume e gettai la bicicletta in Arno». Busoni testimoniò di aver ricevuto in seguito la visita del commissario Genovese: «mi portò a Santa Reparata, dove mi tempestò di botte, perché voleva che io gli dicessi chi erano stati quelli che avevano fatto strazio del Berta»[129]. La minuscola rubrica dell'«Avanti!» che annunciava l'apertura del processo richiamava l'attenzione sulla testimonianza di Busoni e sul fatto che, a quanto pare, aveva suscitato grande impressione nel pubblico[130].

Fondamentale per il processo contro Busoni fu il ritrovamento della pompa da bicicletta tra le lenzuola della casa della madre. Identificata come quella di Giovanni Berta da Gino Giusti, amministratore della fonderia, che ne riconobbe la marca e le caratteristiche ammaccature prodotte dallo stesso Berta[131]. Busoni sostenne che era stata messa lì da uno degli agenti incaricati delle indagini. Il commissario Genovese e il testimone chiave Bruno Stiattesi confermarono entrambi che la bicicletta di Berta era stata portata inizialmente a casa di Busoni, anche se in seguito in tribunale il ragazzo non riuscì a ricordare se la pompa fosse o meno agganciata alla bicicletta. Oltre a identificare le figure chiave coinvolte nell'attacco a Berta, Stiattesi affermava che, quando gli fu

[128] Cfr. Archivio di Stato di Firenze, Tribunale di Firenze, Atti Penali d'Assise, 1926, fasc. 26 (Primo Processo), fald. 1176.

[129] *Il processo per l'assassinio di Giov. Berta. L'interrogatorio degli imputati*, «La Nazione», 22 novembre 1921, p. 2.

[130] *Il processo Berta. I metodi violenti del commissario Genovese*, «Avanti!» 23 novembre 1921, p. 6.

[131] *Drammatiche deposizioni di testi al processo per l'assassinio di Giovanni Berta* cit., p. 2.

chiesto di indicare la sua appartenenza politica, Berta dichiarò di non appartenere a nessun partito e di non avere alcuna tessera[132].

Nel corso del processo gli avvocati della difesa raccomandarono ai loro clienti di sostenere che non si trovavano né sul ponte né nelle sue vicinanze al momento della morte di Berta. Gli accusati esposero così una serie di alibi poco convincenti, che andavano dalla cura di un appezzamento di terreno, alla pesca, al gioco delle carte, alle bocce, alla visita a un amico malato, eccetera, che non furono loro di aiuto alcuno. «Invece, salvo eccezioni, erano tutti lì in piazza o negli immediati dintorni e molti di loro assistettero a un fuggi fuggi, ad un improvviso urlìo, videro i pompieri, seppero che un tizio era finito nel fiume, qualcuno addirittura aiutò a ripescarlo, ma i più non vollero ammetterlo mai. Non c'erano, erano arrivati dopo. Questo sostengono ancora»[133]. Molte delle dichiarazioni contenute nei fascicoli del processo sono scritte a mano e sono estremamente difficili da interpretare o indecifrabili, rendendo così quasi impossibile una ricostruzione dettagliata del caso. Tuttavia, dalle varie dichiarazioni della difesa e dalle controaccuse che si possono comprendere, sembra che gli imputati abbiano avuto scarsa volontà di fare fronte comune o che il caos creato sia stato un tentativo deliberato di confondere ulteriormente le idee.

Riassumendo il caso il quinto giorno, il pubblico ministero fece riferimento a evidenti minacce contro presunti fascisti durante i disordini di San Frediano. Con un notevole abbellimento retorico rivolse poi la sua attenzione a un altro cittadino

> non sovversivo, non teppista, non brutale, attraversò il ponte, era un giovane di 26 anni di pulito e bello aspetto di sentimenti buoni, come d'ideali nobili verso la patria e l'umanità: Giovanni Berta.
>
> Anche egli fu ritenuto un fascista [...] Fu inseguito, circondato, svillaneggiato, privato della bicicletta [...] disarmato, percosso da innumerevoli mani e da bastoni: e al grido selvaggio, incitatore di centinaia di petti, tra cui primeggiavano le donne [...] buttato in Arno, pestato sulle mani, che si erano attaccati ai ferri della spalletta del ponte nel disperato tentativo di sottrarsi alla orrenda morte decretatagli, e fatto cadere nei

[132] *Udienza pomeridiana*, «La Nazione», 23 novembre 1921, p. 2.
[133] R. Cantagalli, *Storia del fascismo fiorentino* cit., p. 170.

gorghi delle acque limacciose, impedendo ad uomini di fede e di cuore nobilissimo di gettarsi in acqua per trarlo a riva.

Sicché perì miseramente invocando ancora una volta la mamma sua.

Suggerendo una responsabilità collettiva, il pubblico ministero sostenne che c'era un chiaro intento di uccidere Berta, testimoniato da coloro che si presume abbiano colpito le sue mani e da altri che bloccarono qualsiasi tentativo di soccorso per salvarlo dopo la caduta. Particolare attenzione fu riservata a Busoni, il cui caso era l'unico basato su un indizio concreto, la pompa della bicicletta. Nella sua – molto retorica – arringa alla giuria, il pubblico ministero Domenico Ciruzzi riservò la parte più emotiva per ultima, definendo il tono della futura memoria di Giovanni Berta e del crimine nel processo:

Voi non trarrete dal sudario lacrime doloranti della casa resa vedova del figlio. Però questo dirà il vostro verdetto di condanna che è tempo di finirla con le violenze e se l'olocausto della giovane e promettente vita di Berta, vendicata da voi con le forme e le garanzie che le leggi prescrivono, sarà monito e remora alle raffiche di violenze che tendono di assassinare la Patria all'interno. La sua vita e la sua morte saranno per noi e per tutti più sacre e più venerate[134].

Dopo sette giorni le udienze ebbero termine, e il pubblico fu invitato a uscire dall'aula alle 18.30 del 29 novembre. Rimasero solo il procuratore generale, il giudice, la giuria e un avvocato difensore per ciascuno degli imputati. Alle 22.05 il tribunale fu riaperto al pubblico e il portavoce della giuria lesse il verdetto che recitava:

ritenuto tutti gli imputati tranne il Marzini, il Geri ed il Romoli, colpevoli di correità e cooperazione in omicidio volontario, il Geri ed il Romoli responsabili di complicità non necessaria in omicidio volontario.

Il Busoni e il Ricci sono stati anche ritenuti colpevoli di furto e di rapina per essersi appropriati della rivoltella e della bicicletta del povero Berta.

Il verdetto ritiene il Marzini non colpevole dei reati addebitatigli [...]

[134] *La requisitoria del Pubblico Ministero nel processo per l'assassinio di Giovanni Berta*, «La Nazione», 27 novembre 1921, p. 5.

Il pubblico composto in massima parte di fascisti, accoglie la lettura del verdetto al grido di: «Viva l'Italia»[135].

Furono emesse le seguenti sentenze:

Busoni Giovanni: Ventitré anni e sei mesi di reclusione, e tre anni di vigilanza della Pubblica Sicurezza.
Geri Giulio: Dieci anni e sei mesi di reclusione e due anni di vigilanza della Pubblica Sicurezza.
Pacini Renato: Diciassette anni e sei mesi di reclusione e due anni di vigilanza della Pubblica Sicurezza.
Pacini Alberto: Ventun anni di reclusione e due anni di vigilanza della Pubblica Sicurezza.
Romoli Gino: Otto anni di reclusione.
Andrei Vasco: Ventun anni di reclusione e tre anni di vigilanza speciale della Pubblica Sicurezza.
Marzini Vasco: è assolto.
Ricci Dino: è condannato a diciannove anni e mesi nove di reclusione[136].

Costruito quasi interamente su prove indiziarie, il caso Giovanni Berta portò alla condanna di dodici persone a pene detentive per le quali «trascorsero lunghi anni nei penitenziari della penisola»[137]. Secondo Cantagalli, la polizia aveva un solo caso concreto, quello di Giovanni Busoni: «era sufficiente la confessione di un agente provocatore (magari di un bambino), la pompa trafugata e il gioco era fatto, malgrado i dinieghi dello sventurato»[138]. Quindi, la combinazione tra la testimonianza di un pubblico ufficiale, la pompa rubata e l'incapacità di Busoni di rispondere sul perché non avesse lasciato la bicicletta all'angolo della strada se stava semplicemente cercando di liberarsi di merce probabilmente rubata, fu sufficiente per condannarlo. All'epoca del processo, anche «La Riscossa» riconobbe i dubbi sul testimone chiave:

Stiattesi è un testimonio da mettersi in quarantena; perché era un accusato, ed egli ha fatto come una chiamata di correo; ma i correi che

135 *La fine del processo Berta. Severe condanne degli imputati*, «La Nazione», 30 novembre 1921, p. 5.
136 *Ibid.*
137 R. Cantagalli, *Storia del fascismo fiorentino* cit., p. 168.
138 Ivi, p. 171.

fanno le chiamate li abbiamo sempre visti nella gabbia con gli altri, invece questa volta è fuori e accusa tutti, perciò non è attendibile[139].

Un ulteriore dubbio sul conto di Stiattesi fu sollevato qualche anno dopo, quando divenne capo reparto di un'azienda produttrice di tabacco pur non avendo alcun titolo di studio e provenendo da una famiglia di scarsa reputazione, suscitando l'impressione che si trattasse di una ricompensa per la sua testimonianza[140]. In definitiva, tutto ciò che si può stabilire con un certo grado di certezza dal processo è che Giovanni Berta è morto cadendo dal ponte. Come, perché e per mano di chi, non è affatto chiaro. Nonostante le numerose e lunghe condanne per omicidio colposo, nessuno fu identificato come unico omicida. Ciò contribuì ad alimentare i vari miti costruiti intorno al caso e diede luogo a una memoria collettiva disinformata, basata su resoconti giornalistici inaffidabili e pubblicazioni fasciste, mentre la mancanza di un omicida identificato giustificava altresì ulteriori indagini per stabilire il colpevole. A sua volta, tutto questo ha mantenuto la storia viva nella memoria dell'opinione pubblica[141]. «Riaperto e chiuso per tre volte», secondo Cantagalli, il processo per l'assassinio di Berta «parve servire più che altro a bonificare (per più di un decennio) il quartiere del Pignone da diversi elementi schedati (o sospetti) per estremismo»[142]. Nel 1923 «La Nazione» offre una prova del successo ottenuto nel placare il quartiere ribelle quando riferisce della sfilata nel rione di una grande folla di ex combattenti e fascisti con bandiere e striscioni per commemorare i caduti di guerra[143]. In questa occasione, i cittadini di San Frediano non opposero resistenza.

Il caso Berta fu riaperto poco dopo questa parata, il 30 marzo 1923, quando «furono arrestati per correità nel delitto commesso dai già condannati, Gino Martelli, Guido Marranci, detto 'il gobbo', Renato Ughi, Gino Torrini, Guerrando Olmi, Cesare

[139] *Il processo Berta*, «La Riscossa», 28 novembre 1921, p. 2.

[140] R. Cantagalli, *Storia del fascismo fiorentino* cit., p. 172.

[141] Cfr. Archivio di Stato di Firenze, Tribunale di Firenze, Atti Penali d'Assise, 1926, fasc. 26, (Primo Processo), fasc. 2° procedimento.

[142] R. Cantagalli, *Storia del fascismo fiorentino* cit., p. 170.

[143] *La commemorazione dei caduti nel Quartiere di San Frediano*, «La Nazione», 27 febbraio 1923, p. 4.

Chiavistelli, Gino Piselli, Arduino Rossi, Ugo Boldrini, Alberto Scarselli ed Augusto Salvestrini»[144]. Ritenuto uno dei principali responsabili e presumibilmente colpevole di aver infierito sulle mani di Berta, il caso di Scarselli è degno di nota. A ulteriore conferma del punto di vista di Cantagalli sul persistente uso politico degli eventi intorno alla morte di Berta: «il nuovo arresto, a differenza degli altri non è stato ordinato dal Giudice Istruttore, ma è opera di alcuni volenterosi fascisti e del dirigente la squadra mobile, dott. Genovese»[145]. «La Nazione» pubblicò inoltre una serie di dichiarazioni a sostegno della reputazione di Scarselli, di «ottimi precedenti e di buoni sentimenti», o confermando la sua presenza nel panificio di sua proprietà al momento dell'incidente. Inoltre, come osserva il giornale, «l'arresto dello Scarselli produsse una impressione grandissima anche negli ambienti fascisti dove il giovane conta numerosissime amicizie e molti dubbi sorsero sulla fondatezza della denuncia». Non è chiaro perché i testimoni fascisti stessero denunciando uno dei loro, ma l'accusa contro Scarselli decadde «dopo un confronto fra il detenuto e il denunciante – confronto del quale ignoriamo i particolari»[146].

Una decina di anni dopo, «in occasione dell'amnistia del 'decennale', quanti non erano morti in carcere nel frattempo tornarono a casa, per lo più malandati in salute»[147]. Michael Ebner ha mostrato come gli indulti individuali e le amnistie ben pubblicizzate, lasciando spazio all'incarcerazione di nuovi prigionieri, facessero parte del sistema di controllo sociale e politico del fascismo, che comprendeva processi di riconciliazione sia reali che apparenti. Evidenziando la presunta forza e benevolenza del regime e del suo duce con la liberazione di coloro che erano stati precedentemente dichiarati criminali politici, la più grande amnistia nella storia dell'Italia fascista fu quella in occasione del «Decennale», nel

[144] *La sentenza della Sezione d'Accusa nella nuova istruttoria*, «La Nazione», 27 settembre 1923, p. 5.

[145] *Un fornaio arrestato sotto l'imputazione di essere uno dei principali autori dell'assassinio del Berta*, «La Nazione», 30 marzo 1923, p. 4.

[146] *Il fornaio Scarselli accusato di avere ucciso il fascista Berta riesce a provare la sua innocenza*, «La Nazione», 8-9 aprile 1923, p. 5.

[147] R. Cantagalli, *Storia del fascismo fiorentino* cit., p. 170.

1932. Tuttavia, si trattava in gran parte di propaganda: «Gli antifascisti più importanti rimasero in carcere, mentre migliaia di prigionieri politici 'minori' e di criminali comuni furono liberati»[148]. La liberazione dei condannati per il presunto omicidio di Berta solleva quindi ulteriori domande sulla loro colpevolezza e soprattutto sul significato della scarcerazione. Se fossero stati davvero responsabili di quello che era stato dipinto come uno dei più barbari omicidi della storia fascista, era plausibile il loro rilascio? O forse, oltre a dimostrare la benevolenza di Mussolini e la solidità del regime, la liberazione dei prigionieri rimasti fu un'altra occasione per rielaborare, raccontare e riproporre la storia/mito nella coscienza nazionale. Al di là degli eventi della morte di Giovanni Berta, del processo e del suo resoconto, è alla creazione del mito che ci rivolgeremo ora.

[148] Sull'uso delle amnistie si veda M. Ebner, *Ordinary Violence in Mussolini's Italy* cit., pp. 141-9; S. Moroni, *Vincere e convincere* cit., pp. 179-84.

2

IL MITO

Chi era Giovanni Berta?

Nato il 24 agosto 1894, Giovanni Berta era figlio di un uomo dal carattere autoritario, Giovanni senior, proprietario di una piccola fonderia industriale a Firenze, che sarebbe divenuto deputato al Parlamento dopo la morte del figlio. Avendo mostrato scarso interesse per gli studi, all'età di 14 anni Giovanni junior si arruolò nella marina mercantile, cosa che il padre sperava potesse instillargli un minimo di disciplina. La biografia dell'*Olocausto di Firenze* era un po' più romanzata:

> Giovanni, di carattere vivacissimo, irrequieto, avventuroso, sognava più vasti orizzonti di quegli che gli avrebbe riservato la scuola e l'officina [...] «Voglio fare il marinaro», diceva il fanciullo con ostinato accento di volontà; e non ci fu verso di smuoverlo da questo suo deciso proponimento[1].

Tornato a casa dopo due anni, frequentò una scuola salesiana prima di tornare in mare a 18 anni. In contrasto con l'immagine del ragazzo riottoso, allontanato da casa per essere educato alla disciplina, questo resoconto del 1934 sottolinea il coraggio e la determinazione di Berta a servire: «qualche mese più tardi la Marina italiana è chiamata a duri cimenti: e Giovanni Berta è uno dei mille e mille silenziosi eroi del mare: ha diciassette anni [...] si

[1] AA.VV., *L'Olocausto di Firenze* cit., p. 37.

abitua a guardare in faccia la morte serenamente»[2]. Arruolatosi in marina come allievo artigliere per un periodo di sei anni, sarebbe entrato in azione nella campagna adriatica del 1915-18, dove le sue spiccate doti di nuotatore furono messe in luce in occasione di un siluramento nel 1917. Sebbene Cantagalli abbia sollevato dei dubbi sul servizio in marina di Berta, questi è citato in una lista apparsa su un giornale contemporaneo dei sedici morti durante «i fatti di Firenze» come «Giovanni Berta, ex tenente di marina»[3]. «Un povero giovane nato nel 1894, ex combattente di Libia e della guerra, colpevole soltanto di essere italiano e fascista della prima ora»[4], secondo Giorgio Chiurco. Congedato nel 1919, torna a lavorare nell'ufficio della fonderia del padre, la Fonderia Le Cure. Secondo il racconto fascista, invece, la decisione di Berta di rientrare in patria fu in risposta a «un richiamo formidabile che scuote il suo cuore vince la resistenza del suo carattere ostinato: il dolore della mamma»[5]. È un punto degno di nota, poiché il richiamo della madre era una parte importante del mito, su cui torneremo.

Come già visto, dopo la morte di Berta nel 1921 la stampa fiorentina si affrettò a rivendicare la sua presunta affiliazione fascista. I processi e i ricorsi dei suoi presunti aggressori, incoerentemente sostenuti dal prefetto e da fonti statali, confermano ulteriormente l'incertezza sulla sua affiliazione politica e gettano un dubbio significativo su questo aspetto. Come descrivono i documenti dell'inchiesta, Berta attraversò il ponte per raggiungere piazzetta del Pignone «ove fu affrontato da un gruppo di persone che lo circondarono domandandogli a qual partito fosse ascritto, egli rispose di non essere legato ad alcun partito»[6]. Lo aveva ribadito Luigi Federzoni durante il dibattito parlamentare seguito

[2] Ivi, p. 39.

[3] ACS, MI 1814-1986, Pubblica Sicurezza, Div. AAGGRR, AG, Categorie Annuali, 1921, b. 96, fasc. C.1, 'I morti e feriti'. Da un'indagine presso l'Archivio dell'Ufficio Storico della Marina Militare, tuttavia, non è emersa alcuna documentazione che confermi il suo arruolamento o il suo servizio navale.

[4] G.A. Chiurco, *Storia della Rivoluzione Fascista* cit., p. 92.

[5] AA.VV., *L'Olocausto di Firenze* cit., pp. 37-8.

[6] Archivio di Stato di Firenze, Tribunale di Firenze, Atti Penali d'Assise, 1926, fasc. 26, b. 54, Parte II (Primo Processo), 'La Sezione d'Accusa presso la R. Corte d'Appello di Firenze', 21 luglio 1921, p. 2.

alle violenze fiorentine: «ricorderò soltanto la vittima, che non apparteneva a nessuna parte [...] il giovanetto Giovanni Berta»[7]. Tuttavia, con l'affermarsi del fascismo, le fonti statali cominciarono a rivalutare la situazione. Due anni dopo, il processo contro undici nuovi complici del suo omicidio citava «il giovane Giovanni Berta, già valoroso combattente, fervente fascista»[8].

Descritto dal funzionario del Comune Raffaello Bacci come «il protomartire del Fascismo»[9], l'affiliazione politica di Giovanni Berta non venne mai messa in discussione dalle fonti fasciste. Anzi, come si dirà più avanti, la sua reputazione di primo martire fascista fu consolidata nel corso degli anni Trenta. Una delle pubblicazioni più importanti di questo sviluppo fu *L'Olocausto di Firenze*:

> ha compreso subito il valore ideale del Fascismo [...] e non esita a dare la sua adesione. Nel 1919 [...] si era iscritto all'«Alleanza di difesa cittadina», primo baluardo della riscossa a Firenze; nel 1920 fa parte del primo Fascio Fiorentino di Combattimento; nel '21 è già in azione con le prime esigue squadre che hanno affrontato coraggiosamente la guerriglia. Prima fra primi, sempre. Quando si dà l'assalto al giornale socialista «La Difesa» egli è il primo a forzare le bande e a penetrare nei locali insidiosi; quando il 21 ottobre del '20 dopo l'eccidio di Palazzo d'Accursio, si organizzò alla svelta una piccola spedizione per dar man forte ai camerati bolognesi, egli è fra i primi animosi che rispondono all'appello[10].

In pratica, la sua appartenenza al fascismo, le sue simpatie o altro sono impossibili da confermare. Frullini non lo nomina nei suoi lunghi e dettagliati elenchi di attivisti, che comprendono quello del direttivo del fascismo fiorentino del 1919-21 e un altro gruppo coinvolto nella sfilata della prima bandiera del partito locale il 4 novembre 1920. Cita invece Federigo Florio, Luigi Pontecchi, Annibale Foscari e Gastone Bartolini, tutti celebrati come martiri e

[7] Camera dei Deputati, Atti Parlamentari, Leg. XXV, 1ª Sessione, Discussioni, Tornata di martedì 8 marzo 1921, Roma, Tipografia del Senato, 1922, p. 8506.

[8] Archivio di Stato di Firenze, Tribunale di Firenze, Atti Penali d'Assise, 1926, fasc. 26, b. 54, Parte II (Primo Processo), 'La Sezione d'Accusa presso la R. Corte d'Appello di Firenze', 25 settembre 1923, p. 1.

[9] R. Bacci, *La Mostra dei Cimeli di Giovanni Berta*, «Firenze. Rassegna mensile del Comune», settembre 1934, p. 271.

[10] AA.VV., *L'Olocausto di Firenze* cit., p. 42.

inumati nella cripta di Santa Croce[11]. Giovanni Berta non compare nemmeno nel dettagliato elenco di nomi di 24 pagine di Frullini[12]. Umberto Banchelli cita analogamente personaggi di vari gruppi di diversa estrazione sociale che aderirono precocemente al movimento fiorentino, ma il nome di Berta è ancora una volta assente. Tra questi, Filippo Tommaso Marinetti, il marchese Dino Perrone Compagni, Amerigo Dumini e lo stesso Banchelli, tutti aderirono all'Alleanza di difesa cittadina del 1919[13]. Una vasta schiera di anticomunisti che comprendeva liberali, protofascisti e apolitici, l'Alleanza era un'organizzazione sia sociale che politica. Pertanto, anche se Berta ne avesse fatto parte, come sostiene l'agiografia del Gruppo Rionale[14], questo fatto non può comunque essere letto come una prova concreta delle sue attitudini fasciste. Inoltre, come suggerisce Palla, c'è ragione di aspettarsi che il suo nome sarebbe apparso se fosse stato un membro del partito:

> Individuare, censire e contare è risultato dunque una necessità, più che un'opzione fra tante, per quanto ostacolato da fonti lacunose e frammentarie. Ne è risultato un tentativo di schedare biograficamente, come per un «ufficio di informazioni retrospettive» [...] i capi e i gregari fascisti toscani[15].

Con Giovanni Berta assente anche dall'accurato elenco di profili biografici di Mario Missori[16], le prove a sostegno della sua fedeltà al fascismo si limitano alle affermazioni della «Nazione», alle incoerenti relazioni prefettizie e alle fonti apertamente fasciste. Oltre ai dubbi sulla sua affiliazione politica, la cronologia dei caduti fascisti fiorentini rivela che non fu il primo a morire in città, mentre ci furono altri casi precedenti al di fuori di Firenze[17].

[11] B. Frullini, *Squadrismo fiorentino* cit., pp. 31; 53; 56.

[12] Ivi, pp. 132-55.

[13] U. Banchelli, *Le memorie di un fascista* cit., pp. 6-8.

[14] Gruppo Rionale Fascista «Giovanni Berta» di Firenze, *Giovanni Berta* cit., p. 24.

[15] M. Palla, *I fascisti toscani* cit., pp. 455-6.

[16] M. Missori, *Gerarchie e statuti del Pnf* cit., pp. 158-292.

[17] Per esempio Pierino Del Piano (Torino, 4 dicembre 1919), Ferruccio Barletta (Minervino Murge, 13 aprile 1920) e Francesco Gozzi (Ferrara, 20 dicembre 1920), solo per fare qualche nome. Citati in G. Belvederi, 'Marti-

Come ricordava Dino Perrone Compagni nel 1936, con specifico riferimento a Firenze: «nel corteo che ritornava da Palazzo Vecchio fu lanciato una bomba. Caddero Bolaffi e Fiorini [...] Fu il primo sangue fascista versato»[18].

Gino Bolaffi, morto a Firenze il 7 novembre 1920, a 23 anni.
Guido Fiorini, morto a Firenze il 7 novembre 1920, a 28 anni.
Carlo Menabuoni, ferito a Firenze il 27 febbraio 1921, morto il 14 marzo 1921, a 24 anni[19].

Giovanni Berta non era quindi la figura più ovvia per essere venerata come primo martire del fascismo. In ogni caso, stabilire la sua appartenenza al movimento è meno importante del mito che si creò intorno a lui e al suo presunto assassinio da parte dei comunisti, oltre al modo e al motivo per cui è rimasto il più importante caduto nella storia del fascismo fiorentino e probabilmente di quello nazionale.

Quel che è certo è che la morte di Berta è stata una delle più impressionanti e significative che hanno scosso Firenze in quegli anni. Rimane tuttavia inspiegabile e potrebbe anche essere stata accidentale, in assenza di un intento premeditato di ucciderlo. Per contro, dovrebbero esserci pochi dubbi su come e perché Carlo Menabuoni sia morto più di due settimane dopo l'attentato di piazza degli Antinori, certamente non nel modo in cui Ambrosi lo presenta nel suo romanzo per ragazzi: «uno dei colpiti, Carlo Menabuoni, ed anche un povero milite della Benemerita, il carabiniere Petrucci, non avevano più bisogno di aiuti terreni; la mitraglia aveva squarciato i loro petti generosi, e le loro anime erano volate nel Cielo dei forti»[20]. Così, i resoconti delle morti fa-

re', *Enciclopedia Italiana Treccani*, 1934, https://www.treccani.it/enciclopedia/martire_%28Enciclopedia-Italiana%29/ [ultimo accesso 30 maggio 2023].

[18] D. Compagni Perrone, *Dino Perrone Compagni rievoca la gloria dello squadrismo fiorentino e toscano*, «Il Bargello», 31 agosto 1930, pp. 2-3.

[19] ACSFi [Archivio di Stato di Firenze], CF [Comune di Firenze], Deliberazioni, Atti del Consiglio, 1934-5, CF 9247, il faldone Carte Varie riporta un elenco cronologico dei caduti in base alla data di ferimento. Così, Carlo Menabuoni è elencato come terzo, un giorno prima di Giovanni Berta.

[20] E. Ambrosi, *Squadrismo eroico. Giovanni Berta*, Milano, Carroccio, 1936, p. 44.

sciste spesso differivano a seconda del narratore e probabilmente del pubblico a cui erano destinati, creando inevitabilmente dubbi, miti e contro-storie. Indicativo è il suggerimento di Alessandro Pavolini, nel 1934, secondo il quale il tragico caso di Giovanni Berta avrebbe meritato una ricostruzione «con la più scrupolosa e completa esattezza, anche perché si è più volte dato il caso che pubblicazioni varie offendessero, senza volerlo, la verità, e per aspetti e particolari non trascurabili»[21]. Pavolini aveva ragione, ma forse non nel modo in cui intendeva.

L'autopsia

Le cause della morte di Giovanni Berta e le sue condizioni fisiche sono fondamentali per la forza retorica del mito che è emerso nei vent'anni successivi. Come nel caso del martirio cristiano: «la lettura pubblica degli atti sul martirio nelle chiese o in altre riunioni comunitarie conferiva ai racconti autorità e potere. Il grado di autorità attribuito al racconto era legato sia allo status pre-mortem che a quello post-mortem del martire – chi era stato in vita e chi era diventato dopo la morte»[22]. Nel caso di Berta, per rendere proficuo il suo «martirio» si è reso necessario ricostruire le sue condizioni fisiche prima e dopo la morte. Infatti, come chiarito dal referto autoptico, non c'erano segni della presunta violenza diffusamente associata alla sua morte. Letto durante il processo, il referto dell'autopsia forniva una descrizione esauriente delle condizioni del corpo di Giovanni Berta, che includeva graffi al viso, l'occhio sinistro contuso con alcuni segni di danni all'occhio destro, una escoriazione al labbro superiore, una all'avambraccio destro e una più piccola all'esterno della coscia sinistra. Internamente, l'esame del cervello non mostrava danni; il cuore appariva normale; lo stomaco conteneva lenticchie in fase di digestione senza alcuna traccia di

[21] Gruppo Rionale Fascista «Giovanni Berta» di Firenze, *Giovanni Berta* cit., p. VIII.

[22] C.R. Moss, *The Other Christs. Imitating Jesus in Ancient Christian Ideologies of Martyrdom*, Oxford, U.P., 2010, p. 13.

vino; i polmoni erano espansi. A questo punto il giudice poneva le seguenti questioni:

1. Quale è stata la causa della morte di Berta Giovanni?
– I reperti polmonari nonché quelli epatici e renali, ci fanno ritenere che si tratti di una morte per annegamento.
2. Quale è la natura delle lesioni descritte nell'ispezione esterna del cadavere e quale il loro valore nel determinismo della morte?
– La natura delle lesioni esterne descritte nel cadavere, è quella caratteristica delle lesioni contusive. Tali contusioni peraltro non sono espressione di una violenza molto grave e non hanno alcun valore nel determinismo della morte.
3. Per quanto tempo deve essere rimasto il corpo immerso nell'acqua perché possa dal fatto aver prodotto la morte?
– Pochi minuti.
4. A determinare la morte concorsero condizioni preesistenti o cause sopravvenute e indipendenti?
– Nessuna[23].

Le possibilità sembrano essere che Berta abbia perso i sensi prima di essere gettato nel fiume oppure che si sia deliberatamente tuffato nell'Arno per sfuggire ai suoi aggressori, il che sembra plausibile data la sua presunta abilità nel nuotare. In ogni caso, è comunque difficile sostenere che la sua morte non sia stata il risultato delle azioni dei suoi aggressori, anche se questa potrebbe non essere stata la loro intenzione. Sembra quindi ragionevole suggerire che Berta sia stato effettivamente vittima di violenza politica, ma non necessariamente in maniera intenzionale o manifestamente a causa delle sue convinzioni fasciste.

Nonostante il processo e le condanne del 1921, l'inchiesta sul caso rimase aperta e vennero formulate altre accuse. Inoltre, nonostante la lettura dell'autopsia al processo, che confermò che non c'erano danni significativi alle mani di Berta, è perdurato il mito delle percosse subite mentre pendeva dal ponte. «Il disgraziato in uno sforzo disperato dell'istinto di salvezza riuscì ad aggrapparsi ai bastioni delle spallette, ma quei forsennati, manifestando tutto la loro anima brutale, con mazze e con calci gli colpirono e

[23] Archivio di Stato di Firenze, Tribunale di Firenze, Atti Penali d'Assise, 1926, fasc. 26 (Primo Processo).

pestarono ripetutamente la mani»[24]. Lo stesso argomento viene ripetuto più tardi nello stesso rapporto e ancora, in un'ulteriore indagine del 1925[25]. Circa nove anni dopo, Giulio Prosatore riaffermava il mito con non poca precisione nella sua presunta testimonianza oculare: «le mani della povera vittima erano tutte maciullate: la sinistra molto di più della destra»[26]. Tra i documenti relativi a queste indagini in corso c'è una lettera a Mussolini di Narcisa Geri, del febbraio 1923. Chiedendo la liberazione del marito Giulio, condannato nel primo processo, e l'arresto dei veri responsabili del crimine, la donna supplicava «in nome della giovinezza immolata e non vendicata di GIOVANNI BERTA»[27].

Dopo periodi di violenza, la giustizia è uno degli elementi chiave della pace e della risoluzione dei conflitti. Senza la percezione che sia stata fatta giustizia, nessuna forma di processo di pace può realisticamente emergere. La memoria ha un ruolo importante nella riconciliazione, come dimostra il caso Berta. Nonostante l'incarcerazione di dodici persone, il mito che si è poi fissato nella coscienza di molti è che nessuno avesse effettivamente pagato per il crimine e che lo Stato avesse scarsa volontà di occuparsi degli aggressori di Berta. Sebbene nessuna delle due cose corrispondesse a verità, queste idee non furono facilmente cancellate e continuarono a essere divulgate. Questa falsa memoria pubblica fu notata, nel 1925, da «Non Mollare. Bollettino d'informazione durante il 'regime fascista'». Fondata da Carlo e Nello Rosselli, Ernesto Rossi, Nello Traquandi, Dino Vannucci e Gaetano Salvemini, la testata antifascista discuteva del caso:

> 1) Il 10 giugno due testimoni del processo Berta sono stati bastonati nelle loro abitazioni. Uno è certo Innocenti Fosco, volontario di guerra, decorato di medaglia d'argento al valore [...]

[24] Archivio di Stato di Firenze, Tribunale di Firenze, Atti Penali d'Assise, 1926, fasc. 26 (Primo Processo), 'La Sezione d'Accusa della Corte d'Appello di Firenze', 25 settembre 1923, p. 2.

[25] Ivi, 'La R. Corte d'Appello di Firenze, Sezione Penale', 10 giugno 1925, p. 1.

[26] G. Prosatore, *Come fu assassinato il povero Berta*, «Milizia Fascista», 27 luglio 1930, p. 1.

[27] Archivio di Stato di Firenze, Tribunale di Firenze, Atti Penali d'Assise, 1926, fasc. 26 (2° procedimento).

2) Il nuovo processo Berta si è chiuso, insieme a molte condanne, con qualche assoluzione; tra l'altro coll'assoluzione di certi Piselli e Olmi. Essere assolti in ergime [sic] fascista, a Firenze, nel processo Berta, significa aver fornito prove schiaccianti della propria innocenza.

Malgrado ciò, i due disgraziati non possono tornare alle loro case. Ogni notte i fascisti del loro paese minacciano i congiunti di ammazzarli come cani, se oseranno loro tornare[28].

La versione socialista

Il racconto e l'analisi dei media di sinistra sul caso furono sorprendentemente limitati: i resoconti socialisti delle violenze di fine febbraio 1921 a Firenze si concentrarono comprensibilmente sulle loro vittime, principalmente Spartaco Lavagnini. Anche l'entusiasmo che poteva esserci per un'indagine o una critica più a lungo termine degli eventi e della storia di Berta fu frenato dall'ascesa del regime e dalle imposizioni della censura. Nel 1926 la maggior parte degli organi di opposizione era stata bandita o costretta alla clandestinità.

Commentando l'aggressione in piazza degli Antinori, l'«Avanti!» confermava la difficoltà di identificare i responsabili, richiamando l'attenzione sull'omicidio a sangue freddo del ferroviere Gino Mugnai. Evidenziando la brutalità delle forze dell'ordine, riportava che molti testimoni si erano recati in ospedale per condannare l'accaduto e identificare il carabiniere colpevole. In maniera un po' retorica, si chiedeva se almeno in questa occasione sarebbe stata fatta giustizia[29]. Rappresentando la violenza che aveva fatto seguito all'attacco iniziale, l'«Avanti!» richiamava l'attenzione sul fatto che la successiva violenza fascista era stata appoggiata da molti membri delle forze dell'ordine, testimoniando una nuova fase nel rapporto tra Stato e fascismo: «oggi il fascismo è l'arma ufficiale contro di noi, l'arma riconosciuta e garantita dallo

[28] *Cosas de... Firenze*, in C. Francovich (a cura di), *Non Mollare (1925). Riproduzione fotografica dei numeri usciti*, Firenze, La Nuova Italia, 1968, tav. XXXIV.

[29] *I tragici avvenimenti di Firenze*, «Avanti!», 1° marzo 1921, p. 4.

stato Borghese [...] Firenze insegna ai più ciechi e ai più testardi. L'alleanza si è svelata»[30].

Il giornale socialista si concentrava piuttosto sull'omicidio di Spartaco Lavagnini, descrivendo il disagio evidente che aveva suscitato in tutta la città alla luce della sua cortesia e della sua tolleranza verso le opinioni alternative che avevano contribuito ad un evidente apprezzamento anche tra i suoi avversari politici.[31] Insieme a Gino Mugnai, una «vittima di una follia sanguinaria che non ha riscontro nella storia», dichiarava il Sindacato Ferrovieri:

> [Lavagnini] È morto nella sua innocente attività mentre fumando la sigaretta si recava ad aprire ai suoi carnefici [...]
> Sia deserta la stazione – sia deserta l'officina fino a quando essi non poseranno per sempre nella pace eternale del sepolcro – e ricordate: che essi morirono per la causa santa del proletariato[32].

Il 5 marzo l'«Avanti!» denunciò apertamente il lancio della bomba e la violenta serie di effetti a catena, presentando un'ulteriore, corposa documentazione a sostegno delle sue accuse di violenza fascista e di complicità tra polizia e fascisti. In mezzo, un breve accenno a Berta «il fascista», ma solo per sottolineare ulteriormente la «febbrile» attività della polizia per identificare i suoi assassini, in contrasto con l'assenza di sforzi per quanto riguardava gli assassini di Lavagnini[33]. Anche «L'Azione Comunista» (5 marzo 1921) descriveva l'assassinio di Lavagnini e la reazione che aveva suscitato[34]. Concentrandosi sul senso di ingiustizia e sullo spirito di sacrificio della classe operaia, ignorava del tutto la morte di Giovanni Berta. Al momento del suo assassinio Lavagnini stava preparando la prossima edizione del quotidiano, e il suo resoconto dell'omicidio era mirabilmente equilibrato, date le circostanze:

> Sorvolando tutti gli episodi di violenza, varii e frammentari, verificatosi in ogni parte della città, fra i quali l'uccisione del fascista Giovanni Bertha [sic], gettato in Arno dai popolani con atto barbarico pari a quel-

[30] *Fascismo di Stato*, «Avanti!», 2 marzo 1921, p. 4.
[31] *I tragici avvenimenti di Firenze* cit., p. 4.
[32] *Il manifesto del Sindacato Ferrovieri*, «La Difesa», 5 marzo 1921, p. 2.
[33] *Dopo le sanguinose giornate di Firenze*, «Avanti!», 5 marzo 1921, p. 2.
[34] *Cronaca degli avvenimenti*, «L'Azione Comunista», 5 marzo 1921, p. 2.

lo adottato dai vigliacchi assassini del Lavagnini, fu notevole l'insurrezione del popolo del quartiere di S. Frediano[35].

Nel sottolineare come la violenza e il sangue avessero profondamente danneggiato la lunga tradizione di lotta politica civile della città, il PSI lanciò un appello appassionato per la fine della selvaggia guerra civile[36], che fu sostenuto dal PCI[37]. Utilizzando termini emotivi, come «caduto» e «martire», per i propri morti, proprio come avrebbe fatto il fascismo, anche la stampa socialista dimostrò la disponibilità a strumentalizzare la narrazione degli eventi di San Frediano piuttosto che offrire una versione più completa e neutrale. Al di là di qualche sporadico accenno, in ogni caso, i resoconti socialisti delle violenze prestarono scarsa attenzione a Berta.

L'«Avanti!» diede una certa copertura al processo nel corso dell'anno, ma ancora una volta le notizie furono utilizzate principalmente per promuovere la sua linea politica. Nel resoconto degli eventi giudiziari del 25 novembre, si concentrò sulle accuse di barbarie della polizia durante l'inchiesta, prima di notare come numerosi fascisti, che avevano occupato tutti i posti riservati in tribuna d'onore, avessero preso parte al processo e «dato luogo a diversi incidenti con i difensori degli imputati». Un esempio citato è l'aggressione al ferroviere Ernesto Rossi, scambiato per un «Ardito del Popolo» per via del garofano rosso che portava sulla giacca. Continuando a descrivere dettagliatamente il tentato suicidio di Vasco Andrei mentre si trovava in carcere in custodia cautelare, il resoconto sottolineava: «nella cittadinanza questo episodio doloroso del processo Berta ha destata la più profonda impressione»[38]. Del processo in sé, non c'era nulla.

Naturalmente c'è ancora da considerare la versione fascista della storia, che fu naturalmente più elaborata, diffusa e duratura. Tuttavia, per cercare di capire le ragioni per cui la storia di Giovanni Berta ottenne una tale diffusione e longevità, è necessario

[35] *La cronaca dei luttuosi avvenimenti* cit., p. 2.

[36] *Il manifesto dei deputati socialisti*, «La Difesa», 5 marzo 1921, p. 3.

[37] *Il manifesto comunista*, «La Difesa», 5 marzo 1921, p. 2.

[38] *Il Processo Berta a Firenze. Violenze e aggressioni fasciste*, «Avanti!», 27 novembre 1922, p. 6.

comprendere ciò che stava accadendo all'interno del fascismo a livello locale e nazionale, in tre momenti specifici durante gli oltre vent'anni in cui sarebbe stata episodicamente riproposta.

La crisi del fascismo fiorentino, 1922-25

Il 17 giugno 1921, un gruppo di fascisti carraresi guidati da Renato Ricci fu bloccato da alcuni ufficiali dei carabinieri e costretto ad arrendersi mentre si recava nella vicina Sarzana, da tempo considerata un focolaio di antifascismo. Dino Perrone Compagni affermò in seguito che la loro azione era una risposta alla deplorevole violenza socialista contro due fascisti di La Spezia.

> E furono fermati, furono spogliati, messi vivi (questo è risultato dal processo) in una pentola di acqua bollente ove si doveva gettare della farina di granturco. Venne fatto bollire loro la testa e poi furono scorticati coi coltelli e messi in mezzo alla strada con un cartello: «Ecco quello che toccherà ai vostri compagni»[39].

Quasi tutta la dirigenza del Fascio di Carrara, compreso Ricci, fu arrestata e imprigionata a Sarzana. Prevedendo una rappresaglia di circa duemila fascisti, la città fu posta sotto la protezione di circa 500 membri delle forze di Stato. L'attacco ebbe luogo il 21 giugno e fu guidato da Amerigo Dumini, dal pisano Bruno Santini e da Goffredo Corsi di Carrara. Nella speranza di sorprendere la città all'alba, non era stato approntato un piano operativo e c'era poco senso di coesione tra le forze fasciste, mentre Sarzana era ben preparata.

Ci sono due resoconti contrastanti di ciò che accadde, dal punto di vista delle autorità e dei fascisti. Il capitano Jurgens, comandante di 15 militari inviati a difendere la stazione ferroviaria, ricorda che Dumini e Santini guidavano circa 400 fascisti armati. Dall'interno del gruppo qualcuno aprì il fuoco e uccise un ufficiale dei carabinieri. Stabilito il cessate il fuoco, i prigionieri fascisti furono liberati e scortati alla stazione. Il racconto di Jurgens fu

[39] D. Perrone Compagni, *Storia dello squadrismo fiorentino e toscano*, «Il Bargello», 31 agosto 1930, p. 3.

verificato poco dopo dall'ispettore commendator Trani, inviato dal Ministero dell'Interno per condurre un'inchiesta. La versione di Banchelli, tuttavia, accusa Jurgens di essere fuggito subito dopo aver ordinato ai suoi uomini di aprire il fuoco. In realtà furono i fascisti a disperdersi, alcuni in campagna dove andarono incontro ad una giustizia sommaria. «I morti da parte fascista quel giorno furon diciotto: tre in piazza sotto il fuoco dei carabinieri [...] quattordici, isolati, furon linciati nelle campagne... uno, infine, sulla via di ritorno fu freddato da una fucilata sparata da terra, contro il treno in corsa»[40]. Tra i morti, tre sarebbero poi stati deposti nella cripta fascista dei Caduti in Santa Croce. Nel 2019, il sito neofascista «Il Primato Nazionale» ha offerto la sua versione degli eventi, concludendo così:

Da allora gli squadristi apuani cantarono, sull'aria di *Hanno ammazzato Giovanni Berta* [...] questi versi feroci:

Hanno ammazzato Pelù e Taddeucci
fascisti tra i fascisti,
e noi abbiamo ucciso
tre porci comunisti.
Abbiam ucciso
tre figli di puttana
abbiam vendicato
i Morti di Sarzana[41].

Spesso si afferma che Sarzana dimostra quanto poco sforzo sarebbe stato necessario allo Stato per fermare il fascismo, e le prove in questa occasione appaiono convincenti. Tuttavia, Sarzana fu un caso particolare che non può essere applicato alle varie situazioni del Paese, per quanto simili possano sembrare. «La Caporetto del fascismo»[42], secondo Banchelli, era da attribuirsi alla facilità delle

[40] R. Cantagalli, *Storia del fascismo fiorentino* cit., p. 252.

[41] *Strage di Sarzana del 21 luglio 1921, una pagina scomoda per la sinistra*, «Il Primato Nazionale», 21 luglio 2019, https://www.ilprimatonazionale.it/approfondimenti/strage-sarzana-21-luglio-1921-125220/ [ultimo accesso 28 aprile 2021].

[42] Nel 2020, «Il Primato Nazionale», la testata della neofascista CasaPound, nota per la sua linea anti-immigrazione e filo-salviniana, e spesso accusata di

vittorie fasciste fino a quel momento, che avevano creato un senso di invincibilità e quindi di temporanea debolezza[43]. Indicativo delle divisioni all'interno del fascismo, come Banchelli descrive nel suo libro di memorie, le spaccature all'interno del partito fiorentino erano sempre presenti e raramente lontane dalla superficie.

Il tentativo di «pacificare» il fascismo dopo la sua ascesa al potere fu spesso percepito con disagio, come una minaccia per le autonomie locali e le basi di potere costruite sulla violenza antisocialista. Dopo aver dichiarato di voler riportare ordine nel caos che il suo movimento aveva creato, Mussolini richiedeva una disciplina all'interno delle province se voleva che la sua promessa di pace si concretizzasse. Tuttavia, qualsiasi rivisitazione del passato glorioso, legittimo e violento dello squadrismo o la limitazione delle loro attività minacciava tutto ciò che esse rappresentavano e i privilegi che avevano acquisito. Una volta che la loro violenza non era più necessaria, la loro unica arma e mezzo di influenza veniva neutralizzata. Pertanto, pochi segretari di federazioni locali sostenevano la «normalizzazione» e la Toscana non era da meno.

Già il 24 luglio 1921, Umberto Pasella, segretario generale del movimento Fasci Italiani di Combattimento, condannò i deputati fascisti per aver appoggiato il governo di Ivanoe Bonomi, accusandoli di diffamare il fascismo. Pasella, un ex socialista rivoluzionario che aveva rotto con il partito a causa della prima guerra mondiale, divenne uno dei leader principali della violenza squadrista in Toscana. Come ha ricordato Banchelli, «al sorgere del Fascismo, Mussolini, mal consigliato, gli affidava la carica del Segretario dei fasci di tutta l'Italia. Pasella diveniva così la balia del rampollo da cui la Patria attendeva la salvezza»[44]. Un altro era

diffondere fake news, ha definito «la strage di Sarzana», invece del più comunemente usato «fatti di Sarzana», come una «pagina ancor oggi molto scomoda per la sinistra, che pure esalta Sarzana come *la Caporetto del Fascismo*, per la ferocia che si può ben definire bestiale dimostrata non come preteso dalla novellistica antifascista dalle ferocissime squadracce nere, ma dalla plebe sarzanese, dai contadini e dai cosiddetti *arditi del popolo*, ferocia che anticipa di ventiquattro anni la brutalità della primavera del 1945», https://www.ilprimatonazionale.it/approfondimenti/strage-sarzana-21-luglio-1921-125220/ [ultimo accesso 28 maggio 2020].

[43] U. Banchelli, *Le memorie di un fascista* cit., p. 61.

[44] Ivi, pp. 70-1.

Dino Perrone Compagni, il cui mancato coinvolgimento a Sarzana gli valse una posizione di forza nel partito locale rispetto ai suoi più forti rivali Dumini, Banchelli e Tullio Tamburini. Pur essendo contrario al processo di pacificazione, Perrone Compagni sostenne la linea del partito centrale, in una mossa opportunistica per isolare i suoi rivali alla dirigenza. Indicative delle forti differenze all'interno del PNF per quanto riguarda la sua direzione, queste posizioni mostrano anche come le ambizioni di leadership concorrenti abbiano spesso creato turbolenza, disordine e disaccordo all'interno delle federazioni locali.

Nell'aprile del 1922, il fascio fiorentino si divide in due fazioni. Guidate rispettivamente da Tamburini e da Perrone Compagni, venivano spesso alle mani nelle occasioni in cui si incrociavano[45]. Questa seconda scissione nel partito locale, secondo Banchelli, era tra gli intransigenti della «prima ora» che si opponevano alla normalizzazione e al controllo centrale e i normalizzatori che cercavano di stabilire la disciplina e l'ordine nella società italiana[46]. Palla la vedeva più che altro come indicativa della battaglia locale in corso tra il dominio egemonico della borghesia fiorentina, che aveva sfruttato la violenza squadrista per distruggere i residui della resistenza proletaria, e la base demagogica, rivoluzionaria e piccolo borghese della massa[47]. Fondato nell'aprile del 1922, il gruppo autonomo si impegnò a difendere i valori originari del fascismo:

> Delibera di rimanere Fedele al vecchio e glorioso fascio fiorentino che attraverso il martirio ed il sacrificio della sua gioventù fiaccò in tutta la Toscana la tracotanza dei nemici della Patria; per il rispetto delle norme statutarie violate, per la memoria dei suoi morti, per la fede nei destini d'Italia, proclama il Fascio di Firenze indipendente ed autonomo pronto a tornare compatto nel partito quando ad esso sarà reso in brevissimo tempo la giustizia reclamata e a cui sente avere incontrastabile diritto[48].

[45] Per un resoconto dettagliato di questi eventi si veda R. Cantagalli, *Storia del fascismo fiorentino* cit., pp. 257-77.
[46] U. Banchelli, *Le memorie di un fascista* cit., p. 103.
[47] M. Palla, *Firenze nel regime fascista* cit., p. 122.
[48] U. Banchelli, *Le memorie di un fascista* cit., p. 102.

Secondo Banchelli, quasi tutte le famiglie dei morti erano dalla parte del gruppo autonomo, «certo nella speranza che i medesimi uomini, ora autonomi, concedessero quello che da fascisti del Partito Nazionale non avevano loro concesso»[49]. Quando le sue memorie furono pubblicate, lo scisma era formalmente finito e il partito locale si era teoricamente riunito il 30 settembre. In pratica, le divisioni erano profonde e sarebbero riemerse in più di un'occasione. Ciò che dimostra, tuttavia, è che anche in una fase così precoce i morti fiorentini rappresentavano un capitale politico importante, soprattutto per l'ala radicale e intransigente del partito, che sarebbe stata cruciale per stabilire e mantenere la loro memoria e soprattutto quella di Giovanni Berta.

La continua esistenza o sopravvivenza del nemico dello squadrismo in qualche forma, che ricordasse la potenziale minaccia, era quindi necessaria per mantenere la sua ragion d'essere e giustificare la sua azione continua. Il costante ricordo della fine violenta di Giovanni Berta non solo giustificava l'esistenza e le attività delle squadre, ma affrontava anche la minaccia rappresentata dal loro stesso successo. Per queste ragioni, per tutti gli anni Venti la conservazione e la divulgazione della memoria di Berta fu una preoccupazione tutta fiorentina, associata alla lotta per il controllo della provincia, all'interno della quale fazioni locali, rivalità irrisolte, tensioni personali e interessi contrastanti generarono un'instabilità quasi permanente.

La crisi Matteotti del 1924 mise ulteriormente in luce la lotta nazionale/locale per il controllo del partito. «La posta in gioco [...] non era solo il potere pubblico – la sopravvivenza del governo fascista – ma anche le carriere private e personali, dato che i leader fascisti locali si sentivano sfilare il tappeto da sotto i piedi»[50]. Con il culto del Duce ancora da consolidare, l'omicidio di Matteotti mostrò i limiti della vittoria di Mussolini del 1922 e la sua difficoltà a controllare un fascismo intransigente, violento e provinciale. Ancora vivo e vegeto, lo squadrismo fu un sostegno essenziale per il regime nel suo momento di crisi. Nel settembre 1924, «Battaglie Fasciste» sferrò un attacco non troppo velato alla memoria di

[49] Ivi, p. 108.

[50] P. Corner, *The Fascist Party and Popular Opinion* cit., p. 2 (trad. it. cit., p. 18).

Matteotti, che non fu di grande aiuto alla causa di Mussolini: «non possiamo parlare di amore, di pace, dopo che il culto dei nostri morti ha subito la profanazione più atroce, dopo che si è elevato a martire e si è paragonato a Cristo un traditore della Patria»[51].

Il PNF era afflitto da divisioni tra i fascisti intransigenti della «prima ora», guidati da Roberto Farinacci, e quelli fedeli a Mussolini. La violenza giocò un ruolo importante nel tenere insieme le due fazioni molto diverse all'interno del partito, in quanto «la feroce lotta contro l'antifascismo rappresentava però, nelle provincie e qui in particolare, un cemento unificante troppo solido e rappreso per essere mandato in frantumi»[52]. Mussolini cercò di contenere la divisione nominando Roberto Farinacci segretario generale del PNF, nel febbraio 1925. Un intransigente convinto, le cui simpatie rimanevano per le violente squadre provinciali dove si trovava la sua base di potere, e questo era un buon motivo per Mussolini per mettere da parte la sua avversione. Convinto della forza rigeneratrice del conflitto continuo, Farinacci, grazie al suo passato violento e al suo status di ras di Cremona, riuscì a imporre l'ordine dove c'era indisciplina. Con un forte disprezzo per il controllo centrale, affermò l'autorità autonoma dei fasci e considerò il partito come una guida per le province. Come osserva Corner:

> Gran parte della lotta su ciò che il fascismo rappresentava e sulla direzione che il movimento avrebbe dovuto prendere si svolse a livello locale, all'interno delle organizzazioni provinciali del partito fascista, dove si discuteva su ciò che il partito locale avrebbe dovuto fare [...] e su come questo potesse essere collegato al grande disegno di Mussolini[53].

Pur restando ostinatamente fedele alle sue radici radicali e indipendenti, il fascismo fiorentino rimase saldamente al fianco di Mussolini, anche se ormai frustrato dalla lentezza della «rivoluzione». Citando Lyttelton e Palla, Millan ha suggerito che non fu un caso che l'epicentro della violenta campagna antimassonica fosse Firenze, dove i fascisti locali si consideravano custodi della rivoluzione.

[51] *La gloria dei morti*, «Battaglie Fasciste», 6 settembre 1924, p. 1.

[52] M. Palla, *Firenze nel regime fascista* cit., p. 140.

[53] P. Corner, *The Fascist Party and Popular Opinion* cit., p. 3 (trad. it. cit., p. 19).

Ad esempio, il terrore diffuso fu la risposta all'omicidio del leader del Fascio Giovanni Luporini nell'ottobre 1925, durante la perquisizione dell'appartamento del massone Napoleone Bandinelli. Gli episodi di violenza privata e di ricatto che seguirono, condotti sotto la copertura della campagna antimassonica fiorentina, portarono a tre distinte inchieste, a 51 espulsioni dal partito, all'esilio di Tamburini in Libia e allo scioglimento formale delle squadre il 5 ottobre. Pur causando qualche imbarazzo e preoccupazione a Mussolini, la situazione era comunque vantaggiosa per lui. Dimostrando che nessuna forma di opposizione sarebbe stata tollerata, la borghesia fu forzata a prendere posizione, a favore oppure contro il regime. Allo stesso modo, il successivo rafforzamento del controllo sulle federazioni provinciali vide la fine del governo di Farinacci come segretario del partito all'inizio del 1926, se non la fine dello squadrismo: «come in altri casi, il lassismo e l'incoraggiamento ufficioso a perpetuare sempre nuove violenze sono indizi importanti per analizzare il modo in cui Mussolini e il fascismo interpretano l'utilità dello squadrismo nel dopo-marcia»[54].

Con il centro che richiedeva disciplina e ordine per mantenere le sue promesse e le province che prosperavano nel caos e nell'indisciplina, la storia di Giovanni Berta servì a entrambe le ali. I martiri erano una componente importante dell'identità indipendente del partito fiorentino e nel 1924, nel bel mezzo della crisi Matteotti che coinvolse uno dei suoi esponenti di spicco, Amerigo Dumini, il partito locale organizzò una marcia per commemorare i suoi caduti:

> I Fascisti, fieri della loro forza, si raccolgono devotamente nella memoria dei loro Caduti e brandendo la spada, quale monito ai nemici, quale avvertimento ai falsi amici, riaffermano solennemente che le conquiste tangibili della Rivoluzione Fascista rimarranno patrimonio inviolabile della loro idealità[55].

Mostrando la forza del sentimento e il significato dei morti fascisti della città, il corteo fu un precursore di quello del 1934,

[54] M. Millan, *Squadrismo e squadristi nella dittatura fascista* cit., pp. 97-8.

[55] *Il Fascio di Firenze per i caduti Fascisti. La grande cerimonia di domani*, «Battaglie Fasciste», 6 settembre 1924, p. 2.

quando i trentasette «martiri» fiorentini furono sepolti sotto Santa Croce. Fondendo il locale con il nazionale, la parata sostenne il governo in difficoltà evidenziando le perdite del fascismo e distogliendo l'attenzione dalla crisi Matteotti. «Il rito ha assunto solennità e austerità maggiori perché [...] nella radiosa apoteosi del sacrificio [...] furono affratellati nella stessa gloria tutti i tremila martiri nostri che della vita fecero olocausto alla patria sulle piazze d'Italia». Con la partecipazione dello stesso Farinacci

> dette nuovo spirito e nuova fede, e valsa a trovare ai fascisti fiorentini, un'espressione all'intimo sentimento da tempo inespresso [...]
>
> Cosicché i nostri eroi hanno dovuto gioire [...] del rinnovato giuramento dei sopravvissuti di mantenere intatto il testamento che essi lasciarono morendo[56].

Questo «spirito nuovo» comprendeva un ritorno agli ideali della «prima ora», un richiamo al senso di sacrificio e di eroismo che i fiorentini avevano dimostrato nel febbraio-marzo 1921. Secondo il cartello esibito da un giovane squadrista, il ricordo dei martiri era un «monito, avvertimento ai nemici d'Italia e a quelli di fuori: *Duce, scioglieteci le mani!*»[57]. L'uso dei martiri da parte del partito locale per giustificare la sua presenza, la sua azione, la sua indipendenza e la sua importanza deve quindi essere preso in considerazione quando si esamina lo sviluppo della storia di Giovanni Berta a beneficio del partito, sia a livello locale che nazionale. Come sottolinea Corner: «il problema che i fascisti dovettero affrontare, tuttavia, era che la violenza richiedeva un bersaglio, l'identificazione di un nemico contro cui indirizzarla, e ciò stava diventando sempre meno facile»[58]. I racconti della «prima ora» e i miti come quello di Berta erano quindi utili. Identificando un nemico non ben definito, mantenevano il livello di minaccia immaginato, continuando a incoraggiare e giustificare l'azione violenta. Inoltre, come la formazione della Milizia aveva permesso a Mussolini di impiegare gli squadristi quando necessario, così anche i suoi «legionari» morti e martirizzati potevano essere schierati.

[56] *La Sagra dei Morti*, «Battaglie Fasciste», 13 settembre 1924, p. 2.
[57] *Ibid.*
[58] P. Corner, *The Fascist Party and Popular Opinion* cit., p. 59 (trad. it. cit., p. 71).

Versioni degli anni Venti

Nella sua analisi dei necrologi di guerra fascisti, Mabel Berezin ha richiamato l'attenzione sulla natura e sull'importanza delle scene di morte e delle virtù mostrate nel momento del sacrificio. La struttura narrativa ripetuta suggerisce che si trattava di resoconti fittizi o di frammenti di informazioni messi insieme da autori che raramente, se non mai, erano presenti al momento della morte[59]. Alla luce della massa di informazioni sulla morte di Berta e la mancanza di testimoni oculari, il suo punto di vista ha una forte valenza.

L'essenza della storia di Berta, costantemente riprodotta, consiste nel fatto che il ventisettenne, veterano della prima guerra mondiale e fascista convinto, fu aggredito sul Ponte Sospeso mentre cercava di raggiungere i suoi eroici compagni in azione sull'altra sponda dell'Arno. Il rapporto della «Nazione», prima della conclusione delle indagini ufficiali, fu una delle prime ricostruzioni del presunto svolgimento dei fatti:

> Il giovane transitava sul Ponte Sospeso, verso le 18 [...] allorché veniva affrontato da un gruppo di sovversivi, i quali, dopo averlo attorniato, si davano a malmenarlo e a percuoterlo. Il Berta sembra che ad un certo momento abbia tentato di estrare la rivoltella che teneva con sé per difendersi; ma gli aggressori gli strapparono l'arma e lo investivano ancora violentemente. Sembra che gli siano stati sparati contro anche dei colpi d'arma di fuoco, senza colpirlo. Dopo aver tramortito il giovane a forza dei pugni e di calci e dopo avergli estratto dalla tasca interna il portafoglio, gli sconosciuti lo afferravano e lo gettavano nel fiume dalla balaustrata del ponte. Il disgraziato riusciva però ad aggrapparsi ai tiranti di ferro del ponte dibattendosi disperatamente e raccogliendo tutte le sue forze per non precipitare. Ma gli spietati aggressori, non ancora soddisfatti, si sporgevano fuori della balaustra calpestando rabbiosamente le mani del Berta, finché questi, esausto, piombava nelle acque del fiume[60].

Due giorni dopo «La Nazione» aggiungeva ulteriori dettagli, sostenendo che gli assalitori erano almeno venti, e che non ave-

[59] M. Berezin, *Making the Fascist Self* cit., p. 211.
[60] *Un barbaro episodio al ponte sospeso*, «La Nazione», 2 marzo 1921, p. 2.

vano dato il tempo a Berta di rendersi conto di ciò che stava accadendo:

Il giovanotto veniva circondato, soprattutto, bastonato, ed era quasi stordito quando i malvagi lo prendevano di peso, gettandolo nel vuoto. Egli aveva ancora di forza da aggrapparsi ad un pilone del ponte, ma gli aggressori non sentivano nessuna pietà.

– Babbo, mamma! – udì distintamente gridare lamentevolmente l'impiegato.

Il Berta allora cadeva nel fiume e affogava dopo pochi minuti[61].

Gli elementi leggendari del caso, in particolare quello delle mani di Berta e del grido alla madre, sono stati ulteriormente sviluppati e rafforzati dal processo e dalle varie condanne. Mentre l'evento cominciava a perdere la sua immediatezza e a scivolare dal presente al passato, la memoria pubblica faceva sì che lo spirito e i ricordi di Berta continuassero a risuonare. Nel 1925, «Battaglie Fasciste» celebrò l'anniversario della sua morte ripetendo la versione fascista:

mentre che la plebaglia inferocita e ubriaca gridava il suo odio [...] tu Giovanni Berta portavi sul petto quel littorio cinto dai tre colori per i quali tu combatteste; provocazione immensa per quella folla di vili che in te credeva di uccidere la passione di una razza[62].

Una cerimonia commemorativa si tenne anche nel Palazzo di Parte Guelfa, dove l'oratore ufficiale, Giovanni Battista Marziali, approfondì il significato proprio dell'evento:

Qui dobbiamo ricordare il significato di questo sacrificio a chi troppo facilmente dimentica, perché il nome di Berta è sacro come quello di Cristo che non si può e non si deve rammentare invano, sacro come un altare davanti al quale i sacrileghi, i bastardi di tutte le categorie, di tutte le gradazioni non possono fermarsi se non per cadere in ginocchio in espiazione di tutti i loro peccati.

[61] *Uno dei presunti assassini di G. Berta arrestato al Mercato Centrale* cit., p. 3.

[62] *Anniversario di dolore e di gloria*, «Battaglie Fasciste», 28 febbraio 1925, p. 1.

Il segretario politico del Fascio fiorentino, Alfredo Barlesi, aggiungeva: «con questi pensieri, con questi ricordi nell'anima, attingendo sempre nuova fede dagli spiriti sacri dei nostri morti gloriosi primo fra tutti Giovanni Berta, rinnoviamo al Duce magnifico il giuramento che la nostra fede non vacilla»[63]. Dopo la cerimonia, un corteo partì per il Ponte Sospeso sotto una pioggia torrenziale, dove i Balilla sparsero fiori per segnare il luogo della morte di Berta.

A metà degli anni Venti la storia di Giovanni Berta è ancora principalmente un affare fiorentino, ma la situazione cambierà negli anni Trenta. Se da un lato continuerà ad avere risonanza a livello di partito locale, soprattutto attraverso il Gruppo Rionale «Giovanni Berta», dall'altro sarà sempre più discussa nel contesto nazionale. Come il PNF «andò verso il popolo» nel tentativo di diventare un partito di massa, così Giovanni Berta, *il* martire della «prima ora», era una figura appropriata a cui ispirarsi. Se l'impatto di queste testimonianze sulla società italiana, e sulla classe operaia in particolare, non può essere misurato con precisione o certezza, il sistema di censura ha reso quasi impossibile stabilire le testimonianze alternative e il loro potenziale impatto. Tuttavia, quanto vedremo nel capitolo 3, in merito alla costruzione della memoria di Berta attraverso la produzione culturale, e nel capitolo 6, a riguardo all'apertura della cripta fascista a Firenze e alla grande folla che si riversò per le strade della città, mostrerà perché il regime ritenne che l'immagine e la memoria di Giovanni Berta fossero meritevoli di investimento. Inevitabilmente, pur con il supporto di un'ampia contestualizzazione, ci troviamo nel campo delle supposizioni. Naturalmente, ciò che il fascismo diceva e presentava alle masse poteva essere nella realtà ben diverso.

Andare verso il popolo, negli anni Trenta

Se l'ascesa al potere focalizzò le coscienze fasciste e forgiò l'unità contro il nemico, i profondi e talvolta violenti disaccordi tra fascisti radicali e moderati su come quel potere avrebbe dovuto

[63] *La solenne commemorazione di Giovanni Berta*, «Battaglie Fasciste», 7 marzo 1925, p. 2.

essere usato continuarono. Rinomato per la sua capacità di lavorare con tutte le fazioni locali, il marchese Luigi Ridolfi fu nominato capo del Fascio fiorentino nel dicembre 1926. Proveniente da una delle più antiche famiglie nobili di Firenze, secondo Bruno Frullini[64] il compito di Ridolfi era quello di riunire il partito locale diviso e di ricollegarlo alle classi sociali della città che erano state devastate dall'ascesa al potere del fascismo, in quella che fu eufemisticamente definita «normalizzazione». Nonostante la perdita di 5.000 iscritti a favore della neonata provincia di Pistoia nel 1927, all'inizio del 1929 gli iscritti al partito fiorentino erano quasi tornati ai livelli precedenti grazie all'afflusso dalle file delle organizzazioni giovanili del PNF.

Il 10 aprile 1929 Alessandro Pavolini prese il posto di Ridolfi alla guida della Federazione fascista fiorentina (e rimase in carica fino al 20 maggio 1934). Incaricato di consolidare il processo di «normalizzazione», era anche visto come la persona più appropriata per ispirare la gioventù fiorentina e ringiovanire ulteriormente il Fascio locale. Un pubblico sostenitore della tradizione e degli ideali del fascismo della «prima ora»[65], Ernesto Ragionieri vedeva in lui l'anello di congiunzione tra due generazioni fasciste molto diverse: gli squadristi originari e i giovani che avevano aderito al partito a partire dal 1926[66]. Cercando di apparire allo stesso tempo radicale e favorevole alla campagna del partito di «andare verso il popolo», che aveva aperto il PNF all'adesione di massa, la memoria di Berta offrì a Pavolini un modo per raggiungere questo obiettivo senza escludere i fiorentini radicali. Nel decimo anniversario della morte di Berta, pubblicò un articolo sul «Bargello» per commemorare i caduti fascisti e celebrare il ruolo rivoluzionario del fascismo fiorentino:

> I nostri fatti squadristi non ebbero importanza locale, non furono applicazione locale di una parola d'ordine unitaria, tanto meno lo strascico episodico di una grande lotta risoltasi altrove. Ben fummo noi che [...] lo portammo e lo imponemmo in tutta la Toscana [...] in tutta l'Italia

[64] B. Frullini, *Squadrismo fiorentino* cit., pp. 129-30.
[65] M. Palla, *Firenze nel regime fascista* cit., pp. 219-20.
[66] E. Ragionieri, *Il partito fascista* cit., p. 75, cit. ivi, p. 180.

centrale [...] E oltre: ché fin nelle Puglie furono squadristi fiorentini a comandare le spedizioni e gli assalti.

Respingendo l'accusa che la virulenza del fascismo fiorentino fosse un residuo dei sentimenti locali medievali del campanilismo e delle «piccole patrie», Pavolini sostenne che si trattava di uno dei partiti fascisti locali più orientati verso l'esterno, nazionale e rivoluzionario, che aveva risvegliato una civiltà italiana superiore. «Per questo i nostri Martiri non sono soltanto i simboli tutelari delle nostre piccole soglie e del nostro vecchio focolare, ma gli eroi che marceranno in testa alle vaste generazioni del Littorio nel giorno della conquista»[67]. In occasione del decimo anniversario della morte di Berta, Menabuoni, Bolaffi e Fiorini al Teatro della Pergola, Dino Perrone Compagni ricordava gli eventi del 1921, prima che i partecipanti sfilassero al Parco della Rimembranza dei Caduti Fascisti, in piazza Santa Maria Novella, per rendere omaggio ai caduti. Il giorno precedente, presso la Fonderia Berta, era stato inaugurato un busto del padre di Giovanni Berta (morto nel 1930)[68].

Nel 1932, a Firenze, fu organizzato un altro corteo per commemorare i caduti della Rivoluzione. In occasione dei dieci anni dall'ascesa al potere, si diceva che possedesse «un alto contenuto morale per tutti i vecchi fascisti delle squadre di azione [...] le vecchie squadre hanno sempre vissuto nel cuore di chi ne ha fatto parte e sono rimaste idealmente le formazioni di battaglia del Fascismo pronte a ricostruirsi nei quadri se la necessità lo imponesse»[69]. In testa al corteo c'erano le vecchie squadre d'azione riformate per l'evento, tra cui l'originale «Disperata», la «Dante Rossi» e gli Arditi «Berta». Traversando Firenze, il corteo giunse alla Basilica di Santa Croce dove mazzi di fiori e un grande cartello con i nomi dei martiri furono deposti sulla scalinata. Al termine della manifestazione, le squadre si recarono a rendere omaggio alle tombe dei vari martiri. Come nel corteo del 1925, questo evento intrinsecamente locale ricordava il significato non

[67] A. Pavolini, *Decennale*, «Il Bargello», 1° marzo 1931, p. 1.

[68] «Il Bargello», 1° marzo 1931, p. 1.

[69] *Il Sacrificio dei Martiri fu il viatico dei Legionari che risposero 'presente' all'appello del Duce*, «Il Bargello», 28 ottobre 1932, p. 7.

solo del fascismo fiorentino, ma anche quello della «prima ora» e delle radici del movimento nazionale.

Secondo Palla, «a Firenze le tradizioni del fascismo della 'prima ora', e la popolarità degli uomini che lo avevano guidato, costituivano in una certa misura un patrimonio acquisito anche a livello della base fascista e tramandato quindi alle generazioni più giovani»[70]. La sua ricerca offre una spiegazione per la rinascita e lo sviluppo del culto di Giovanni Berta nella metà degli anni Trenta, in quanto martire «originale» e quindi rappresentante del fascismo nella sua forma più antica, pura e radicale. Come commentava il membro del Gruppo Universitario Fascista Silvio Nuti a proposito della sepoltura dei martiri fascisti fiorentini nella cripta di Santa Croce:

> In questo momento in cui l'Italia sta dando nuovi Eroi, e una dimostrazione di fierezza e di ferma decisione che per secoli era rimasta sopita, i nostri Martiri ci sono tanto più vicini, e più cari, il Loro insegnamento ha fruttato, è penetrato negli animi di tutti gli italiani che, volti verso il loro DUCE, sentono di vivere nell'epoca imperiale romana[71].

Giulio Ginnasi successe a Pavolini come federale fiorentino nel 1934. Nato da una famiglia romagnola, dottore in legge, esercitò la professione a Firenze dove entrò nel fascio prima di diventare leader del GUF cittadino. Pur provenendo da un ambiente molto diverso da quello di Pavolini e guidando la Provincia a suo modo, anche lui si legò alla memoria di Berta per motivi analoghi: «Giovanni Berta è un nome che ricorda a tutti noi la dura vigilia e che segna al tempo stesso l'inizio di un lungo vittorioso cammino: è necessario ricordarlo spesso e degnamente per non dimenticare il passato ed in specie per non perdere di vista l'avvenire»[72].

La memoria di Giovanni Berta, appagando gli ostinati elementi intransigenti locali e sviluppando al contempo un richiamo di massa attraverso la demonizzazione dell'opposizione, fu un po-

[70] M. Palla, *Firenze nel regime fascista* cit., p. 152.
[71] S. Nuti, *Nel ricordo dei Martiri la fede si rafforza*, «Il Bargello», 28 ottobre 1934, p. 6.
[72] Gruppo Rionale Fascista «Giovanni Berta» di Firenze, *Giovanni Berta* cit., p. IX.

tente strumento di unità, propaganda ed educazione nella storia della federazione fiorentina, all'avanguardia della rivoluzione. Come suggerisce Palla, fu solo con il sostegno di questa politica economica e culturale che la domanda di disciplina del partito ebbe successo[73]. Il mito di Giovanni Berta è stato fondamentale per la politica culturale del fascismo fiorentino, facendo presa su quelli della «prima ora» che sostenevano l'importanza del momento e il loro ruolo nella rivoluzione, e sulla nuova leva meno radicale che aveva bisogno di essere educata alle glorie del passato.

Versioni degli anni Trenta

Se il fascismo proclamò la consacrazione di Berta subito dopo la sua morte, la sua leggenda fu preservata per tutti gli anni Trenta. A dieci o più anni dalla violenza del 1921, molte di queste nuove testimonianze divennero più lunghe, più dettagliate e spesso più sicure dei loro «fatti». Roberto Farinacci lo dichiarò «uno dei primi fascisti»[74], mentre Pavolini notava come i fascisti in patria e all'estero «sono ormai abituati a considerare Giovanni Berta non solo come uno dei mille e mille purissimi Caduti della Rivoluzione, ma un po' come un simbolo dell'intero martirologio fascista»[75]. La fondazione del «Bargello» da parte di Pavolini, nel 1929, aveva finalmente dato anche al Fascio fiorentino una voce unitaria per propagandare il suo lavoro e il suo patrimonio, e il settimanale giocò un ruolo significativo nel resuscitare la leggenda di Berta. Ad esempio, il resoconto di Dino Perrone Compagni del 1930 sull'ascesa del fascismo fiorentino contiene una nuova e sorprendente affermazione sulla bomba di piazza degli Antinori:

> Una di queste squadre colpì giusto: e si fece vendicatrice. Trovò Spartaco Lavagnini, che la mattina in Piazza Santa Maria Novella (non

[73] M. Palla, *Firenze nel regime fascista* cit., p. 183.

[74] R. Farinacci, *Storia della Rivoluzione Fascista. II. L'insurrezione rossa e la vittoria dei fasci*, Cremona, Cremona Nuova, 1938, p. 288.

[75] Gruppo Rionale Fascista «Giovanni Berta» di Firenze, *Giovanni Berta* cit., p. VII.

accuso qui un morto) nel caffè dei ferrovieri aveva deciso o consentito che venisse tirata la bomba contro i fascisti e i combattenti e lo uccise. Morì per mano fascista, e le vittime furono, per volere di Dio, giustamente vendicate[76].

Nonostante la parentesi, il suo commento sottintendeva che Lavagnini avesse autorizzato la bomba, trasformando così la sua esecuzione sommaria in un giusto atto di vendetta. Nel 1934, tuttavia, *L'Olocausto di Firenze* non ritenne Lavagnini degno di essere menzionato: «in serata, la reazione di un gruppo di fascisti esasperati è stata immediata, fulminea, e la cronaca registra un altro grave episodio di sangue»[77].

Nel decimo anniversario della morte di Berta, «L'Omarino» arricchiva la storia con nuove e false affermazioni, dichiarando che la responsabilità della bomba era di ignoti comunisti. Come aggiunge l'autore: «il giorno dopo, il 28, dichiarato l'immancabile sciopero generale di protesta (?!) continuarono i soprusi e le provocazioni da parte dei rossi»[78]. Ignorando completamente l'omicidio di Lavagnini, avvenuto nel frattempo[79], in quella che oggi si potrebbe definire una «fake news», la parentesi con il punto interrogativo ed esclamativo sottolineava la sua incomprensione per lo sciopero e la sua apparente mancanza di legittimità, giustificando così ulteriormente la violenta risposta fascista. Perrone Compagni lo aveva scritto anche nel «Bargello», l'anno precedente:

Avevamo la sensazione che forse [...] qualcosa di grave sarebbe accaduto. Ma a noi premeva che questo qualcosa accadesse perché potesse sfociare dall'animo nostro il grido di battaglia, perché la battaglia non assumesse carattere di provocazione, ma avesse invece il carattere della giustificazione e della vendetta[80].

[76] D. Perrone Compagni, *Dino Perrone Compagni rievoca la gloria dello squadrismo fiorentino e toscano* cit., p. 2.

[77] AA.VV., *L'Olocausto di Firenze* cit., p. 42.

[78] L'Omarino, *Giovanni Berta*, «Il Bargello», 1° marzo 1931, p. 1.

[79] La copia originale del «Bargello», visibile in microfilm presso la Biblioteca Nazionale di Firenze, presenta un asterisco inserito a mano dopo la parola protesta per indicare la nota a fondo pagina: «protesta per l'assassinio di Spartaco Lavagnini commesso dai fascisti».

[80] D. Perrone Compagni, *Dino Perrone Compagni rievoca la gloria dello squadrismo fiorentino e toscano* cit., p. 2.

Affermando che Berta era iscritto al partito locale dal 1920, «L'Omarino» riprende l'idea che fosse sua intenzione raggiungere San Frediano e i suoi camerati sotto attacco. Aggiungendo nuovi dettagli, Berta avrebbe prima cercato di attraversare il fiume ai ponti Santa Trinita e Carraia, bloccati dalla polizia, prima di dirigersi verso il Ponte Sospeso. Alla domanda se fosse fascista, avrebbe dichiarato che non erano affari loro. Diversamente da altre versioni, secondo «L'Omarino» questa spavalderia sembra identificare la sua appartenenza al movimento:

> Giovanni non aveva il distintivo del Fascio all'occhiello, ma certamente il suo portamento fiero e la sua apparenza da galantuomo valevano quanto il distintivo tricolore [...] E si lanciarono furibondi, in dieci [...] come un branco di lupi. Lui si difese come un leone, per parecchi minuti, coi suoi muscoli e col suo cuore d'acciaio. L'acciaio non si piega: si spezza. Giovanni Berta fu, alfine, *spezzato* e rovesciato al di là dalla spalletta[81].

Con l'inaugurazione della cripta sotto Santa Croce e la mostra di reliquie del Gruppo Rionale «Giovanni Berta», il 1934 fu un anno fondamentale, con un'ondata di commemorazioni e di iniziative. *L'Olocausto di Firenze* rimase esposto nelle vetrine dei negozi molto tempo dopo l'apertura del Sacrario nella cui occasione era stato pubblicato[82], ed ebbe un ruolo significativo nel riportare in auge la storia di Giovanni Berta con uno dei racconti più lunghi e retorici, che merita di essere citato per esteso:

> Giovanni Berta vede il gruppo che quasi ostruisce il passaggio del ponte; ma non si preoccupa e prosegue deciso e disinvolto.
> – Dove vai? – gli chiede una voce rauca, mentre il gruppo gli si fa incontro minacciosamente.
> – Dove mi pare.
> – Sei fascista?
> – Sì.
> Avrebbe potuto rinnegare la sua fede, avrebbe potuto sfuggire all'agguato col tacere, tanto più che all'occhiello non portava che il distintivo

[81] L'Omarino, *Giovanni Berta*, «Il Bargello» cit., p. 1.
[82] A. Staderini, *La 'Marcia dei martiri'* cit., p. 208.

della Croce Rossa. Ma Giovanni Berta non era un vile e quel «sì» fu da lui pronunziato alto e forte in faccia ai suoi carnefici.

La preda è buona e la canèa feroce gli si fa addosso selvaggiamente. Giovanni Berta tenta di indietreggiare e di estrarre la rivoltella che tiene nella tasca posteriore dei pantaloni, ma gli aggressori che lo attorniano, gli strappano l'arma, lo ingiuriano sanguinosamente, lo tempestano di pugni, di calci e di bastonate. Qualcuno gli punta addosso la rivoltella e gli vorrebbe sparare, ma ecco che uno delle belve umane lancia l'idea orribile: – Buttiamolo in Arno.

Giovanni Berta, che giace sull'assito del ponte, già tramortito, viene depredato del portafoglio e quindi sollevato di peso e gettato di là della balaustrata. Guidato dall'istinto riesce ad aggrapparsi con le mani ai tiranti di ferro del ponte. Il suo corpo è sospeso nel vuoto ed egli cerca di raccogliere tutte le forze rimastegli per non precipitare nel fiume, mentre i suoi feroci aggressori sono lì, sopra la sua testa, che sghignazzano soddisfatti.

Dalle spallette del Lungarno una folla di cittadini timidi e spauriti assiste, raccapricciata, al tragico spettacolo. Ma nessuno si muove.

Giovanni Berta resiste con la forza della disperazione: e allora i suoi carnefici si dànno a calpestare ed a percuotere rabbiosamente le sue mani. Una di queste, finalmente, abbandona il sostegno, tutta scarnificata e sanguinata. Ancora un attimo e poi anche l'altra è costretta ad allentare la presa. E il corpo del Martire esausto, precipita pesantemente nelle acque del fiume, mentre dalla sua bocca contratta un grido terribile ed agghiacciante, un'invocazione santa, che fa rabbrividire gli assassini, e quanti assistono pavidamente alla scena, si leva alta e formidabile:

– Mamma! Mamma![83]

L'agiografia del Gruppo Rionale sul «martire», consegnata ai visitatori della mostra di cimeli di Berta, aveva come obiettivo «la ricerca e l'esposizione della verità più assoluta»[84]. Anche il segretario locale del partito Alessandro Pavolini sottolineava la necessità di una ricostruzione della vita di Berta «con la più scrupolosa e completa esattezza, anche perché si è più volte dato il caso che pubblicazioni varie offendessero, senza volerlo, la verità, e per aspetti e particolari non trascurabili»[85]. Nonostante le «nobili» intenzioni, Pavolini ripeteva naturalmente il conso-

[83] AA.VV., *L'Olocausto di Firenze* cit., pp. 45-6.

[84] Gruppo Rionale Fascista «Giovanni Berta» di Firenze, *Giovanni Berta* cit., p. XI.

[85] Ivi, Introduzione di Alessandro Pavolini, p. VIII.

lidato cliché di Berta come simbolo di coloro che erano caduti per la rivoluzione e avevano subito le atrocità comuniste, tra cui il pestaggio/taglio delle mani. Il resoconto del Gruppo Rionale affermava inoltre che Berta avesse aderito al Fascio fiorentino di Combattimento nel 1920 e che era stata coinvolto nell'attentato alla sede della «Difesa» e in quello a Palazzo d'Accursio a Bologna, nel 1920[86].

Marco Del Bello, tuttavia, sostenne che Berta si era iscritto al Fascio fiorentino l'anno successivo, il 28 febbraio 1921, proprio il giorno della sua morte. Se non è una straordinaria coincidenza, è comunque un fatto che sottolinea l'importanza dell'atto di martirio per la sua memoria. Mentre Del Bello scrisse che Berta riconfermò la sua adesione al fascismo anche dopo un primo pestaggio, sottolineando così un apparente elemento di scelta nel suo martirio[87], altri scelsero di ignorare elementi chiave. Nel ricordare l'episodio, Bruno Frullini ha fatto riferimento alla notte del 31 dicembre 1920, circa due mesi prima della morte di Berta, quando affermò di essersi salvato dall'essere gettato anche lui nell'Arno grazie alla fortuna e al suo stesso coraggio[88]. Sottolineando la vigliaccheria, la brutalità bestiale e la violenza dei suoi avversari, Frullini stabilisce che l'Arno è una potenziale arma del delitto. Così, quando i suoi lettori arrivano alla morte di Berta, l'atto è più plausibile.

Vale la pena di considerare anche i resoconti fascisti della rivolta di San Frediano, che precedette la morte di Berta. Senza dubbio fu intensa e violenta, ma ci sono diverse discrepanze in termini di tempistica, che mettono ulteriormente in discussione l'affidabilità di tali fonti. Nel 1930, presumibilmente spinto dalla riproduzione di un recente dipinto di Berta con un Cristo crocifisso sullo sfondo (vedi capitolo 4), Giulio Prosatore scrisse una lettera a «Milizia Fascista» per fornire la sua versione degli eventi. Membro della Guardia Reale, di stanza a Firenze a San Frediano, era stato uno dei primi ad arrivare sul posto. Eppure, nonostante il dettagliato ricordo dei suoi sforzi per salvare Berta, che afferma di aver ripescato dal fiume con l'aiuto del brigadiere Giuseppe

[86] Ivi, p. 24.
[87] M. Del Bello, *Giovanni Berta* cit., pp. 15; 21.
[88] B. Frullini, *Squadrismo fiorentino* cit., pp. 114-5.

Parisi, Prosatore ricorda che l'incidente era avvenuto nel mese di aprile e non in quello di febbraio[89].

Anche la versione di Frullini non coincide con la reale tempistica degli eventi. Entrando nel quartiere, ricorda le barricate bolsceviche, l'accanita resistenza e il coraggio degli squadristi vegliati dallo spirito di Berta[90]. La cronologia del racconto di Frullini va esaminata, soprattutto nel quadro della presenza dello spirito di Giovanni Berta che sembra vegliare su di loro. Dopo aver fornito la sua versione degli eventi che si concludono con la caduta di Berta dal ponte, Frullini passa alla battaglia di San Frediano. In realtà, il pomeriggio del 28 febbraio, quando le squadre fasciste attaccarono il quartiere, Berta era ancora vivo. Con questo spostamento della cronologia degli eventi, che rispondevano direttamente alla bomba di piazza degli Antinori e all'omicidio, ancora una volta taciuto, di Spartaco Lavagnini, l'attentato fascista a San Frediano fu trasformato in un legittimo atto di vendetta contro i presunti assassini di Berta, che contribuì alla santificazione dei suoi martiri. Come aggiunge Frullini:

> Le barricate, una dopo l'altra, caddero nelle nostre mani e quando più nessuno ci fu di fronte, uscì dai nostri petti e si alzò nell'aria il canto dell'arditismo fascista.
>
> Mentre l'anima di Giovanni Berta rutilava nello spazio, il suo corpo, era già, dallo Squadrismo Fiorentino, vendicato[91].

Non sono le prime falsità e manipolazioni della verità scritte su Berta, ma indicano come la sua leggenda si sia affermata attraverso resoconti romanzati e di fantasia e come sia cresciuta con il decimo anniversario del regime. La morte di Berta, comunque sia, viene generalmente presentata come la combinazione di un atto spontaneo della folla e di sfortuna/tempistica da parte sua. Perché si trattasse di un'imboscata, come suggerisce Frullini, gli assassini dovevano sapere del suo arrivo, mentre la maggior parte dei racconti pone l'attenzione sulla sua decisione spontanea di recarsi a Pignone dopo la conclusione dell'ispezione alla fonderia.

[89] G. Prosatore, *Come fu assassinato il povero Berta* cit., p. 1.
[90] B. Frullini, *Squadrismo fiorentino* cit., pp. 172-3.
[91] Ivi, p. 174.

Le mani

Il Martire negli ultimi istanti poté aggrapparvisi in un tragico richiamo alla vita.

Scarpe chiodate si posarono violentemente sulle sue dita e lo fecero ancor più dolorare. Qualche pietra lo colpì. Una più grossa gli fu gettata sulla testa ormai cinta dall'aureola del martirio. Egli balbettò:

– Mamma, mam!... – e cadde fra i gorghi dell'Arno per non più rialzarsi. Così morì Giovanni Berta, espressione purissima del Fascismo Fiorentino![92]

Il referto dell'autopsia confutò tutti i miti che sarebbero stati costruiti in seguito intorno alla morte di Berta, in particolare il presunto colpo alla testa con delle pietre e il noto pestaggio/taglio delle mani. Mentre la testa non presentava lesioni che potessero far pensare a un attacco di questo tipo, le mani non solo erano intatte, ma presentavano anche pochi segni di trauma. Fondamentali per la costruzione della narrazione e della memoria postuma di Berta, le ragioni per cui si insiste su questo «fatto» inesistente richiedono una considerazione più dettagliata riguardo alla sua creazione e al suo intento.

Aggrappato alla ringhiera del Ponte Sospeso, la caduta di Giovanni Berta è sempre presentata come una conseguenza delle percosse subite dalle sue mani. Come ripeteva Perrone Compagni nel 1930: «fu picchiato coi sassi sulle mani, gli furono maciullate le mani, e quando il suo corpo cadde nell'Arno sereno e tranquillo [...] quasi un applauso si levò ad onorare il vigliacco gesto; il riso e il canto di bandiera rossa si levarono per onorare questo turpe assassinio»[93]. Il suo cadavere recuperato dall'Arno, ricordava Mario Piazzesi, «è irriconoscibile ha la bocca slargata, gli occhi fuori dell'orbita e questo giro di chiodi di scarpa ferrata che si staglia sopra la fronte bianca sta come per indicare il marchio di fabbrica della loro violenza»[94]. Il mito è stato riproposto dalla poetessa, scrittrice, insegnante e prima donna ammessa all'Accademia d'I-

[92] Ivi, p. 170.

[93] D. Perrone Compagni, *Storia dello squadrismo fiorentino e toscano* cit., p. 2.

[94] M. Piazzesi, *Diario di uno squadrista toscano* cit., p. 117.

talia, Ada Negri. Assidua collaboratrice del «Corriere della Sera», ha raccontato di aver visitato nel 1932 la Mostra della Rivoluzione Fascista che conteneva una sezione del ponte da cui Berta era rimasto sospeso: «eccolo: lo posso toccare, colle dita gelide di raccapriccio. Vedo il ragazzo che piomba nell'acqua spinto dagli assassini, uno dei quali gli mozzò le mani che s'aggrappavano al parapetto nel cieco atto della suprema difesa»[95].

Anche se non sorprende che Berta abbia tentato di aggrapparsi al ponte, le sue mani hanno sviluppato una forte presenza nella narrazione. Come nota Lucy Hughes-Hallett nella sua biografia di Gabriele D'Annunzio, le immagini del martirio e delle mani amputate ricorrevano anche nella sua vita e nel suo pensiero[96]. Anche i primi cristiani immaginavano che il sangue tornasse a scorrere al momento della resurrezione dei santi e dei martiri: «anche una parte del corpo di un santo morto nella morte orribilmente dolorosa del martirio si stacca dalla sua presenza fisica e si trasforma in un segno della grande promessa del cristianesimo»[97]. Le mani di Berta sono state oggetto di ripetuta attenzione nel processo di sviluppo del mito, e questo non è stato solo un ulteriore dettaglio cruento della storia. Esaminando il folklore americano, Scott White ha suggerito che le leggende sulle mani mozzate dimostrano la perdita di umanità attraverso azioni criminali o mostruose. Tali mutilazioni «violano le nostre aspettative su dove dovrebbero essere le mani e cosa dovrebbero fare, scatenando riflessi di disgusto nel pubblico»[98]. Così, nel caso di Berta, la sua presunta mutilazione ha sottolineato ulteriormente la perdita di umanità dei suoi aggressori, la loro bestialità, nonché, allo stesso tempo, l'immortalità della vittima.

[95] A. Negri, *Madri dei martiri*, «Corriere della Sera», 11 marzo 1933, p. 3.

[96] L. Hughes-Hallett, *The Pike. Gabriele D'Annunzio Poet, Seducer and Preacher of War*, London, Fourth Estate, 2013, p. 17 (trad. it. *Gabriele D'Annunzio. L'uomo, il poeta, il sogno di una vita come opera d'arte*, Milano, Rizzoli, 2021, p. 26).

[97] T.W. Laqueur, *The Work of the Dead. A Cultural History of Mortal Remains*, Princeton, U.P., 2015 (ebook).

[98] S. White, *Severed Hands as Symbols of Humanity in Legend and Popular Narratives*, Master of Science thesis in American Studies (folklore), Utah State University, 2014, https://digitalcommons.usu.edu/cgi/viewcontent.cgi?article=4575&context=etd [ultimo accesso 21 gennaio 2021].

Confortato dagli effetti rigeneranti che, secondo lui, la morte di Berta avrebbe avuto su Firenze e i suoi cittadini, Carlo Nannotti, fiduciario del Gruppo Rionale, fece un riferimento simile: «Il sangue scaturito dalle mani di Giovanni Berta, non è rimasto nelle acque dell'Arno, ogni goccia è penetrata nelle vene della gioventù nuova, quella gioventù che vivrà sanamente nell'aria purificata della Rivoluzione Fascista»[99]. Anche D'Annunzio usava spesso una terminologia simile nella sua retorica bellica, come riassume Lucy Hughes-Hallett: «il conflitto era un fuoco in cui tutte le sporcizie e la corruzione del tempo di pace sarebbero state completamente distrutte, lasciando un mondo cauterizzato e puro. Il legno morto deve bruciare perché il nuovo possa crescere. I milioni di morti avrebbero creato una fiamma trasformativa da cui sarebbe emersa una nuova forma di umanità»[100]. Il significato di tutto ciò sarà analizzato più avanti nell'analisi del martirio fascista, ma l'immaginario del fuoco e della purificazione diventerà anche un elemento centrale nelle idee fasciste di palingenesi. Il mito e il suo presunto elemento rigenerativo furono ulteriormente rafforzati dallo stemma del Gruppo Rionale «Giovanni Berta», un paio di mani appese alle lame di due asce del fascismo. Dopo aver visitato la sede del Gruppo nel 1937, un giornalista del «Bargello» segnalava un forte e stimolante legame con il passato:

> C'è del buon vecchio sangue squadrista nei ranghi dei fascisti del Gruppo [...] c'è il viatico del nome santo di Giovanni Berta, e tutto questo spinge anziani e giovani ad un incessante lavoro che crea sempre qualcosa di nuovo e di vivo [...]
> Soprattutto ci si sente veramente in clima fascista per la semplicità con la quale ognuno fa il suo dovere, per la convinzione di fede [...][101]

La prima metà degli anni Trenta vede quindi una grande rinascita della memoria di Berta e del suo martirio. Intorno al decimo anniversario della sua morte, nel 1931, alla Mostra della Rivoluzione Fascista del 1932 e alla sua celebrazione dei martiri,

[99] *I Martiri di fascisti fiorentini. Giovanni Berta*, «Firenze: Rassegna Mensile del Comune», novembre 1933, p. 344.
[100] L. Hughes-Hallett, *The Pike* cit., p. 483 (trad. it. cit., p. 326).
[101] *Visita al Gruppo Giovanni Berta*, «Il Bargello», 21 marzo 1937, p. 4.

alla mostra di cimeli organizzata dal Gruppo Rionale «Giovanni Berta» nel 1934 e all'inaugurazione della Cripta dei Caduti, nello stesso anno, alcune pubblicazioni hanno ulteriormente contribuito a diffondere, abbellire e rafforzare la leggenda di Berta. Riflettendo la periodizzazione della sua memoria qui proposta, Mabel Berezin ha notato la particolare importanza dell'apertura della cripta: «un evento che segnò l'inizio della mobilitazione nazionale in vista delle guerre coloniali e dell'edificazione dell'Impero»[102].

A differenza dei primi anni Venti, all'epoca del fatto, c'è anche da considerare il ritrovato controllo della stampa da parte del fascismo in termini di diffusione della leggenda. La consapevolezza del passaggio generazionale fu un ulteriore fattore di rilancio della storia, in quanto il regime cercò di far conoscere alle nuove generazioni il suo grande «martire della prima ora». Anche la spinta propagandistica era trasversale alle generazioni, con il partito che ora si apriva nel tentativo di reclutare e mobilitare adesioni di massa. Un drastico cambiamento di rotta per il PNF, che aveva cercato di proteggere le sue radici rivoluzionarie e radicali limitando le adesioni, mentre lo Stato fascista si trovava sempre più coinvolto in conflitti internazionali e avrebbe avuto bisogno di attingere alla memoria dei suoi «supereroi».

Impero e guerra

Dall'apparente picco di consenso del 1936, si assisté a un declino dell'opinione pubblica nei confronti del regime. Allo scoppio della seconda guerra mondiale, nel 1939, il mantenimento del sostegno al fascismo dipendeva in larga misura dalla capacità dell'Italia di tenersi fuori dal conflitto. Mentre Mussolini mantenne la popolarità tra alcuni italiani, il partito e i gerarchi furono presi di mira. Nonostante tutte le iniziative di massa organizzate, divenne chiaro che il fascismo non era riuscito a penetrare con successo nelle città e nelle campagne e la gente cominciò ad abbandonare il movimento. Nell'inverno del 1939-40 la situazione si aggravò,

[102] M. Berezin, *Martiri del fascismo*, in V. De Grazia, S. Luzzatto (a cura di), *Dizionario del fascismo*, vol. II, Torino, Einaudi, 2003, p. 102.

le federazioni provinciali divennero caotiche e anche Firenze ebbe difficoltà: «Giuseppe Bottai colse questi umori. Durante una visita a Firenze a fine marzo 1940, egli trovò che la popolazione era depressa e priva di ogni senso di orientamento, con i leader fascisti locali incapaci di dare una qualunque risposta»[103]. L'identificazione e l'associazione inequivocabile dei «martiri» fascisti con la patria tornò ad essere importante: «la Guerra non imponeva di essere coraggiosi ed eroici combattenti solo sulla carta, ma di essere pronti a prendere le armi per combattere ed eventualmente morire per la patria fascista»[104]. Così, la memoria di Berta fu invocata ancora una volta, per galvanizzare gli italiani mentre il fascismo si mobilitava per la guerra.

Versioni degli anni Trenta e oltre

Scritto nel 1936, il racconto romanzato di Ambrosi sulla vita di Berta è un chiaro prodotto di questi tempi. La seconda parte del romanzo si concentra sul febbraio del 1921 e sulle «contese fra i loschi comunisti e le eroiche Camicie Nere». Nell'invenzione narrativa, la morte di Carlo Menabuoni veniva nuovamente presentata come una conseguenza immediata della bomba di piazza degli Antinori, mentre in realtà era morto alcune settimane dopo. Berta, nel tentativo di attraversare il ponte, viene riconosciuto come fascista:

> Potrebbe dunque salvarsi facilmente, negando di appartenere al partito [...] Non sia mai! Giovanni Berta non è uomo da rinnegare la sua Fede [...]
>
> Ma la turba dei senza Patria balza addosso all'eroico squadrista. Sono un branco, contro uno solo! Giovanni Berta è afferrato, disarmato, ridotto all'impotenza, picchiato bestialmente. Il suo volto sanguina, ma egli non si lamenta; si rammarica solo di non poter raggiungere i compagni che combattono[105].

[103] P. Corner, *The Fascist Party and Popular Opinion* cit., p. 262 (trad. it. cit., p. 293).

[104] G. Albanese, *Alle origini del fascismo* cit., p. 253.

[105] E. Ambrosi, *Squadrismo eroico* cit., pp. 43; 50-51.

Dopo aver preso il suo portafoglio, gli assalitori si dividono il denaro tra di loro, secondo Ambrosi. Paragonati ancora una volta ad animali, gli aggressori di Berta decidono poi di ucciderlo a sangue freddo, preferendo gettarlo nel fiume piuttosto che bruciarlo vivo:

> L'idea piace a quelle belve in sembianza umana [...]
> Più feroci delle belve, le quali, almeno, uccidono per fame e non tormentano la vittima, i comunisti colpiscono al capo Giovanni Berta, coi pesanti scarponi chiodati [...] E siccome la vittima non cede, gli calpestano ferocemente le mani, a colpi di tallone.
> Allora Giovanni Berta, che fino a quel momento non ha emesso un gemito [...] grida sola una parola: la parola più dolce e santa che labbro umano possa pronunziare; la parola che ogni uomo piange nell'ora del dolore supremo, e che il guerriero sussurra con moribonda voce, mentre piega sotto l'ultimo colpo: *mamma*.

Uno dei resoconti più lunghi e retorici della scomparsa di Berta, la conclusione del libro si rivolge con forza al suo pubblico di riferimento, i giovani italiani: «medita e rifletti, o Balilla, sulle glorie della tua Patria. Nell'epoca tragica in cui Giovanni Berta patì il martirio, tante e tante altre balde giovinezze si immolarono per lavare col loro purissimo sangue l'onta che un'orda di rinnegati faceva all'Italia». Collegando i caduti per la rivoluzione fascista agli eroi del Risorgimento, continuava:

> Così, o Balilla, il sangue di Giovanni Berta, e quello dei mille Martiri del primo tempo delle Rivoluzione, era indispensabile [...] Doveva essere versato. Perché da quel sangue innocente doveva nascere la nuova, la invincibile Italia Fascista.
> Quando vedrai le colonie marine e montane, e i cantieri sonanti, e le costruzioni ciclopiche, ed il grande Impero Africano la cui epica conquista è stato un prodigio militare unico nella storia del Mondo, tu dirai: «Il tuo sangue, o Berta, non è stato versato invano»[106].

Dopo aver conquistato l'Etiopia, sul punto di entrare nella guerra civile spagnola e con la crescente probabilità di un conflitto europeo più ampio, questa rappresentazione eroica di Berta

[106] Ivi, pp. 53; 60.

evidenzia il tentativo del regime di mobilitare la gioventù italiana evocando le presunte glorie passate.

L'anniversario della «morte eroica» di Berta fu commemorato quasi ogni anno, come il 28 febbraio 1937, quando il Gruppo Rionale «Giovanni Berta» organizzò un corteo dei suoi membri più giovani e di Balilla armati che portarono un gagliardetto sul luogo del martirio. Secondo Lapo Marchini, vicesegretario del Fascio fiorentino: «sarà il pegno di Firenze Fascista ai suoi giovanissimi figli; quell'atto rappresenterà la continuità indissolubile nell'ideale fascista, della Grande Guerra, della Rivoluzione delle Camicie Nere, della gloriosa impresa africana»[107]. La memoria eroica di Berta e di altri martiri collega dunque questi periodi così diversi, soprattutto nel rione delle Cure ma anche altrove. A Roma, nel 1939, fu organizzata una marcia per gli squadristi della prima ora per ricordare la loro risposta alla chiamata al dovere, venti anni prima.

> Si riorganizzano le «squadre»; e i vuoti sono dolorosi e le memorie sacre. Nessuno *ha* mancato, nessuno *è* mancato: i nomi dei Caduti hanno mistici echi nel tempo.
>
> Dalla città di Giovanni Berta e di Dante Rossi, di Annibale Foscari e di Carlo Menabuoni partiranno i camerati della «prima ora» e muoveranno verso Roma in questa nuova «ondata» di testimonianza e di fede, con le armi al piede e i muscoli ancora saldi e indomi[108].

L'importanza di Giovanni Berta fu ribadita con forza in una lettera al Duce, nel 1941, dall'allora presidente della fonderia e squadrista Gino Giusti. Scritta su carta intestata «Vincere» e accompagnata da un non meglio precisato volume su Berta, essa sottolineava la storia della fonderia e il suo legame con il martire:

> questo Stabilimento che dal Martirio di GIOVANNI BERTA, ha tratto l'orgoglio di essere stato, nella vigilia, il primo e forse l'unico Stabilimento Fascista, ha dato anche nella presente guerra il suo contributo di sangue con la gloriosa morte del Legionario SANDRO ARNETOLI, caduto in combattimento.

[107] L. Marchini, *Il martirio di Giovanni Berta splende nell'Impero*, «Il Bargello», 28 febbraio 1937, p. 1.

[108] *Il nostro destino*, «Il Bargello», 21 marzo 1939, p. 1.

La bocca di GIOVANNI BERTA venne martoriata dai comunisti, quella di SANDRO ARNETOLI è stata sfragellata dalla mitraglia jugoslava.
Le labbra del morente GIOVANNI BERTA mormoravano la suprema invocazione alla Mamma, quelle di SANDRO ARNETOLI la suprema esaltazione per Voi.
Accogliete, Duce, questa «Memoria» che la fonderia di GIOVANNI BERTA ha dedicato al GLORIOSO CADUTO[109].

Il linguaggio del martirio e i modi in cui gli scrittori fascisti manipolarono la storia furono parte integrante della creazione e del mantenimento della contro-memoria. Strumentalizzando i ricordi di Berta e della sua morte, gli scrittori del regime demonizzarono gli avversari del fascismo, legittimando al contempo la sua risposta violenta; uno dei temi principali di questo periodo fu la vendetta. È evidente l'inattendibilità della testimonianza di Dino Perrone Compagni sulla morte di Berta: nel 1940 ignorò completamente la cronologia degli eventi, proprio come aveva fatto Frullini nel 1933, per trasformare in modo fuorviante l'omicidio di Spartaco Lavagnini in un atto di vendetta per quello di Berta:

Si contrasta lo sciopero. Cade Giovanni Berta.
Basta! Uno dei nostri uno dei loro. Un capo comunista paga con la vita l'assassinio. Azione sovversiva. Reazione Fascista[110].

In rappresentanza di tutti i martiri, il sacrificio di Berta doveva essere visto come non vano. Per questo motivo, veniva spesso esortato a «dormire bene», anche se questo sottintendeva una certa inquietudine da parte sua. Nel marzo del 1936, mentre l'Italia fascista si avviava alla conquista coloniale dell'Etiopia, l'articolo di Alberto Luchini in prima pagina sul «Bargello» fece scalpore: «'Dormi tranquillo Berta!' Il Fascio doma barbari e assassini». Esprimendosi sui vari «crimini» commessi dagli etiopi, che teoricamente giustificavano l'invasione italiana, il corpo del testo non conteneva alcun riferimento a Berta. Tuttavia, la sua presenza nel

[109] ACS, SPD 1922-43, CO, b. 1673, f. 521257, 12 agosto 1941.
[110] D. Perrone Compagni, *Giornate dell'insurrezione*, «Il Bargello», 3 marzo 1940, p. 1.

titolo suggerisce che la sua memoria aveva ancora valore, c'era ancora un riconoscimento e una conoscenza diffusa della sua sorte, ed era ancora in grado di mobilitare e provocare reazioni negli ambienti fascisti. Soprattutto, il suo nome e la sua memoria venivano ancora una volta utilizzati per identificare il nemico comune: non più i socialisti, ora gli abissini.

La dicitura «Dormi tranquillo, Berta, dormi tranquillo il sonno...» appare anche sopra il titolo del foglio del Gruppo Rionale «Giovanni Berta», «La Ghega». L'1 febbraio 1942, con l'avanzare della guerra, furono apportate modifiche redazionali e di immagine per rievocare la memoria di Berta[111]. Oltre a esortarlo a riposare serenamente, nell'intestazione dell'opuscolo viene aggiunto il fascio a due assi del locale «Circolo Fascista Berta», da cui pendono disperatamente due braccia in un chiaro riferimento alla sua caduta sul ponte. Per commemorare il ventunesimo anniversario della morte di Berta, due settimane dopo, la prima pagina in bianco e nero della «Ghega» è dedicata a lui, con la scritta «VINCERE» stampata in diagonale in rosso e un poema di Carlo Galasso che fa riferimento al sonno (fig. 5). Inoltre, includeva un editoriale che metteva in relazione la sua morte e il suo ricordo con il conflitto in corso:

> I Tuoi ed i nostri amici di allora, sono i Tuoi ed i nostri amici di oggi. È nostro nemico chi non vuole l'Italia libera e grande.
>
> Puoi dormire tranquillo il Tuo sonno, Giovanni Berta. In noi è la certezza di portare a compimento quello che era Tuo sogno e la Tua sublime aspirazione. Per questo combattiamo, per questo lavoriamo, sotto i vigili occhi del Condottiero. Di fronte alla visione del Tuo olocausto, la nostra fede si centuplicherà.
>
> Per Te e per la nostra Italia, noi vinceremo. E, vincendo, vendicheremo le tue mani martirizzate, vendicheremo tutto[112].

La morte di Berta viene così trasformata in una chiamata alle armi per il conflitto, presentata come l'ultima rivendicazione del suo assassinio.

Con l'acuirsi delle tensioni politiche in Europa e l'imminente prospettiva dell'ingresso dell'Italia nella seconda guerra mon-

[111] «La Ghega», 1° febbraio 1942, p. 1.
[112] «La Ghega», 16 febbraio 1942, p. 1.

Fig. 5. «La Ghega», quindicinale del Gruppo Rionale «Giovanni Berta», Firenze, 1942.

FASCIO DI COMBATTIMENTO DI FIRENZE

dormi tranquillo Berta, dormi tranquillo il sonno...

La Ghega

NOTIZIARIO QUINDICINALE DEL G. R. F. "GIOVANNI BERTA"

Anno II - N. 7 — Direzione, Redazione, Amministrazione: Piazza Ciano, 16 - Firenze — 16 Febbraio 1942 - XX

28 FEBBRAIO 1921 - 28 FEBBRAIO 1942

GIOVANNI BERTA

DORMI, FRATELLO...

Ventun anno: Non più sorveglia l'Arno,
che vide il Tuo martirio e la Tua gloria,
quel vecchio ponte, ma alla sua memoria
il nostro cuore non ritorna indarno.

Ventun anno. Non più le scricchiolanti
asse stringon le dita torturate
e ha raggiunto le zone sconfinate
l'ultima invocazione rantolante.

Tu sei puro. Tornato alla Tua pace,
tornato al sogno, alla speranza vera,
sei come uno zampillo di sorgiva
acqua che scorre fra le zolle, audace.

Tu sei puro. Il Tuo nome è qualche cosa
che pone al cuore più d'una speranza.
Sei la fede, la nobile costanza,
Tu sei la giovinezza ardimentosa.

Il piede che schiacciò la Tua immortale
mano di figlio dell'Italia nuova,
v'impresse i segni d'una santa prova
redentrice superba e trionfale.

Dormi, Fratello. Sulla poca terra
che ricopre il Tuo sonno battagliero,
aleggia immenso e vigile il pensiero
di questa Italia tesa nella guerra.

Alita l'ansia d'una stirpe fiera
e lo spirito puro degli Eroi,
l'immenso amore che giurammo noi
a Te, il più puro dell'eletta schiera!

C. O.

Ventun anno è passato da quando sulle labbra purissime di Giovanni Berta si spense la sublime invocazione alla mamma. Da ventun anno lo spirito immortale del Martire vive ancora e sempre tra di noi, ci è d'ammonimento, ci è d'incitamento.

I Tuoi ed i nostri nemici di allora, sono i Tuoi ed i nostri nemici di oggi. È nostro nemico chi non vuole l'Italia libera e grande.

Puoi dormire tranquillo il Tuo sonno, Giovanni Berta. In noi è la certezza di portare a compimento quello che era il Tuo sogno e la Tua sublime aspirazione. Per questo combattiamo, per questo lavoriamo, sotto i vigili occhi del Condottiero. Di fronte alla visione del Tuo olocausto, la nostra fede si centuplicherà.

Per Te e per la nostra Italia noi vinceremo. E, vincendo, vendicheremo le tue mani martirizzate, vendicheremo tutto. Sarà, la nostra, la vendetta di un popolo forte, di quel popolo forte che Tu non solo hai vaticinato ma precorso.

Giovanni Berta, Eroe purissimo

P R E S E N T E !

diale, «Durare», la pubblicazione del romano «Gruppo Fascista 'Giovanni Berta' Ponte-Regola», gioca ulteriormente sulla sua memoria con una chiamata alle armi in prima pagina. Con la foto di un massiccio altorilievo con la scritta «Giovanni Berta Presente! Anno XIX» e due mani che pendono dal ponte mentre uno stivale e una mano che regge un pugnale piombano giù dall'alto, l'articolo commemorava il diciannovesimo anniversario della sua morte. Ribadendo il mito che Carlo Menabuoni fosse già morto quando Berta fu aggredito, a distanza di quasi vent'anni dall'evento, riflette come i fatti della storia si fossero offuscati nella memoria popolare nel corso del tempo, e come chi li raccontava non sentisse il bisogno di stabilire una versione il più possibile fedele della verità. Il racconto si sofferma sull'aggressione a Berta che, derubato del portafoglio e della bicicletta, si aggrappò ai cavi del Ponte Sospeso. Nonostante si dichiarasse orgogliosamente fascista, e con questo «sottoscriveva la sua sentenza di morte [...] Giovanni Berta non vuole morire». Un dettaglio secondario, ma la suggestione di una fede indomita e quindi di un potenziale martirio è contraddetta dal suo chiaro desiderio di non morire. Aggiungendo gli ormai consueti dettagli del pestaggio delle mani e del suo ultimo grido alla madre, concludeva: «il ricordo del martirio arde, perenne come una fiamma votiva, nel cuore di chi crede nella Patria e che crede in Dio»[113].

La pubblicazione ritorna a Giovanni Berta nel ventunesimo anniversario della sua morte. Attraversando il ponte «armato solo dal suo coraggio e della sua luminosa fede», si ripetevano i soliti dettagli con un'aggiunta degna di nota riguardante la sua sepoltura: «le autorità di allora non vollero neppure che il trasporto avesse luogo di giorno, le sue spoglie straziate furono portate all'ultima dimora nottetempo dai compagni di Fede»[114]. Chiedendo retoricamente «se ancora qualcuno poteva esitare a respingere la violenza con la violenza e a prevenirla addirittura, il martirio di Berta doveva valere a deciderlo», la sua morte e la sua memoria furono chiaramente invocate nel momento in cui il fascismo si trovò nuovamente sotto attacco e bisognoso di difensori convinti[115].

Il 28 febbraio 1942, Berta fu commemorato a Firenze con una serie di riti, tra cui il lancio nel fiume di una corona di fiori nel punto del suo martirio[116]. A marzo, anche la lunga ode di Carlo Galasso ai combattenti italiani, pubblicata sulla «Ghega», potrebbe essere considerata un riferimento poco velato a Berta. Con gli italiani che ancora una volta morivano teoricamente per la fede fascista, la narrazione del martirio di Berta forniva una certa «razionalità», collegando le azioni dei caduti della Rivoluzione con il conflitto attuale:

> Tu combatti per la madre, per la sposa, per la sorella, tu combatti per i figli che potranno domani mangiare il loro giusto pane senza dover inchinare la fronte e arrossire come dei colpevoli. Tu combatti nel nome di tutto il popolo [...]

[113] *Giovanni Berta*, «Durare», 7 marzo 1940, p. 1.
[114] *Giovanni Berta. Presente!*, «Durare», 12-27 febbraio 1942, p. 3.
[115] *Il suo sacrificio*, «Durare», 12-27 febbraio 1942, p. 3.
[116] *Commemorazione di Giovanni Berta*, «La Ghega», marzo 1942, p. 2.

Noi ti vogliamo bene più che a noi stessi, perché più che a noi stessi tu sei degno dell'alito di primavera che avvolge il nostro popolo risorto. Gloria a te, fierissimo messaggero della nostra volontà, artefice purissimo di un imperituro ideale. Gloria a te, combattente italiano, umile e grande combattente italiano. Il tuo sangue ed il tuo sacrificio sono la luce solare che riscalderà il giorno della nuova Italia rifiorente[117].

Mentre la guerra e la crisi economica erodevano le fondamenta del regime, la memoria di Giovanni Berta divenne una disperata evocazione dello spirito del 1921. Un intrepido e impegnato membro del Gruppo «Giovanni Berta» di Roma tornò dal fronte orientale con «una serica bandiera di combattimento sovietica», che donò al gruppo:

Il dono è eloquente. Esso dice a Gianni Berta che il suo Sacrificio non è stato in vano. Migliaia e migliaia di mani fiorite dal sangue delle sue mozzate hanno afferrato il moschetto per far giustizia di quelli che furono i mandatari di tutti gli assassini compiuti in Italia da rinnegati italiani. Esso dice: Dormi tranquillo, Berta. Ti abbiamo vendicato! Ecco: «Bandiera rossa non trionfa più»! Nemmeno nella terra da cui un giorno venne in Italia[118].

Cosa significasse Giovanni Berta per gli italiani in piena guerra è difficile da immaginare, ma tra le pubblicazioni fasciste di nicchia rappresentava ancora l'idealismo della «prima ora» che aveva portato il fascismo al potere e che ora veniva chiamato a salvarlo:

Dormi tranquillo Berta, ti hanno vendicato i tuoi camerati: sulle piazze, con la marcia su Roma, con la guerra di Spagna; ancor oggi ti vendicano e con te tutti i morti gloriosi della nostra Rivoluzione combattendo a colpi di pugnale l'ultimo baluardo del comunismo, in Russia[119].

Baldassini sottolinea questo punto anche nella sua analisi del libro di memorie dello squadrista Marcello Gallian, pubblicato nel 1941: «ciò che lo scrittore scriveva nel *Ventennale* della rivoluzione suonava infatti come invocazione a recuperare, negli anni

[117] C. Galasso, *Al Combattente*, «La Ghega», II, 8, marzo 1942, p. 2.
[118] *Dono a Berta*, «Durare», 12-27 marzo 1942, p. 3.
[119] *Giovanni Berta. Presente!* cit., p. 3.

della guerra, lo spirito del primo fascismo, così da riprendere, con Mussolini, l'"originale' storia iniziata nel 1920-21»[120].

La memoria di Giovanni Berta fu quindi strumentalizzata durante tutto il periodo del regime fascista, sia a livello locale che nazionale, in momenti diversi e con finalità diverse. È evidente la somiglianza con quello che Suzzi Valli ha identificato come il cambiamento di approccio del fascismo al mito dello squadrismo. «Il regime l'aveva usato in modi diversi: nella diatriba antibolscevica, nella campagna antiborghese lanciata da Mussolini alla fine del 1938, e prima di ogni guerra fascista per incoraggiare i soldati italiani e infondere loro virtù belliche»[121]. Si è visto che dopo la cronaca immediata dell'evento e il processo, ci sono stati tre momenti e motivazioni chiave attorno ai quali la memoria di Giovanni Berta è stata invocata: la disputa locale/nazionale negli anni Venti; il tentativo di mobilitazione di massa negli anni Trenta; la chiamata alle armi dalla metà degli anni Trenta in poi. Momenti diversi, ma era l'incarnazione in Berta della «purezza» del fascismo della «prima ora» a rendere il suo ricordo applicabile a ciascuno di essi. Simbolo del fascismo eroico, la sua leggenda si fondava su ideali teoricamente rappresentativi di ciascuno di questi periodi e dei loro protagonisti.

I motivi che emergono da questo esame della letteratura fascista ripropongono i temi della sua sofferenza; in particolare quello delle percosse alle mani e l'ultimo grido alla madre. Mentre l'autopsia confuta il mito delle mani, il grido alla madre non può essere né comprovato né negato, il che è probabilmente la causa della sua persistenza. Come si vedrà nel capitolo 4, tuttavia, questo non era solo un espediente retorico per fare appello a un livello umano ed emotivo. La nebulosità del caso nel suo complesso, l'impossibilità di riprodurre una narrazione concreta degli eventi e la mancanza di un unico colpevole lo hanno lasciato aperto a interpretazioni e speculazioni. Ciò è diventato ancora più evidente dopo l'acquisizione del controllo dei media da parte del regime e l'imposizione della censura, che ha incoraggiato scrittori

[120] C. Baldassini, *Autobiografia del primo fascismo* cit., p. 189.
[121] R. Suzzi Valli, *The Myth of Squadrismo in the Fascist Regime* cit., p. 150.

e redattori a essere creativi nei loro ricordi e nelle loro «ricerche» a sostegno della tesi che stavano sostenendo.

Come si vedrà, la sua leggenda e la sua memoria furono anche ricreate, re-immaginate e immortalate attraverso una varietà di formati culturali che si concentravano in modo analogo sull'identificazione del nemico del fascismo e della nazione. Anche se a metà degli anni Venti l'opposizione al regime era più o meno scomparsa, la memoria di Giovanni Berta fu utilizzata per mantenere alto lo stato di allerta degli italiani.

3

LA MEMORIA

Le canzoni

Dopo la sua formazione nel 1919, il movimento fascista si contende il primato del consenso con i movimenti socialisti e anarchici, diffusi in tutta Italia, solidi e ricchi di tradizione. Le canzoni furono una parte particolarmente importante di questa rivalità per il riconoscimento e lo spazio pubblico. Continuazione della cultura orale delle trincee della prima guerra mondiale, erano anche una risposta a quella che il fascismo vedeva come un'offensiva musicale da parte dei suoi avversari. Come hanno sostenuto Savona e Straniero, «il repertorio fascista non si differenzia quanto vorrebbe dal contemporaneo repertorio antifascista e democratico, ne ripercorre sovente le stesse tonalità espressive, adopera gli stessi stereotipi linguistici, talvolta fa addirittura ricorso alle medesime canzoni, salvo qualche piccola variante»[1]. I fascisti cantavano per amplificare la minaccia che rappresentavano per il nemico, per fare paura e per distinguersi dagli avversari, disprezzando al contempo un importante simbolo della tradizione e dell'identità della sinistra. Alcuni dei loro primi canti erano quindi semplicemente variazioni di canzoni tradizionali usate dalla sinistra, come la trasformazione di *Bandiera rossa* in *Bandiera nera* e ancora in *Camicia nera*. Gran parte del repertorio fascista ha quindi avuto origine nel periodo precedente al 1914, ma è effettivamente «decollato» tra le due guerre e negli anni Trenta. «Dopo la presa del potere da parte dei fascisti nel 1922, entro il quadro generale dell'atten-

[1] A.V. Savona, M.L. Straniero, *Canti dell'Italia fascista (1919-1945)*, Milano, Garzanti, 1979, p. 5.

zione riservata dal regime alla cultura di massa, la musica leggera conobbe un vero e proprio boom»[2]. A meno di dieci anni dall'inizio dell'investimento del fascismo nella radio, nel 1924, la musica popolare costituiva la metà della programmazione.

La pretesa del fascismo alla legittimità politica, basata sul suo intento di completare l'unificazione italiana, si rifletteva anche nell'appropriazione di canzoni e inni del periodo risorgimentale e prebellico. Scartando pragmaticamente la retorica che identificava ciascun periodo, le prime canzoni fasciste non esaltavano la violenza estrema, le morti o altre associazioni funeree e sanguinose con la rivoluzione fascista. Al contrario, di solito esprimevano «gli ideali del Fascismo rivoluzionario, i gagliardetti, la fiamma [...] i caduti, sia dalla Grande Guerra che dalla lotta civile, e soprattutto la giovinezza»[3]. Nate nelle trincee, le canzoni della tradizione degli Arditi erano completamente diverse. Crude e violente, ne è un esempio la canzone originariamente studentesca *Giovinezza*, che divenne uno degli inni degli Arditi nella prima guerra mondiale.

GIOVINEZZA (Inno degli Arditi)
1.
Col pugnale e con la bomba,
nella vita del terrore
quando l'obice rimbomba
non ci trema in petto il cuore.

Nostra unica bandiera
sei di un unico colore:
sei una fiamma tutta nera
che divampa in ogni cuor!...

Giovinezza, giovinezza
primavera di bellezza
nel dolore e nell'ebbrezza,
il tuo canto esulterà![4]

[2] S. Pivato, *Canzoni*, in V. De Grazia, S. Luzzatto (a cura di), *Dizionario del fascismo*, vol. I, Torino, Einaudi, 2002, pp. 231-2.

[3] E. Mastrangelo, *I canti del Littorio. Storia del fascismo attraverso le canzoni*, Bologna, Scarabeo, 2006, p. 49.

[4] G. De Marzi, *I canti del fascismo*, Genova, Fratelli Frilli, 2004, pp. 155-6.

Fissando la mentalità squadrista in versi, le canzoni fasciste commemoravano i caduti, giuravano di vendicarli oppure promettevano vendetta al «martire» nei termini più crudi.

Chissà perché nelle spedizioni si sente questo prepotente bisogno di cantare. Veramente si canta solo in quelle cosiddette piane; a Foiano, a Perugia, in altre, non parliamo poi Prato, dove l'azione era dura, non avevamo certamente in testa le canzoni. Ma nelle altre si canta, così, a squarciagola, quasi che il canto faccia parte del nostro armamento, e venga ritenuto un mezzo per imporsi agli avversari[5].

La violenza fascista non era quindi solo fisica, ma anche fortemente verbale. Le canzoni annunciavano l'arrivo e le intenzioni delle squadre che, insieme alla stampa fascista, fornivano uno sfogo per l'espressione di aggressioni violente e disumanizzanti contro i socialisti. Secondo Albanese: «negare ai socialisti di fare parte della propria comunità era uno dei primi passi per rendere possibile l'utilizzo della violenza contro di loro»[6]. Generando coraggio o un senso di legittimità nell'azione da intraprendere, il canto era anche una tecnica per superare la paura, poiché l'assalto vocale legava i partecipanti in un'unica massa impegnata. Come ha scritto Alessandro Portelli a proposito delle marce e dei comizi politici, il canto rituale crea una «comunità emotiva basata su un'organizzazione, i cui membri sono tutti riuniti nello stesso luogo e nello stesso momento. È una comunità che si muove e parla collettivamente e genera forme orali specifiche per sincronizzare queste azioni»[7]. Una volta integrate nella tradizione musicale dello squadrismo, la violenza e le minacce sono rimaste sempre presenti. Come ha spiegato Piazzesi:

In genere piacciono gli stornelli che rapidi, brucianti, ironici, mettono il buon umore...

«Fascisti e comunisti
giocavano a scopone
e vinsero i fascisti
con l'asso di bastone».

[5] M. Piazzesi, *Diario di uno squadrista toscano* cit., p. 216.
[6] G. Albanese, *Alle origini del fascismo* cit., p. 17.
[7] A. Portelli, *The Death of Luigi Trastulli and Other Stories. Form and Meaning in Oral History*, Albany, SUNY, 1991, p. 177.

«È la corrente elettrica
una corrente forte
chi toccherà un fascista
pericolo di morte».

Qualsiasi fonte musicale è buona [...] Ma quello che si chiede a queste odi improvvisate, è che scandiscano bene il passo della marcia, che esaltino il fascismo e insultino gli avversari[8].

Costringendo le persone ad ascoltare, anche se preferivano non farlo, le canzoni erano un mezzo molto efficace per stabilire la modalità di memoria binaria e antagonista attorno alla quale si è sviluppata la leggenda di Giovanni Berta. L'oscenità della morte veniva spesso trasformata nella più elementare poesia, come nel caso, secondo Asvero Gravelli, della famosa canzone *Hanno ammazzato Giovanni Berta*:

Canzone nata a Firenze ed ovunque fosse un nostro caduto. Canto che ha il nome di uno solo di essi, ma che tutti li aduna. Canzone grigia che abbiamo cantata e ricantata nelle notti senza stelle, sui camions, vicino ai caduti, e poi dopo, nel '24 e sempre, sempre ci fosse da gettare l'ammonimento eroico[9].

Sansepolcrista, squadrista, giornalista, direttore della rivista «Ottobre» e autore di numerose edizioni propagandistiche e pedagogiche per il Partito Fascista, Gravelli fu anche uno dei più assidui raccoglitori di canti fascisti, che pubblicò nel volume *I canti della Rivoluzione*. Come notano Savona e Straniero, «Gravelli è tuttavia tanto onesto da riconoscere apertamente che gran parte del repertorio 'nero' si formò sulla falsariga di quello 'rosso' [...] Molti sono i grandi inni e le ballate della tradizione anarchica prese temporaneamente in affitto dal fascismo»[10]. È questo tipo di ballata popolare che, secondo Settimelli e Falavolti, fu adattata e cantata dopo la morte di Giovanni Berta. Nel richiamare l'attenzione sulla canzone, tuttavia, riportano anche un'altra storia, del tutto priva di fonda-

[8] M. Piazzesi, *Diario di uno squadrista toscano* cit., pp. 215-6.
[9] A. Gravelli, *I canti della Rivoluzione*, Roma, Nuova Europa, 1926, p. 94.
[10] A.V. Savona, M.L. Straniero, *Canti dell'Italia fascista* cit., p. 8.

mento, secondo cui Berta «si sarebbe presentato spavaldamente in camicia nera davanti al popolo di San Frediano»[11].

Scrivendo sul «Bargello» nel 1931, Gravelli suggerì che la canzone venne cantata per la prima volta subito dopo la morte di Berta:

Pochi giorni dopo la sua tragica fine, un gruppo di fascisti di quel rione delle Cure [...] cantava già per le strade un nuovo inno:

Hanno ammazzato Giovanni Berta
Fascista tra i fascisti...
Vendetta, sì, vendetta
Farem sui comunisti...[12]

Come molte canzoni fasciste, era cantata sul ritornello degli *Stornelli d'esilio*, scritti dall'avvocato e poeta anarchico Pietro Gori: «o profughi d'Italia, a la ventura / si va senza rimpianti né paura. // Nostra patria è il mondo intero, / nostra legge è la libertà / ed un pensiero / ribelle in cor ci sta»[13]. Primo di una serie di brani dedicati a un fascista caduto che si basavano su questa melodia, quello di Berta fu poi adattato nella Repubblica Sociale Italiana per Ettore Muti («Hanno ammazzato Muti»)[14]. Nella sua raccolta, Gravelli cita anche una versione più lunga di quella dedicata a Berta:

Hanno ammazzato Giovanni Berta
Fascista fra i fascisti.
Vendetta sì Vendetta!
Farem sui comunisti.
Dormi tranquillo, Berta,
Dormi tranquillo il sonno;
Ti vendicheremo un giorno!
Ti vendicheremo un giorno!
La nostra Patria è l'Italia bella

[11] L. Settimelli, L. Falavolti (a cura di), *Canti socialisti e comunisti*, Roma, Savelli, 1973, pp. 90-1.
[12] *Giovanni Berta*, «Il Bargello», cit., p. 1.
[13] A.V. Savona, M.L. Straniero, *Canti dell'Italia fascista* cit., pp. 89-90.
[14] G. De Marzi, *I canti del fascismo* cit., pp. 240-1.

La nostra fede è Mussolini
E noi vivremo d'un solo pensiero:
Quello di abbattere Lenin![15]

In una nota a piè di pagina, spiegò quelle che considerava le origini della canzone:

C'era una volta [...] a Firenze, alle Cure, nel lontano 1921, una comitiva di bravi ragazzi che tornavano sempre insieme da Piazza Ottaviani: Menabuoni, Nannotti, Bertolotti, Nencini, i Banci, Morini, Marchini e pochi altri.

Una sera, in via Lamarmora, sull'aria del feroce inno anarchico, improvvisarono un altro inno, il loro inno, che poi si è cantato in tutta Italia:
«Hanno ammazzato Giovanni Berta
Fascista tra i fascisti...»

Era la vecchia «Ghega» delle Cure che allora si chiamava «La Cricca». E questa è la vera storia dell'Inno di Giovanni Berta[16].

Il poeta fascista Corrado Govoni scrisse anche il lungo testo in versi *Berta del Ponte*, di cui qui si cita solo una parte:

[...]
Berta del Ponte, su!
Con le tue mani mozze (oh, così bianche!)
su a farmi luce nella foschia!
Su con quel grido tuo di mamma mia!
che ancora agghiaccia il cuore
alle mamme di tutta l'Italia
disperate di stringersi, al tuo grido,
contro il seno le loro creature
con le mani tagliate...[17]

Nel 1934, il Gruppo Rionale «Carlo Amato» del PNF di Palermo pubblicò una lirica per commemorare Berta e l'apertura del Sacrario di Firenze. Senza citare Spartaco Lavagnini, la lirica raccontava gli eventi del giorno precedente e lo sciopero dei fer-

[15] A. Gravelli, *I canti della Rivoluzione* cit., p. 94.
[16] *Ibid.*
[17] A.V. Savona, M.L. Straniero, *Canti dell'Italia fascista* cit., pp. 466-8.

rovieri, attingendo al passato storico e profondamente culturale della città. Come si legge in questo estratto:

> Oh Fiorenza in tumulto, oh Italia tutta,
> redenta anco dal sangue dei fratelli,
> un martire novello ecco s'aduna
> alla folla dei martiri; è felice
> è caduto gridando la sua fede
> al Duce ed alla Patria! L'han cercato,
> l'hanno sorpreso solo, lì, sul ponte
> l'han bastonato, derubato e poi
> gettato in Arno come il Malespini.
> Il giovinotto non volea morire:
> s'era aggrappato ai ferri di quel ponte.
> L'Arno scorreva placido e tranquillo.
> Berta guardò quella sua bara immensa...
> Con la mente rivide la sua mamma,
> il genitore, la famiglia, e cadde
> con le mani recise dai coltelli...[18]

A dimostrazione dell'importanza del canto e della poesia per stabilire l'identità politica, la presenza e la comunicazione, i comunisti hanno risposto all'omicidio di Berta con uno stile simile.

> 1.
> Hanno ammazzato Giovanni Berta
> dei fascisti fiorentini
> è stato vendicato
> Spartaco Lavagnini.
>
> La nostra Patria è il mondo intero
> la nostra legge è libertà
> e noi viviamo d'un sol pensiero
> liberarla l'umanità.
>
> 2.
> Hanno ammazzato Giovanni Berta
> figlio di pescicani,

[18] G. Ganci Battaglia, *A Giovanni Berta. Lirica*, Palermo, Boccone del Povero, 1934, p. 5.

viva quel comunista
che gli pestò le mani![19]

In questo caso, l'uso di pescicani come sinonimo di profittatori era un riferimento alla proprietà della fonderia della famiglia Berta: «gli unici ad aver tratto profitto dalla vittoria furono gli industriali, i cosiddetti 'pescicani' che s'erano arricchiti con le commesse di guerra»[20]. In realtà, come già osservato, la fonderia ebbe una crescita limitata dalle commesse della Grande Guerra[21]. A Firenze circolava anche un'altra versione che ripeteva il riferimento al *pescecane* e prometteva di vendicare l'omicidio di Lavagnini[22]. Come scriveva «Durare», nel 1942: «ma mai canto di briachi fu così disumano, così come mai l'ebrezza fu più stolta»[23].

Nel 1925, la pubblicazione antifascista «Non Mollare. Bollettino d'informazione durante il 'regime fascista'» utilizza i versi per paragonare l'omicidio di Berta a quello di Matteotti:

Il 28 marzo, in Piazza Pitti, i fascisti cantavano:
Dormi tranquillo, Berta,
Sei stato vendicato.
Giacomo Matteotti
L'abbiamo pugnalato.
Berta fu vendicato dai giurati che condannarono all'ergastolo gli uccisori.
Anche Giacomo Matteotti sarà vendicato[24].

Anche il regista Florestano Vancini ha fatto questo collegamento nel suo film del 1973, *Il delitto Matteotti*. Nei secondi cruciali che intercorrono tra l'uscita dal suo condominio a Roma e il rapimento da parte dei suoi assassini, Matteotti, interpretato da Franco Nero, passa davanti a una parete tappezzata

[19] G. De Marzi, *I canti del fascismo* cit., p. 241.

[20] E. Mastrangelo, *I canti del Littorio* cit., p. 15.

[21] Sui profittatori della guerra si veda F. Ecca, *Lucri di guerra. Le forniture di armi e munizioni e i "pescecani industriali" in Italia (1914-1922)*, Roma, Viella, 2017.

[22] A.V. Savona, M.L. Straniero, *Canti dell'Italia fascista* cit., p. 90.

[23] *Il suo sacrificio* cit., p. 3.

[24] *Il canto del cuore*, in C. Francovich (a cura di), *Non Mollare (1925)* cit., tav. XXII.

di manifesti. Uno di questi ritrae inconfondibilmente il giovane Giovanni Berta appeso al ponte mentre i suoi aggressori lo picchiano dall'alto. Nell'indicare l'imminente omicidio di Matteotti come potenziale vendetta, il riferimento a Berta sembra essere una chiara traccia per lo spettatore dell'incombente martirio del socialista; sempre che il riferimento venga notato e compreso dal pubblico. Al mio occhio ormai allenato l'immagine è balzata subito agli occhi vedendo la clip nella mostra su Matteotti allestita al Museo di Roma di Palazzo Braschi nel maggio 2024, ma mi sono chiesto se qualcuno, oltre a me e al regista, l'avesse mai notata. Anche se la memoria della sua storia si era certamente affievolita negli anni Settanta, il manifesto non è stato inserito per caso in questa specifica scena, il che, come discusso nel capitolo 7, solleva la questione della memoria di Berta nel contesto contemporaneo.

La vendetta era al centro della maggior parte delle canzoni su Berta, che proclamavano o promettevano un regolamento di conti in suo favore, affinché potesse finalmente riposare in pace. È un punto sottolineato da Nella Scapezzi nella sua partecipazione al concorso di saggistica del Gruppo Rionale «Giovanni Berta» del 1934 per gli alunni delle scuole:

> Fu sazia la canaglia rossa, ed il canto che fu una bestemmia fu elevato quasi ad esaltazione della atrocità compiuta. Ma il canto fece paura a loro stessi e più tardi un altro fu udito più alto, più vigoroso: «Dormi tranquillo, o Berta, dormi tranquillo, il sonno, noi ti vendicheremo un giorno». Ed il martirio non fu invano compiuto[25].

Giovanni Berta, tuttavia, non poteva riposare in pace. La vendetta non era evidentemente sufficiente, aveva bisogno della vittoria. Solo dopo l'ascesa al potere poté «dormire bene» nel cimitero di Porte Sante, sopra la città. Ma anche questa sistemazione era provvisoria e, col tempo, nemmeno la vittoria era sufficiente. Come già visto, per continuare a dormire sonni tranquilli la memoria di Berta avrebbe dovuto conservare e rivitalizzare il movimento.

[25] Gruppo Rionale Fascista «Giovanni Berta» di Firenze, *Giovanni Berta* cit., p. 51.

Le intitolazioni

Giovanni Berta ha ricevuto anche commemorazioni toponomastiche, molte delle quali erano già presenti al momento della disposizione di legge del 23 giugno 1927 «toponomastica stradale e monumenti a personaggi contemporanei». Limitando la dedica di strade, piazze, monumenti o targhe in luoghi pubblici solo a coloro che erano morti da almeno dieci anni, la legge non venne applicata «alle persone della Famiglia Reale, né ai caduti in guerra o per la causa nazionale»[26]. Ai «martiri» furono intitolate strade, organizzazioni di partito, villaggi coloniali, navi militari, eccetera, e Giovanni Berta è stato omaggiato con ciascuna di queste e altre ulteriori intitolazioni. Alcuni di questi riconoscimenti toponomastici gli furono assegnati quasi subito dopo la sua morte e circa diciotto mesi prima che Mussolini fosse nominato primo ministro. Come hanno dimostrato Alderman e Inwood: «i diritti di denominazione dei luoghi e le pratiche toponomastiche funzionano ideologicamente per disconoscere o conferire potere a gruppi storicamente emarginati, in quanto rivendicano lo spazio pubblico, la legittimità politica e ciò che gli studiosi del paesaggio definiscono 'politica di appartenenza'»[27].

Già l'8 aprile 1921, l'amministrazione comunale fiorentina del Blocco Nazionale discuteva le alternative per commemorare Giovanni Berta. Denunciando le violenze dei mesi precedenti, l'assessore Morelli ricordava selettivamente alcune delle vittime, come Carlo Menabuoni e Luigi Pontecchi, senza però menzionare Spartaco Lavagnini. Inoltre rendeva un particolare omaggio a Berta: «martirizzato sul Ponte Sospeso da una folla ubriaca di idee false e bugiarde, Berta Giovanni, fiore di giovinezza, patì la sorte più orrenda che si possa immaginare per l'opera di persone, che nulla hanno di umano, ma solo di ferina bestialità».

Nella stessa riunione il consigliere Dario Lupi proponeva di rinominare il ponte «dove fu inflitto e fu sofferto il martirio», in

[26] Legge n. 1188, 23 giugno 1927, *Gazzetta Ufficiale del Regno d'Italia*, n. 161, 18 luglio 1927, pp. 2966-7.

[27] D.H. Alderman, J. Inwood, *Street naming and the politics of belonging: spatial injustices in the toponymic commemoration of Martin Luther King Jr*, «Social & Cultural Geography», 14(2), 2013, p. 213 [211-33].

memoria di Berta. In un lungo discorso dedicato a «ricordare e non dimenticare», proponeva

di porre il suggello di un nome, santificato dalla morte crudelissima, nel luogo dove il martirio venne inflitto e fu patito di imporre quel nome, perché rimanga monito ed insegnamento, maledizione e rimpianto.

A ulteriore dimostrazione di come i nomi e i processi di attribuzione dei nomi siano incorporati nelle relazioni di potere e nelle lotte di identità, Lupi notava come alcuni cittadini avessero già registrato la memoria di Berta.

Noi non dobbiamo ignorare un fatto intervenuto, dovuto ad un meraviglioso movimento sentimentale che noi pienamente condividiamo, movimento sentimentale dei Fasci di combattimento di Firenze, i quali ebbero, ignorando la mia precedente proposta [...] ebbero di imporre il nome di Giovanni Berta alla piazza delle Cure [...] Voi deciderete se non sia il caso di consacrare il fatto compiuto, e nel ponte segnare, magari, una parola possente.

Sostenendo la ridenominazione di fatto di piazza delle Cure, dove aveva sede la fonderia della famiglia, l'assessore Barbieri invitava i colleghi «ad accogliere la proposta di un cittadino, cioè di apporre una targa sul ponte di ferro e precisamente sulla pigna, alla quale, come all'ultima ancora di salvezza, si attaccò il martire, e sulla quale fu commesso l'efferato delitto». Anche il sindaco preferiva l'idea di intitolare il ponte a Berta, ma si rimetteva all'azione di fatto. Quindi, approvando e applaudendo la mozione «che l'attuale piazza delle Cure sia intitolata al nome di Giovanni Berta e che sul ponte del martirio sia apposta una lapide commemorativa»[28], la giunta fiorentina confermò le sue simpatie fasciste e inserì ufficialmente la memoria del «primo martire» del movimento nella storia culturale e nella topografia della città. In seguito, a Giovanni Berta furono dedicate strade in tutta Italia, alcune delle quali rimangono ancora oggi e sulle quali si tornerà nell'ultimo capitolo.

[28] ASCFi [Archivio Storico del Comune di Firenze], CF, Atti del Consiglio Comunale, 1921, vol. I, 8 aprile, pp. 184-90.

Altamente simbolico, il ponte continuò ad avere un impatto sulla politica e sulla memoria fascista locale. Come concordato dal consiglio comunale, fu apposta una targa per ricordare gli eventi. Un recente blog ha affermato che esistevano due versioni della lapide, con l'originale che riportava la brutale «verità» secondo la narrazione fascista:

> Di Giovanni Berta, combattente d'Italia qui giace il corpo che i nuovi barbari affogarono in Arno gettandolo dal ponte, pestando e ripestando sulle sue mani aggrappate, picchiando sulla sua testa benché l'innocente gridasse mamma e l'Arno testimone del bene e del male di nostra gente urlasse inorridito la sua maledizione che ancora nel silenzio sul luogo dell'infamia tu senti ripetere sempre[29].

La seconda versione, di cui viene fornita una fotografia, esclude la parte di testo che descrive il suo omicidio e sostituisce «affogarono» con «martoriarono», per evitare, a quanto pare, di ricordare alla madre di Berta il dettaglio della sua morte[30]. Come si vedrà, il ruolo delle madri nel martirio fascista era abbastanza significativo da giustificare, forse, questa scelta, anche se non ci sono prove certe che la targa originale sia realmente esistita. Quel che è certo è che la targa che si vede nell'immagine, o una sua copia che la indica come «l'epigrafe mutilata», è attualmente collocata sulla parte anteriore del loculo di Berta nella tomba di famiglia nel cimitero delle Porte Sante, sollevando così la possibilità di un suo recupero dal Ponte Sospeso al momento della demolizione. Seppellito nella cappella di famiglia, sulla sua lapide è stato inciso il seguente epitaffio:

> di Giovanni Berta
> combattente d'Italia
> qui giace il corpo
> che
> i nuovi barbari rossi
> affogarono in Arno

[29] http://giovanniberta.blogspot.com/2011/09/giovanni-berta-firenze-1894-firenze-28.html [ultimo accesso 12 gennaio 2021].

[30] *Ibid.*

gettandolo dal ponte
pestando e ripestando
sulle mani aggrappate
picchiando nella sua testa
benché l'innocente gridasse:
MAMMA.
E l'Arno testimone
del bene e del male
di nostra gente
urlasse inorridito
la sua maledizione che ancora nel silenzio
sul luogo dell'infamia
tu senti ripetere sempre[31].

Anche la sostituzione del Ponte Sospeso nel 1932 richiamava la memoria di Berta. Una delle numerose nuove strutture ed edifici costruiti dal regime, queste «impronte» fasciste sulla città erano anche atti politici.

Ti stiamo vendicando ogni giorno, o Berta, con opere nuove, puntando alle mete, precise e immancabili, prestabilite dal genio di Mussolini.
L'ideale per cui cadesti, insieme alla Falange Eroica di tutti i nostri Martiri, non è più un sogno: è una meravigliosa realtà che si perfeziona di anno in anno, di giorno in giorno, con precisione matematica[32].

Come scrisse «L'Omarino» nel suo resoconto della morte di Berta nel 1931: «il ponte sospeso si appresta oggi, dopo dieci anni, a rovinare nel nostro Arno, che porterà lontano, impetuosamente, le orme dei talloni omicidi impresse sul legno e le risonanze dell'ultima invocazione di Giovanni Berta, nello stesso legno racchiuse»[33]. Sostituito dal Ponte della Vittoria, il parapetto del tratto di ponte a cui Berta si sarebbe aggrappato fu preservato ed esibito all'Esposizione del X anno della Rivoluzione, a Roma. Inoltre:

A ricordare questo triste episodio della barbarie comunista, sotto il ponte demolito, è stata posta una boa luminosa, con su scritto il nome del

[31] *I Martiri di fascisti fiorentini. Giovanni Berta* cit., p. 344.
[32] *Dormi tranquillo Berta!*, «Il Bargello», 3 marzo 1935, p. 1.
[33] *Giovanni Berta*, «Il Bargello», cit., p. 1.

martire, e una parte del ponte, precisamente un pezzo del 13° canapo di destra dalla parte delle Cascine, un metro di spalletta, e pochi centimetri della sottostante trave saranno conservati. Questi pezzi di metallo e di legno costituiscono il documento del più efferato delitto dell'antifascismo, e figureranno, con gli altri cimeli dello squadrismo fiorentino, alla Mostra del Fascismo a Roma[34].

Nonostante l'amarezza per la perdita di un importante luogo della memoria fascista, il nuovo passaggio è stato percepito come un indicatore positivo del cambiamento: «il ponte tragico e traballante (come il vecchio regime) è rovinato in Arno; al suo posto sorge granitico, ampio e possente (come il nuovo Regime) il ponte fascista della Vittoria»[35]. Dedicato ai caduti italiani della prima guerra mondiale, fu un altro esempio della narrazione costruita dal regime, che radicò il suo mito di fondazione nella guerra. Al momento dell'inaugurazione, il 26 ottobre 1932, nell'ambito delle celebrazioni del fascismo fiorentino per i dieci anni di governo fascista, il podestà Della Gherardesca ricordò il «martire» nel suo discorso:

Il ponte della Vittoria è consacrato alla memoria dei Caduti italiani e quelli fiorentini in speciale modo [...]

Sorgente in prossimità di quel luogo dove Giovanni Berta soccombette assalito e martoriato dalla plebaglia bolscevizzante, esso ricorderà ai posteri uno dei monumenti culminanti e più eroici della nostra Storia, quello da Vittorio Veneto, va alla Marcia su Roma e si proietta oltre, nell'avvenire di Gloria e di Potenza di cui la volontà del Duce è segno sicuro[36].

Come spiegato nella rassegna mensile del comune sulle strade, i ponti e i canali costruiti dal regime, le storie del sito e del ponte erano cruciali, per lo stile severo e imponente. «L'opera è, nei riguardi estetici, di grande semplicità decorativa, con un'impronta di grandiosità severa, quale richiedevano l'evento che es-

[34] E. Marzi, *Vecchi e nuovi ponti fiorentini*, «Firenze: Rassegna mensile del Comune», luglio 1932, pp. 17-8.

[35] *Dormi tranquillo Berta!* cit., p. 1.

[36] *Come Firenze Fascista ha celebrato il primo Decennale della Rivoluzione*, «Firenze: Rassegna mensile del Comune», novembre 1932, p. 3.

sa commemora ed il carattere della città»[37]. Se al lettore fosse sfuggito il riferimento all'incidente o fosse rimasto impressionato dalla demolizione del vecchio ponte, luogo del martirio di Berta, il significato del nuovo veniva sottolineato, e la memoria preservata:

> La costruzione del nuovo ponte ha naturalmente avuto per conseguenza la demolizione del vecchio Ponte Sospeso che, *a ricordo del martirio di Giovanni Berta*, era stato intitolato alla sua memoria; ma questa memoria che durerà per sempre ben viva nell'animo di tutti, rimane consacrata anche dalla boa luminosa, che indica nel fiume il punto preciso dove cadde il povero corpo[38].

Nel 1934 «Il Bargello» testimonia ancora una volta come la memoria di Berta fosse conservata e diffusa in vari modi:

> Il sacrificio dei Caduti di Firenze [...] è stato fertile non solo nella redenzione locale, ma fiorisce e fruttifica, ovunque nel mondo un gagliardetto si levi, e si intitoli ai nomi della nostra memore e affettuosa venerazione. La nave «Giovanni Berta» ha preso il suo posto nella Marina d'Italia, a Berta s'intitola un nuovo villaggio cirenaico dei nostri bonificatori[39].

Disegnato dall'architetto Ezio Zalaffi e offerto dal Gruppo Rionale «Giovanni Berta», lo stemma della nuova città libica e fascista raccontava la sua storia in semplici termini pittorici: «riunisce, sotto al capo del Littorio, l'emblema del Gruppo, con le martoriate 'mani' che si aggrappano al fascio fiammeggiante e la veduta del tragico ponte testimone del martirio»[40]. Nel 1934, i primi semi erano stati piantati in città da duecentocinquanta capifamiglia che vi si erano trasferiti e attendevano l'arrivo dei loro cari.

La diffusione internazionale del nome e della memoria di Berta arrivò anche a New York e al Circolo Educativo Fascista «Giovanni Berta» di Baychester Avenue, nel Bronx. Come spiegava il suo segretario G. Di Rollo in una lettera al Duce, nel 1937:

[37] *Strade, ponti e fognature*, «Firenze: Rassegna mensile del Comune», settembre-ottobre 1932, p. 46.
[38] Ivi, p. 49.
[39] *Nel nome dei caduti*, «Il Bargello», 4 marzo 1934, p. 5.
[40] R. Bacci, *La Mostra dei Cimeli di Giovanni Berta* cit., p. 274.

Abbiamo da poco ricevuto da Firenze una fotografia del martire con i suoi dati storici; i nostri camerati hanno volontariamente espresso l'idea e il desiderio di avere affissa nel nostro locale una effigie sua, quale ispirazione delle idee e dei principii del fascismo[41].

Riconosciuta a livello transnazionale, la figura di Berta fu comunque associata soprattutto a Firenze, con un legame creato e rafforzato dalla campagna di propaganda condotta dal locale Gruppo Rionale Fascista «Giovanni Berta».

Il Gruppo Rionale

La prima squadra d'azione alle Cure fu «La Ghega», che secondo la sua stessa propaganda terrorizzava i socialisti del quartiere ed era famosa per le sue fulminee rappresaglie[42]. Fu costituita a metà del 1920, «una specie di pattuglia di punta del grosso dell'esercito fascista rionale», e pubblicava anche un foglio di notizie con lo stesso nome[43]. Uno dei quattordici Gruppi Rionali di Firenze, «La Ghega» fu rinominato Gruppo Rionale «Giovanni Berta» il 15 dicembre 1922. Secondo Pavolini, «fondato dai giovani che furono amici e camerati del Caduto e che composero e cantarono per primi, nei giorni della guerriglia atroce e feconda, i versi della canzone esaltatrice; organizzato tutto all'officina dei Berta come intorno ad un centro ideale»[44]. Unendo le Centurie e gli Arditi «Berta», la prima sede del gruppo fu quella dell'ex Società di Mutuo Soccorso San Marco Vecchio in via Faentina, alle Cure, che, come riportava l'«Avanti!» nel 1923, era stata violentemente occupata dai fascisti:

Coi soliti metodi [...] civili la conquistarono un giorno i ricostruttori, e gli operai, vistisi strappare violentemente ciò che costituiva uno dei

[41] ACS, SPD, CO 1922-45, b. 465, f. 179014, lettera dal Segretario del Circolo Educativo Fascista «Giovanni Berta» (G. Di Rollo), New York, a Sua Eccellenza Benito Mussolini.

[42] Gruppo Rionale Fascista «Giovanni Berta» di Firenze, *Giovanni Berta* cit., pp. 63-4.

[43] Ivi, p. 89.

[44] Ivi, p. VIII.

loro più cari patrimoni, accumulato con lunghi anni di abnegazione e di sacrifici, si ritirarono in disparte. Di conseguenza il consenso spontaneo (!) della massa, che i signori del manganello affermavano di avere, si trasformò nella più completa delusione. I locali della Mutuo soccorso rimasero deserti. Ciò fece andare in tutte le furie il piccolo *ras* ed accoliti, i quali pensarono in cuor loro di vendicarsi[45].

I vari cambi di indirizzo del gruppo testimoniano la graduale acquisizione e eliminazione da parte del fascismo delle organizzazioni operaie del quartiere delle Cure. «Nel 1925 la sede era in via della Querce al 15, nell'edificio costruito dalla cooperativa di consumo. Nel 1927 era la volta di via Boccaccio, già sede dell'Unione delle Cure. Nel 1928 veniva rilevata perfino la Pubblica Assistenza di San Gallo, che era nata nel 1898 come squadra di soccorso». Il fascismo assunse anche il controllo delle organizzazioni sportive e del tempo libero esistenti e le orientò verso le sue esigenze, ma non necessariamente con la forza. Le strutture e le attività originarie delle Società di Mutuo Soccorso e delle organizzazioni dei lavoratori furono spesso lasciate al loro posto nel tentativo di sviluppare il consenso; «tipico a questo proposito il Gruppo Rionale Fascista 'G. Berta' che, continuando l'attività dell'Unione delle Cure, che nell'arena annessa organizzava spettacoli teatrali, costituì un gruppo filodrammatico aderente all'Opera Nazionale del Dopolavoro»[46]. In questo modo, le organizzazioni locali, originariamente formate per sviluppare attività ricreative e di assistenza a livello di classe, si trasformarono in agenti di controllo progettati per mantenere la classe operaia subordinata o almeno pacifica. Come suggerisce Alessandra Staderini:

Se prima del 1926 [...] esisteva solo il Gruppo Giovanni Berta, la divisione in Gruppi rionali, codificata nello statuto del PNF del 1929, vide rapidamente formarsi, quando la Federazione era guidata da Pavolini, una struttura periferica che, oltre alle organizzazioni giovanili e alle attività assistenziali, assicurava una forma di controllo sulla popolazione[47].

[45] Citato in ivi, p. 74.
[46] S. Gasparo, *Fabbriche e operai in un quartiere fiorentino* cit., pp. 33-4.
[47] A. Staderini, *La 'Marcia dei martiri'* cit., p. 202.

Scrivendo sul «Bargello» nel 1937, Lapo Marchini descriveva il Gruppo Rionale come

l'organismo più di ogni altro a contatto col popolo della città, col nostro popolo che vive intimamente ed intensamente la vita fascista attraverso le iniziative culturali, sportive, ricreative, assistenziali del Gruppo stesso. È il primo contatto spirituale e materiale con quello che rappresenta il mezzo propagandistico più efficace nella massa: di mostrare cioè veramente che il comandamento del Capo andare verso il popolo...[48]

Composto da tre sezioni principali – sportiva, ricreativa e culturale – il Gruppo Rionale incoraggiava la disciplina e cercava di formare i suoi giovani. Con sede in quello che era un quartiere residenziale della classe media, era noto per le sue pubblicazioni, le conferenze, le proiezioni di film e la biblioteca contenente circa 4.000 volumi. L'8 luglio 1934, presso la sua sede, fu inaugurata una mostra «che raccoglie non soltanto i ricordi personali di Berta, ma anche una completa documentazione di quanto nel Rione è stato fatto in ogni campo: politico, sportivo, culturale, assistenziale nel nome glorioso di lui»[49]. Scrivendo sul «Bargello», Athos De Luca sosteneva che le reliquie e le memorie «sintetizzano la esistenza breve, la tragica fine, il tormento, l'olocausto, del Martire»[50]. Simile nello stile alla Mostra della Rivoluzione Fascista, fu il momento più alto nella storia delle attività culturali del gruppo. Omaggio alla memoria di Berta, riunì una varietà di cimeli che comprendevano la sezione del parapetto del ponte (fig. 6)[51]. Come continuava De Luca:

uno dei tremila che gettarono la fiaccola della propria vita nella fiammata riparatrice necessaria per la salvezza della Patria; è un Martire, uno dei più fulgidi Martiri che nella storia hanno segnato col proprio sangue il punto [...] A Lui ed agli Altri bisognava rendere questo onore; Lui e gli

[48] L. Marchini, *Il martirio di Giovanni Berta splende nell'Impero* cit., p. 1.
[49] R. Bacci, *La Mostra dei Cimeli di Giovanni Berta* cit., p. 271.
[50] A. De Luca, *Onore ai Martiri*, «Il Bargello», 15 luglio 1934, p. 5.
[51] *Un omaggio a Giovanni Berta. Mostra documentaria e ricordi del martire*, «Il Bargello», 24 giugno 1934, p. 5.

Fig. 6. Il «sacro ponte», dalla mostra dei cimeli di Giovanni Berta, da «L'Illustrazione Toscana», agosto 1934, p. 16.

Altri possono ancora irradiare altra luce, riavviare sempre più la fede, sorreggere le coscienze[52].

«Il Bargello» annunciò l'apertura della mostra con un'immagine in altorilievo dello scultore Enzo Innocenti, che raffigurava il ponte con il suo caratteristico parapetto, una folla inferocita e Berta che precipita nel vuoto[53]. Inaugurata l'8 luglio 1934, rimase aperta fino al 28 ottobre e pare abbia attirato migliaia di visitatori. Creando un'aria mistica e sacrale, la prima sala era semicircolare con dieci nicchie contenenti documenti e reliquie che documentavano la sua vita e la sua morte. Qui, il rango di Berta come «primo martire fascista» fu sancito da un giuramento di Mussolini al padre di Berta, ormai deceduto:

[52] A. De Luca, *Onore ai Martiri* cit., p. 5.
[53] *Hanno ammazzato GIOVANNI BERTA*..., «Il Bargello», 8 luglio 1934, p. 1.

Giuro, a Voi, Berta, che siete il Padre di uno dei nostri Martiri più cari, di uno che fu ucciso nel più atroce dei modi – credo che l'Arno in tanti secoli non abbia mai visto delitto più abbominevole – ebbene, giuro a Voi, giuro alla memoria di tutti nostri Martiri, giuro, sicuro di interpretare il Vostro intimo pensiero, che noi, ieri come oggi, ed oggi come domani, quando si tratta della Patria e del Fascismo, siamo pronti ad uccidere come pronti a morire[54].

Non a caso, la parte più suggestiva e commovente della mostra, secondo quanto scrisse Franco Savona sulla «Scena Illustrata», riguardava i fatti di Ponte Sospeso del febbraio 1921. Analogamente alla commemorazione di Berta alla Mostra della Rivoluzione Fascista di due anni prima, veniva esposta una riproduzione del parapetto del ponte:

Due parole luminose *Mamma!... Mamma!!...* a grandi lettere, di colore azzurro, in uno sfondo nero, accendendosi ad intermittenza, dàvano l'impressione della estrema disperata invocazione del giovane fascista aggrappato al parapetto del ponte, nell'atto in cui, da alcuni incoscienti sovvertitori della Patria, gli venivano calpestati le mani per farlo precipitare nelle Acque dell'Arno[55].

Mentre lo sguardo sulla morte di Berta serviva a ricordare ed educare i visitatori alla barbarie degli oppositori del fascismo, la recensione di Gioacchino Contri, sul «Bargello», si soffermava sul suo impatto rigenerativo e riparatore:

E qui si può davvero vedere in plastica raffigurazione, il bene che dal seme del martirio è sbocciato e continua ancora a fruttare: anzi proprio adesso matura frutti sempre più belli e importanti. Nessuna parola, nessun mezzo più eloquente di questo a dire la grande fecondità del sangue del martirio[56].

La memoria pubblica di Giovanni Berta fu conservata e sviluppata anche attraverso iniziative educative, concorsi e premi. Nel 1934, in occasione del 13° anniversario della morte, fu indetto un

[54] R. Bacci, *La Mostra dei Cimeli di Giovanni Berta* cit., p. 272.

[55] F. Savona, *'Mamma!... Mamma!!'*, «La Scena Illustrata», novembre 1935, p. 25.

[56] G. Contri, *Una Mostra per Giovanni Berta*, «Il Bargello», 15 luglio 1934, p. 1.

concorso di componimento per gli studenti fiorentini sul tema del martire. Organizzato dal Gruppo Rionale, «non era la ricerca di un'abilità tecnica e scolastica, ma del lavoro che dimostrasse l'impressione suscitata nel cuore e nella mente del compilatore dalla terribile e gloriosa morte di Giovanni Berta». La giuria, di cui facevano parte il presidente del gruppo Carlo Nannotti e il fratello di Berta, Francesco, sembra abbia vagliato 1.354 elaborati di studenti delle scuole elementari, medie e superiori. Come scrisse nel suo elaborato retoricamente maturo Michelino De Rosa, nove anni, giovane Balilla, vincitore del premio: «Giovanni Berta è il martire fascista più glorioso e che desta più ammirazione nel mio cuoricino [...] è l'eroe fascista che mi è caro, forse perché ne so meglio la storia».

Nella categoria delle scuole medie, la studentessa Nella Scapezzi propose una narrazione altrettanto impressionante e molto dettagliata della versione standard degli eventi. Oltre al consueto riferimento alla madre di Berta, il motivo apparentemente casuale per cui si trovava sul ponte era chiaramente non solo romanzato, ma rischiava anche di minare la narrazione eroica che era stata tessuta intorno a lui:

> Era uscito quel giorno da casa, col solito sorriso sulle labbra, con la spensieratezza serena che è propria dei giovani, aveva ancora una volta salutato la mamma con lo slancio affettuoso di tutti i giorni, si era avviato per le vie della città sereno e tranquillo, perché sereni erano i suoi pensieri e tranquilla la sua coscienza. A chi mai avrebbe potuto dar ombra questa serenità e questa tranquillità che trasparivano dal suo volto? Eppure in agguato stava la «belva umana», pronta a farne scempio.

Nella sezione scuola superiore, l'elaborato vincitore del liceale Raffaele De Bello era più sottile ma completo nel suo messaggio. Collegando il martirio di Berta con i caduti della prima guerra mondiale, citava l'ormai onnipresente amore per la madre, demonizzando al contempo i responsabili della sua morte. «Lì sul ponte sospeso l'uomo indegno di portare questo nome compì uno dei più grandi delitti che ricorda l'umanità [...] Mentre le labbra ripronunciavano per l'ultima volta lo stesso nome che avevano pronunciato per prima: Mamma!»[57].

[57] Gruppo Rionale Fascista «Giovanni Berta» di Firenze, *Giovanni Berta* cit., pp. 47-50.

Rigenerando, preservando e diffondendo il mito e la memoria di Berta tra le nuove generazioni, questi concorsi e premi indicavano l'importanza locale del suo nome e la sua continua capacità di politicizzare e mobilitare. Come sosteneva *L'Olocausto di Firenze*:

> Giovanni Berta: due parole luminose che hanno rischiarato la via alle prime squadre d'azione, che hanno vibrato nel cuore di molti dubbiosi, che sono passate come un brivido sulle coscienze di tutto un popolo; due parole che ieri, nei tempi della guerriglia atroce e feconda, erano un monito e un grido di battaglia, e che oggi, in Italia e fuori [...] riverberano una luce di mito, per ricordare alle nuove generazioni che la grande Idea, che oggi trionfa nel mondo, è germogliato nel sangue dei suoi Martiri...
> Ecco perché oggi Giovanni Berta [...] non simboleggia soltanto l'olocausto di Firenze fascista per la rivoluzione di Mussolini; ma rappresenta anche, nel mondo, la luce ideale che guidò l'esercito delle Camicie Nere[58].

Questi concorsi rispecchiano anche l'analisi di Palla sul rapporto tra i gruppi locali e il partito: sottodivisioni del PNF, hanno facilitato il controllo capillare della popolazione al livello più elementare e decentrato, senza sacrificare il primato del centro. Consentendo al PNF di penetrare a fondo e osservare da vicino la società, consolidando al contempo la sua base di sostegno piccolo-borghese, i gruppi locali contribuirono anche a neutralizzare le classi lavoratrici[59]. La memoria di Berta era parte integrante di questo processo e il fiore all'occhiello della propaganda del Gruppo Rionale «Giovanni Berta» fu il nuovo stadio della Fiorentina. Costruito a Campo di Marte, vicino alle Cure, ha dato al nome e al martirio di Berta una presenza monolitica, locale, nazionale e internazionale.

Lo Stadio «Giovanni Berta»

Nel novembre 1929, il Gruppo Rionale «Giovanni Berta» chiese la concessione di un terreno per la costruzione di un campo

[58] AA.VV., *L'Olocausto di Firenze* cit., pp. 35-6.
[59] Palla, *Firenze nel regime fascista* cit., pp. 190-1.

sportivo alle Cure. L'iniziativa del segretario del Fascio fiorentino, il marchese Luigi Ridolfi, fu portata avanti in collaborazione con Alessandro Pavolini. Dopo la fusione dei due principali club fiorentini, Ridolfi fu il primo presidente della Fiorentina e coprì personalmente circa un terzo dei costi per costruire uno stadio degno di rappresentare la città nella neonata Serie A. Come molti stadi costruiti dal fascismo, si trattava di un impianto polisportivo e i gruppi fascisti locali della città furono incoraggiati a utilizzarlo durante la settimana. In quello che era chiaramente un gesto profondamente propagandistico, lo stadio fu intitolato a Giovanni Berta[60].

> La storia dell'assassinio di questo personaggio racchiudeva contenuti simbolici evidenti: era il fascismo buono ed indomito che preferiva spezzarsi piuttosto che piegarsi di fronte alla crudeltà del socialismo rivoluzionario ed il fatto di dedicare lo stadio al «martire fascista» estrinsecava senza alcun dubbio chiari contenuti propagandistici[61].

Nonostante la difficoltà di stabilire i fatti reali intorno alla sua morte, il nome dello stadio rifletteva sia il radicalismo del fascismo fiorentino sia l'importanza locale di Berta. Il mensile del Comune di Firenze osservava come «il nome del martire Giovanni Berta allo Stadio Comunale traducesse già, così perfettamente, la natura ed il significato dei rapporti fra sport e metodo fascista»[62].

Innovativo nella progettazione e nella costruzione, lo stadio testimonia sia l'approccio dell'architetto Pier Luigi Nervi sia il modo in cui il partito locale cercò di imporre la propria identità alla città rinascimentale attraverso edifici modernisti. Insieme alla stazione di Santa Maria Novella, lo stadio d'avanguardia con riferimenti neoclassici fu probabilmente il più impressionante. Come ha notato l'architetto Giovanni Koenig: «tutti compresero che

[60] S. Lungherini, *Note di Sport*, «Firenze: Rassegna mensile del Comune», giugno 1932, p. 30. Per quanto riguarda la città, il club e lo stadio in generale, si veda S. Martin, *Calcio e fascismo. Lo sport nazionale sotto Mussolini*, Milano, Mondadori, 2006.

[61] F. Varrasi, *Il valore economico e propagandistico della costruzione del Comunale di Firenze*, in A. Galluzzo, C. Battiloro, F. Varrasi, *La grande vicenda dello stadio di Firenze*, Firenze, Edifir, 2000, p. 63.

[62] S. Lungherini, *Note di Sport* cit., p. 30.

dopo tanti anni di buio, Firenze aveva finalmente avuto un'opera collettiva degna del tempo e della sua tradizione architettonica [...] Firenze si trovò dunque, quasi in regalo e certo inaspettatamente, uno dei rari capolavori dell'architettura moderna»[63].

La sua caratteristica più spettacolare e modernista era la torre di Maratona, alta sessanta metri, che si affacciava sulla rivoluzionaria tribuna d'onore. Realizzata in cemento armato, la facciata verticale in vetro della torre era illuminata di notte per rappresentare la fiamma rivoluzionaria del fascismo. Le terrazze aperte dello stadio in cemento armato erano accessibili anche attraverso straordinarie scale elicoidali che portavano gli spettatori in cima, da dove potevano valutare meglio i posti disponibili per assistere alla partita. L'elemento architettonico più radicale fu però l'innovativa copertura della tribuna d'onore. Progettata a sbalzo, fu una delle prime al mondo a non impedire la vista del campo da gioco con pilastri di sostegno. L'accesso avveniva attraverso l'ingresso principale, in stile neoclassico, sopra il quale era inciso in altorilievo il nome di Giovanni Berta (fig. 7). Così, sebbene Nervi non fosse un sostenitore attivo del partito, il suo stadio svolse un'indubbia funzione propagandistica, rappresentando l'avanguardia del fascismo e la sua ispirazione classica e, soprattutto, il nome commemoravano Giovanni Berta.

Un ulteriore mito legato allo stadio, tuttora ripetuto, riguarda la sua insolita forma a «D», spesso citata come omaggio dell'architetto al Duce (fig. 8). Anche se gli architetti del fascismo non erano alieni all'uso di queste tecniche per guadagnarsi il consenso, come nel caso del centro civico a forma di «M» di Littoria (oggi Latina), qui non fu così: «La sua forma è a 'D', scelta a ragione dei due raccordi angolari a 90° per dar luogo al rettifilo di circa 220 metri della pista podistica»[64].

Inaugurato nel 1932, lo stadio «ebbe subito una notorietà nazionale quando fu indicato come il primo esempio di archi-

[63] G.K. Koenig, *Pier Luigi Nervi e lo Stadio Comunale fiorentino*, in M. Piccardi, M. Settimelli (a cura di), *Lo stadio di Firenze. Storia di ieri e di oggi*, Firenze, Arnaud, 1990, p. 46.

[64] ACSFi, CF, Stadio Comunale, CF 7471, «Stadio "Giovanni Berta" in Firenze», descrizione manoscritta e non firmata dello stadio che si pensa possa essere di Nervi.

Fig. 7. La facciata della tribuna d'onore dello stadio «Giovanni Berta» (oggi, «Artemio Franchi»).

Fig. 8. La planimetria dello stadio. Si nota la forma a «D», risultante dal rettilineo lungo 200 metri.

tettura fascista dal battagliero Piero Maria Bardi su 'Casabella' dell'aprile 1933»[65]. Per inciso, fu durante questa inaugurazione che il calciatore della Fiorentina Bruno Neri si rifiutò pubblicamente di fare il saluto romano, dopo di che fu espulso dal gioco. Diventato il più famoso calciatore «partigiano», morì sugli Appennini il 10 luglio 1944. Come sottolineava «Il Bargello» nella sua edizione speciale dedicata ai caduti della rivoluzione: «per la Firenze dei Martiri Fascisti e di Mussolini. Le nuove opere, con lo Stadio 'Berta', restituiranno alla nostra città un titolo di primato artistico»[66]. Il suo impatto architettonico e propagandistico si estese anche al di fuori della città. L'opera suscitò l'ammirazione di tutta l'Europa e furono molte le richieste di informazioni sul suo progetto, come l'interesse dell'Associazione ungherese di atletica per la costruzione di una loro versione dell'impianto da 80.000 posti[67]. Svezia, Francia, Austria e Unione Sovietica mostrarono un interesse analogo, mentre un modello di questa struttura fu esposto nel padiglione italiano ai Giochi Olimpici di Berlino del 1936[68]. Guadagnò poi ulteriore fama internazionale come sede della Coppa del Mondo di calcio del 1934, tenutasi in Italia. Come spiegò Guido Paganini al podestà di Firenze, dopo un incontro con la stampa per discutere le opportunità pubblicitarie prima dell'inizio del torneo: «è questa una delle buone occasioni per far risaltare i benefici ed i progressi del nostro Regime Fascista non solo dello sport, ma in tutte le manifestazioni della vita italiana»[69]. La riproduzione di immagini dello stadio su francobolli e biglietti delle partite e il famigerato quarto di finale tra Spagna e Italia, hanno dato al nome di Giovanni Berta un'ulteriore visibilità transnazionale[70].

[65] M. Palla, *Firenze nel regime fascista* cit., p. 332.

[66] «Il Bargello», 27 ottobre 1934, p. 27.

[67] ACSFi, CF, Stadio Comunale, CF 7473, Lettera dalla Federazione Atletica Ungherese al Podestà, 27 dicembre 1933.

[68] Si vedano le diverse lettere in ASCFi, CF, Stadio Comunale, CF 7612.

[69] ACSFi, CF, Stadio Comunale, CF 7468, Lettera al Podestà da Guido Paganini, 7 maggio 1934.

[70] Sulla costruzione dello stadio e sul suo ruolo nella Coppa del Mondo si veda S. Martin, *Calcio e fascismo* cit.

I tombini

Il nome di Berta è stato anche riprodotto su numerosi tombini a Roma e a Firenze. Realizzati dalla fonderia di famiglia, che dopo la sua morte aveva cambiato nome in Fonderia delle Cure «Giovanni Berta», essi inseriscono la storia del suo martirio nel tessuto urbano di aree di entrambe le città che, a partire dalla metà-fine degli anni Venti, erano state oggetto di un'importante riqualificazione.

In Toscana, sotto il fascismo, si verificò un progressivo declino del settore minerario e metallurgico, mentre cresceva l'industria manifatturiera. Secondo il censimento del 1927, la maggior parte delle imprese fiorentine era di piccole e medie dimensioni. Con un numero di dipendenti compreso tra 50 e 250, molte non superavano le 10 unità, mentre all'estremo opposto solo 22 aziende avevano più di 250 dipendenti. Anche due delle maggiori imprese fiorentine attraversano in questo periodo notevoli difficoltà economiche: i problemi della fonderia Pignone sono indicativi del generale declino dell'industria siderurgica toscana, mentre la riconversione e la ristrutturazione produttiva dell'officina Galileo nel dopoguerra vedono una riduzione delle dimensioni e del personale. Oltre a queste ragioni tecniche di cambiamento, c'era anche il desiderio di indebolire l'unità dei gruppi di lavoratori. Quando la crisi economica del 1929 drammatizzò ulteriormente una situazione già difficile, vennero avviate diverse iniziative per rafforzare e rivitalizzare le imprese artigiane fiorentine. Come suggerisce Palla, vale anche la pena di chiedersi se questo orientamento degli investimenti verso il settore artigianale fosse una politica puramente economica o anche pensata, in un momento di profonda crisi economica, per rafforzare i legami tra l'élite politica fiorentina e quei ceti sociali che in parte costituivano la base di massa del sostegno fascista[71].

Questa era la situazione in cui operava la fonderia Berta dopo l'ascesa al potere del fascismo. Subito dopo la morte di Giovanni junior, la fonderia chiuse. Alla sua riapertura, continuò ad operare in grave perdita fino al 1923, quando la Società anonima esercizio

[71] M. Palla, *Firenze nel regime fascista* cit., pp. 74-5.

Fonderia delle Cure fu sciolta e messa in liquidazione. Con la nomina di Giovanni Berta senior ad amministratore, la famiglia riprese il controllo diretto dell'azienda. Gasparo suggerisce che l'azienda conobbe una crescita finanziaria nel periodo successivo, che sembra essersi conclusa con la morte del proprietario e l'inizio della crisi industriale seguita al crollo di Wall Street e alla Grande Depressione[72].

La fonderia era nota a Mussolini al momento della morte di Giovanni, nel 1921, e in seguito la famiglia Berta e suo padre, in particolare, svilupparono una notevole fama locale e si avvicinarono sempre più al regime. Affermando di aver mostrato il cadavere di Giovanni Berta ai suoi genitori, nell'ospedale di Santa Maria Nuova, Bruno Frullini ricordava: «poco dopo giunse il povero Padre e non seppi che stringerlo in un abbraccio e confondere con le sue le mie lacrime, come a dire a lui che ormai perduto il Figlio, poteva considerare come i suoi figli devoti tutti i Fascisti di Firenze»[73].

Come in molte città italiane durante gli anni Venti, il fascismo fiorentino costruì forti legami con la classe industriale che aveva aggressivamente sostenuto durante gli anni dello squadrismo. Non sorprende quindi che la fonderia si sia aggiudicata una serie di appalti per la fornitura di lampioni, tubi in ghisa e stemmi in bronzo a Firenze e Roma[74]. Sebbene non si trattasse di commissioni particolarmente lucrative, esse indicano come il «martirio» di Berta avesse già avvicinato la fonderia e il regime e come, al livello più grandioso o semplicistico, il fascismo stesse integrando l'iconografia nella cultura materiale per assicurarsi un capitale politico.

Nonostante le dimensioni modeste, l'aspetto ordinario e la funzione banale, i tombini rappresentano una commemorazione semplice ma molto pubblica del martire attraverso la politicizzazione di un oggetto quotidiano. Diffusi in entrambe le città, soprattutto quelli di Roma continuano a testimoniare la longevità di questa commemorazione e insieme il suo oblio, mentre la stipula dei contratti rivela molto sull'importanza dei contatti personali

[72] S. Gasparo, *Fabbriche e operai in un quartiere fiorentino* cit., pp. 68-9.
[73] B. Frullini, *Squadrismo fiorentino* cit., pp. 165-7.
[74] ASCFi, Deliberazioni Podestà 1930, prot. 516, 7 marzo, p. 423.

nell'Italia fascista. Il padre di Berta, Giovanni senior, è stato fondamentale per il rapporto tra la fonderia e il regime:

> piccolo industriale ma proprio per questo rappresentativo della classe industriale cittadina, divenne un personaggio importante della vita politica cittadina e nazionale: fu infatti membro della prima consulta municipale di Firenze insediatasi nel giugno 1929, nello stesso anno divenne anche deputato, eletto dalla Associazione famiglie caduti e invalidi fascisti[75].

Presentando i vari candidati alle «elezioni» plebiscitarie del 1929, «La Nazione» richiama l'attenzione sul legame tra padre e figlio e ricorda ai lettori gli eventi del 1921:

> Padre del Martire fascista che porta il suo stesso nome, eroe purissimo della Rinascita Nazionale, che un'orda sanguinaria di sovversivi gettò nelle acque dell'Arno, compiendo un infame e raccapricciante delitto che suscitò in tutta l'Italia la più viva impressione. [...]
> Migliore e più degno rappresentante nel Parlamento Nazionale l'Associazione dei Caduti Fascisti, non poteva avere in Giovanni Berta, che ha l'orgoglio di essere padre di un martire purissimo del Fascismo, si accomunano alte doti di mente e di cuore. E proprio nel giorno in cui ricorre l'ottavo anniversario del sacrificio del figlio giovinetto, Giovanni Berta è stato chiamato dalla fiducia del Duce a rappresentare Coloro che alla Rivoluzione Fascista dettero quanto avevano di più caro, i loro figli[76].

Membro della lista dei deputati, Berta dichiarò il suo «grande amore Vostra Eccellenza per i Nostri gloriosi Martiri, amore che le famiglie dei Caduti ricambiano centuplicato al Duce amato»[77]. Esprimendo la sua «profonda gratitudine» a nome del partito locale, anche il marchese Luigi Ridolfi collegava il nuovo deputato e suo figlio: «il Fascismo Fiorentino ascrive a suo più grande onore a che a ricordare et simboleggiare sangue purissimo martiri della rivoluzione sia stato chiamato nel ottavo annuale del sacrificio glorioso padre del nostro indimenticabile Berta»[78].

[75] S. Gasparo, *Fabbriche e operai in un quartiere fiorentino* cit., p. 71.

[76] *I candidati fiorentini*, «La Nazione», 1 marzo 1929, p. 4.

[77] ACS, SPD, CO 1922-45, b. 501, Telegramma 10455 da Giovanni Berta alla Sua Ecc. Mussolini, 5 marzo 1929.

[78] ACS, SPD 1922-45, CO, b. 501, fasc. 193824, Telegramma dal Marchese Luigi Ridolfi a S.E. Benito Mussolini, 1° marzo 1929.

Il ricordo di Giovanni Berta e della sua morte fu fondamentale per le sorti della famiglia e della fonderia e i buoni rapporti tra l'azienda e il regime vennero coltivati con cura, come nel 1924 quando ricevette un quadro autografato di Mussolini «che sarà da noi gelosamente custodito insieme a quello del nostro adorato Giovanni»[79]. Nel 1927, Giovanni Berta senior chiese un incontro con Mussolini per richiamare la sua attenzione su come «questa Industria lavora presentemente con un programma ridottissimo [...] ed avere anche così l'occasione di confermare la mia inalterabile devozione e fedeltà». Menzionando la ridotta attività della fonderia, ricordò al Duce come si era arrivati al suo rinnovamento fascista:

tenendo duro, di fronte ai pavidi consigli delle Autorità, e delle esortazioni delle Associazioni Industriali, e rifiutando nel modo più sprezzante di conoscere o comunque trattare con la «Fiom» [...] e non mancando altresì di rispondere con la dovuta energia, agli attacchi della stampa, e di dare sonore lezioni, nel più schietto stile Fascista, agli organizzatori che tentarono l'impossibile per riprendere sotto la loro egida questo nucleo di lavoratori[80].

A questo punto, il rapporto di lavoro dell'azienda con il regime era già stato stabilito e il 30 giugno 1926 la fonderia firmò quello che sembra essere il suo primo contratto con il Comune di Roma, che dal 28 ottobre 1925 era sotto la giurisdizione del nuovo Governatorato. Sostituendo l'amministrazione comunale precedentemente eletta, il Governatorato era guidato da un podestà nominato che di consueto proveniva da una delle famiglie nobili della città. Amministrando la città fino alla sua liberazione, avvenuta il 4 giugno 1944, il Governatorato supervisionò l'enorme ricostruzione della capitale voluta dal fascismo, che offrì lucrose opportunità commerciali. Per il primo contratto per la produzione di 100 tombini al prezzo di 105.000 lire non si evince dai fondi archivistici che siano stati concessi favori, né si fa menzione del «martire». L'unico criterio di selezione sembra essere stato la migliore offerta della fonderia[81].

[79] ACS, SPD 1922-45, CO, b. 1673, f. 521257, 28 ottobre 1924.

[80] ACS, SPD 1922-45, CO, b. 1673, f. 521257, Lettera da Giovanni Berta a S. Eccellenza Mussolini, 7 dicembre 1927, pp. 1-2.

[81] [Archivio Storico Capitolino], Ripartizione V Lavori Pubblici, Ragioneria

All'interno di questo fascicolo, tuttavia, si trova una nota manoscritta su carta istituzionale in cui si afferma che non era necessario apporre il simbolo del Governatorato esternamente sul coperchio di scarico, bensì all'interno per contrassegnarne la proprietà[82]. In base alle testimonianze esistenti, questa direttiva fu ignorata oppure successivamente revocata, dato che molti degli esemplari esistenti recano, oltre al nome del produttore, l'emblema del Governatorato con il fascio littorio: Fonderia Giovanni Berta (fig. 9). Da quel momento in poi, fino agli anni Quaranta, la fonderia si assicurò almeno un'altra dozzina di contratti, principalmente per la produzione di altri tombini in numero crescente e significativo. Forse un segno precoce dei futuri problemi economici, le autorità cittadine sembravano avere difficoltà a ottenerli e la fonderia spesso si aggiudicava i contratti direttamente sulla base delle sue scorte di magazzino e della sua capacità di consegnare puntualmente in tempi ridottissimi. A testimonianza dei crescenti guadagni della fonderia da parte del Governatorato ci sono due contratti, firmati il 23 e il 26 aprile 1932, per la fornitura di 5.670 tombini per il suo magazzino di Testaccio al costo di 1,1 milioni di lire[83]. La fonderia, oltre a fare soldi, lasciava il segno e il ricordo del suo martire in tutta la città.

L'inaspettata morte di Giovanni Berta senior nel 1930, seguita quasi immediatamente da quella della moglie, scosse la fonderia e stimolò un'ulteriore valorizzazione della memoria collettiva del figlio. Francesco Berta, ormai capofamiglia, informò Mussolini della morte del padre: «Giovanni Berta vostro fedelissimo ha raggiunto nel cielo dei Martiri il mio indimenticabile fratello»[84]. Mussolini rispose: «notizia morte deputato Berta addolorami profondamente et mi fa rievocare insieme con lui, figlio Giovanni, martire purissimo della nostra Rivoluzione»[85]. I due vengono ricordati anche in Parlamento: «la sua pura fede fascista era stata sottoposta a prova crudele – virilmente sopportata – col sacrificio

Appalti-Esauriti, b. 49, fasc. 17, Fornitura di chiusini di ghisa da parte della Ditta Giovanni Berta, 9 aprile 1926.

[82] Ivi, Collaudo della fornitura di chiusini di ghisa [...] eseguiti dalla Ditta Giovanni Berta Fonderia delle Cure, 18 marzo 1927.

[83] ASC, Ripartizione V Lavori Pubblici, Ragioneria Appalti-Esauriti, b. 194, fasc. 334, Contratto d'Appalto 23 aprile 1932.

[84] ACS, SPD 1922-45, CO, b. 501, fasc. 193824, 13 dicembre 1930.

[85] Ivi, 14 dicembre 1930.

Fig. 9.
Un tombino romano, con lo stemma del Governatorato e il marchio della Fonderia delle Cure «Giovanni Berta».

eroico del figlio Giovanni, caduto nel 1921 vittima, non dimenticata, della ferocia comunista»[86]. Come annotava anche «La Nazione», Giovanni senior era ricordato con affetto non solo per il suo buon carattere o per la sua gestione coscienziosa della fonderia,

> ma soprattutto perché in lui ricordarono il martirio del figlio [...] che fu vittima della bieca ferocia della teppaglia rossa nella fosca giornata del 28 febbraio 1921.
>
> Il ricordo del giovinetto eroe che mentre stava per precipitare nei flutti dell'Arno in piena, trovò ancora la forza per esprimere con tutto il fervore dell'animo suo la profonda fede che lo animava, nel grido di Viva l'Italia, è destinato a rimanere indelebilmente impresso nei cuori di tutti gli italiani, e tali sentimenti fecero sì che nella lista dei candidati per le ultime elezioni al Parlamento, il Gran Consiglio del Fascismo includesse Giovanni Berta quale rappresentante di coloro alla rivoluzione fascista dettero quanto avevano di più caro: i loro figli[87].

A nome della Federazione fascista fiorentina Pavolini espresse sentimenti simili in un manifesto riprodotto sulla «Nazione»:

[86] Camera dei Deputati, Atti Parlamentari, Leg. XXVIII, 1ª Sessione, Discussioni, Tornata di giovedì 12 febbraio 1931, Roma, Tipografia del Senato, 1929, p. 3725.

[87] *La morte dell'On. Giovanni Berta*, «La Nazione», 14-15 dicembre 1930, p. 4.

Verso il padre del Martire nostro Giovanni Berta l'affetto delle Camicie Nere Fiorentine era devotamente filiale: filiale è il nostro profondo dolore, oggi che egli ha seguito nell'altra vita il Figlio, con una fine che il martirio di questi ha di tanto affrettata [...] Domani, quando ci aduneremo intorno al suo feretro coi gagliardetti abbrunati e con le fronti pensose, e verrà fatto apello [sic] secondo i modi virili del nostro rito, in questo nome di Giovanni Berta, per sempre legato alla storia di Firenze e la Rivoluzione, noi esalteremo insieme il Figlio e il Padre, il sacrificio nobile di due nobili vite[88].

Con uno sguardo potenzialmente rivolto al benessere della fonderia dopo la sua morte, la lettura delle ultime volontà di Giovanni Berta senior svelò un messaggio dedicato a Mussolini che sottolineava i legami tra la fonderia e il fascismo:

Infine al nostro amato Duce che guida con mano sicura l'Italia verso i migliori destini mando il mio ultimo saluto e il mio ultimo pensiero di gratitudine e di affetto con il fervido augurio perché egli sia conservato per lunghi anni alla Patria che mercé sua marcia decisa verso le più alte mete[89].

Si dimostrò una dedica di grande lungimiranza quando nel 1933, in piena crisi economica mondiale, la fonderia iniziò a incontrare nuovamente gravi difficoltà economiche, nonostante i contratti con il Governatorato. In una lettera al segretario del partito Achille Starace, Pavolini ne evidenziò le credenziali a sostegno della richiesta di lavoro. Avendo già attirato l'attenzione di Mussolini sulla crisi, Pavolini accusò i ministri del governo di non aver compreso la gravità della situazione per un'impresa così importante:

si tratta davvero di una situazione e di una famiglia eccezionali.

Non solo questa famiglia ha dato al Fascismo un Martire, ma veramente [...] tanto il compianto On. Berta, quanto la buona moglie sua, hanno seguito nella tomba Giovanni a breve distanza di tempo, per il dolore immenso che li ha stremati [...]

[88] *Per l'On. Giovanni Berta*, «Il Bargello», 21 dicembre 1930, p. 4.

[89] ACS, SPD 1922-45, CO, b. 501, fasc. 193824, Telegramma dal Segretario Federale Pavolini al Gr.Uff. Chiavolini Segretario Particolare del Capo del Governo.

La fonderia dei Berta non è una comune ditta, è veramente una bandiera del Fascismo fiorentino: e questa bandiera non può essere ammainata senza un profondo rammarico pet [sic] tutti noi[90].

Nel 1934 Marcello Minale, capo di gabinetto del ministro delle Comunicazioni Costanzo Ciano, informava Alessandro Chiavolini, segretario del gabinetto del Gran Consiglio del Fascismo, della situazione finanziaria sempre più disastrosa di Francesco Berta, dovuta alla ridotta produttività della fonderia e al ritiro del denaro dall'azienda da parte della sorella e del cognato come parte dell'eredità. Esprimeva inoltre la sua delusione nei confronti di Pavolini, del prefetto di Firenze e del segretario del partito Starace, per le numerose promesse non mantenute:

Il Comm. Francesco Berta si lamenta che anche il suo defunto padre On. Berta è stato trattato nella identica maniera [...]

Il Comm. Berta e gli altri affermano di essere giunti sino a S.E. Mussolini e che questi avrebbe ordinato agli Alti Gerarchi di dare del lavoro alla Fonderia Berta.

Secondo i medesimi gli ordini, dati in proposito dal S.E. il Capo del Governo, non sarebbero stati eseguiti.

Il Comm. Berta afferma con grande amarezza che questa è la compensa per avere sempre impedito ai suoi operai di scioperare e di recarsi a fare baccano sotto le finestre del Prefetto[91].

Minale sollecita nuovamente Chiavolini il 6 febbraio. Confermando il perdurare delle difficoltà della fonderia, nonostante la massima considerazione in materia di appalti, aggiungeva che era stata rifornita di barre di ferro per la realizzazione di griglie a un prezzo di 100.000 lire, con trattative in corso anche per la fornitura di tubi metallici[92].

I preparativi per l'Esposizione Universale di Roma (EUR42), il più grande progetto edilizio del regime a Roma, offrirono un'op-

[90] ACS, SPD 1922-45, CO, b. 1673, f. 521257, Lettera da Pavolini a Starace, 28 agosto 1933.

[91] ACS, SPD 1922-45, CO, b. 1673, f. 521257, Lettera da Marcello Minale (Capo di Gabinetto, Ministero delle Comunicazioni) ad Alessandro Chiavolini (Segretario Particolare del Duce), 13 gennaio 1934.

[92] ACS, SPD 1922-45, CO, b. 1673, f. 521257, Lettera da Marcello Minale ad Alessandro Chiavolini, 6 febbraio 1934.

portunità potenzialmente molto redditizia per la fonderia in difficoltà alla fine degli anni Trenta. Nel 1939, il prefetto di Firenze, il marchese Ruggiero Palmieri, nel promuovere i potenziali lavori, richiamò ancora una volta l'attenzione sui meriti e sulla storia della fonderia. Come spiegò a Vittorio Cini, commissario dell'Ente Autonomo Esposizione Universale di Roma, la Società Berta, che aveva già consegnato una serie di appalti di questo tipo per il Governatorato di Roma, era gestita da squadristi e impiegava esclusivamente camerati ed ex combattenti fascisti. «Poiché si tratta di una Società il cui nome è legato alle più nobili tradizioni del Fascismo Fiorentino e il cui titolare è il fratello del martire fascista Giovanni Berta»[93].

Poco dopo, la fonderia si aggiudicò un contratto per la fornitura dei tombini in ghisa per gli stadi I e II dell'EUR, seguito nell'ottobre 1939 da un altro, del valore di 370.000 lire, per la fornitura di altri 1.840 per gli stadi III e IV[94]. Il successo del lavoro dipendeva comunque dal reperimento di una quantità sufficiente di rottami di ferro, che già scarseggiavano. Le evidenti difficoltà di approvvigionamento, alla fine del 1939, offrono uno spaccato dell'economia in crisi dell'Italia fascista[95]. Inoltre, l'aumento del prezzo della benzina fece lievitare anche i costi di consegna da Firenze a Roma, inducendo la società a chiedere una revisione del prezzo unitario nel settembre 1939[96]. Pur riconoscendo questi costi aggiuntivi, non vennero ritenuti sufficienti per rendere la produzione o la consegna dei tombini impossibile e la richiesta di indennizzo venne respinta[97]. Rispettando il prezzo originale, la fonderia chiese una proroga della consegna di 120 giorni, seguita da un'altra per altri 30 giorni. Entrambe furono concesse[98].

[93] ACS, EUR, Servizi Finanziari e Amministrativi 1937-43, b. 160, f. 1337, 15 giugno 1939.

[94] ACS, EUR, Servizi Finanziari e Amministrativi 1937-43, b. 290, f. 4755, 21 ottobre 1939.

[95] ACS, EUR, Servizi Tecnici 1937-50, b. 380, 26 dicembre 1939.

[96] ACS, EUR, Servizi Finanziari e Amministrativi 1937-43, b. 160, f. 1337, Lettera dalla fonderia Giovanni Berta all'EUR Servizi Finanziari, 8 settembre 1939.

[97] Ivi, Fornitura chiusini 21 settembre 1939.

[98] ACS, EUR, Servizi Tecnici 1937-50, b. 435, Verbale 5 gennaio 1942.

È difficile valutare come i tombini siano stati percepiti all'epoca, ma coloro che risiedevano e lavoravano in entrambi i centri cittadini erano certamente più esposti ad essi rispetto all'ancora incompleta e decentrata sede dell'EUR. Come ha ricordato l'ex Balilla e poi antifascista Maurizio Tiriticco:

> Io, abituato agli inni trionfali, al mito dell'eroismo, da Muzio Scevola a Enrico Toti e a Giovanni Berta, «primo martire fascista». Sapevo tutto di lui [...] aggredito dai comunisti su un ponte dell'Arno, fu aggredito, picchiato di santa ragione e gettato nel fiume. Tentò di aggrapparsi al bordo del ponte, ma i comunisti cominciarono a pestargli le mani con i piedi e Berta cadde nel fiume e annegò. Non c'era libro di testo delle elementari che non riportasse questa storia e i relativi raccapriccianti disegni. E pure certi tombini portavano il suo nome: «Fonderie Giovanni Berta Firenze». E forse ci sono ancora[99].

Riconosciuta o meno, la presenza di Giovanni Berta sui tombini ha contribuito indiscutibilmente all'identità fascista in entrambe le città e ha collegato la modernità fascista con il suo leggendario «martire della prima ora».

Lo studio di Alderman e Inwood chiarisce l'importanza dei vari esempi topografici e toponomastici visti in questo capitolo: «i toponimi, come tutte le rappresentazioni dei luoghi, sono espressivi e costitutivi della politica della cittadinanza, conferendo un maggior grado di appartenenza a certi gruppi rispetto ad altri, e servendo anche come siti per le battaglie volte ad ampliare la 'distribuzione della cittadinanza' e l'uso dello spazio». Così, l'uso del nome di Berta non era solo indicativo del «diritto dell'autorità legale di dare un nome a un luogo, ma anche del più ampio diritto delle persone a partecipare alla produzione di un luogo e a vedere riconosciute pubblicamente le proprie identità e storie culturali»[100]. Inoltre, i tombini testimoniano in particolare il modo in cui il regime si appropriò e sfruttò la cultura visiva e l'arte, definita in senso lato, come parte dei suoi sforzi propagandistici per penetrare nella vita quotidiana degli italiani.

[99] M. Tiriticco, *Balilla moschettiere. Memorie di un antifascista*, Romagnano al Monte, Sprint, 2015, p. 159.

[100] D.H. Alderman, J. Inwood, *Street naming and the politics of belonging* cit., p. 212.

Meno associate al senso del luogo, altre forme di produzione artistica più complesse ed esclusive, come il teatro, la scultura e la pittura, fornirono ulteriori e importanti contributi alla promozione del mito di Giovanni Berta. Di questo tratteremo nel prossimo capitolo.

4

IL MESSAGGIO

Teatro di massa, 18BL

Nato come passatempo della borghesia, a metà degli anni Trenta il fascismo cercò di democratizzare il teatro e di adattarlo alle sue esigenze. Mentre i gruppi teatrali dell'Opera Nazionale Dopolavoro (OND) cercavano di sfondare nelle campagne e di creare omogeneità attorno a passioni e copioni condivisi, Mussolini pretese un nuovo tipo di teatro in grado di ospitare 15-20.000 spettatori[1]. Era fondamentale combinare «il massimo numero di spettatori con la migliore visibilità e il miglior suono», mentre c'era anche la dinamica estetica da affrontare se si volevano stimolare adeguatamente le passioni delle masse. L'ingegnere industriale Gaetano Ciocca propose un teatro molto complesso dal punto di vista pratico e ideologico, monumentale per dimensioni e scala di produzione. Il palcoscenico era enorme per ospitare migliaia di attori e, posizionato al centro dell'arena, sostituiva la vecchia pianta gerarchica dei posti a sedere con una che rifletteva meglio la realtà sociale della nuova epoca[2].

Scardinando la tradizionale esclusività borghese del teatro, che secondo Mussolini era radicata in luoghi con posti a sedere ad alto prezzo, il teatro di massa per le masse aveva altresì lo scopo di suscitare passioni collettive attraverso copioni rivoluzionari ed

[1] Si veda J.T. Schnapp, *18BL. Mussolini e l'opera d'arte di massa*, Milano, Garzanti, 1996, pp. 48-61.

[2] G. Ciocca, *(Servizi a Mussolini) Il Teatro di Massa*, «Quadrante», luglio 1933, pp. 7-10.

educativi che esponevano i valori e le conquiste del fascismo[3]. Gli spettacoli riproducevano i momenti chiave della storia fascista secondo la narrazione del regime, con particolare attenzione a come il leggendario leader e gli squadristi avevano salvato l'Italia dal socialismo e dato vita alla patria. «I titoli più frequenti di queste opere sono di per sé indicativi dello spirito epico e parenetico che ispirava il 'teatro fascista': *Alba fascista*, *Aurora*, *Martiri fascisti*, *Luce nelle tenebre*, *Verso la luce*, *Rigenerazione*, *Un popolo in marcia*»[4].

Un esempio particolare è *18BL*, rappresentato in una sola occasione a Firenze, il 29 aprile 1934. Le recensioni sulla presunta realizzazione del sogno di Mussolini furono a dir poco contrastanti, anche se almeno un critico, Raffaello Franchi, ne rimase colpito: «il *18BL* è stato rappresentazione di massa in senso integrale: gli attori non sono stati tremila, ma ventitremila»[5]. Il suo «cast» comprendeva anche il pubblico che era stato fatto arrivare da tutta la Toscana dalle organizzazioni di massa del partito[6].

Consapevole delle dimensioni di una simile produzione, il giornalista e critico d'arte Pietro Maria Bardi suggerì che «il teatro di massa dovrà inaugurarsi negli stadi», e non c'era esempio migliore e più appropriato dello stadio «Berta» per lanciarlo[7]. Anche se non è stata sviluppata, la sua idea non fu casuale[8]. Oltre allo stile razionalista dello stadio, sostenuto se non formalmente approvato dal regime, la «figurazione dell'episodio Berta sul ponte contrastato» era un episodio chiave del secondo atto di *18BL*, che comprendeva anche cinque battaglie della prima guerra mondiale e il «Massacro di Empoli», come fu chiamato, in cui erano morti tre carabinieri e sei marinai diretti a Firenze. La rappresentazione

[3] B. Mussolini, *Certezza nelle forze dello spirito e dell'intelligenza italiana*, «Quadrante», giugno 1933, p. 1.

[4] E. Gentile, *Il culto del littorio* cit., pp. 183-4.

[5] R. Franchi, *'18BL' Spettacolo di masse*, «L'Italia Letteraria», 6 maggio 1934, p. 3.

[6] M. Verdone, *Mussolini's 'Theatre of the Masses'*, in G. Berghaus (a cura di), *Fascism and Theatre. Comparative Studies on the Aesthetics and Politics of Performance in Europe, 1925-1945*, Oxford, Berghahn, 1996, p. 138.

[7] P.M. Bardi, *(Proposte) Sacra rappresentazione del Fascismo*, «Quadrante», novembre 1933, XII, p. 4.

[8] J.T. Schnapp, *18BL. Mussolini e l'opera d'arte di massa* cit., p. 61.

della morte di Berta, insieme ad altri martiri fascisti, fu accompagnata dall'inno fascista *Hanno ammazzato Giovanni Berta*. Con un'ulteriore risonanza per la sua rappresentazione nel parco delle Cascine, vicino al quartiere di San Frediano e al Ponte Sospeso, l'episodio «prevalse fin dall'inizio», secondo Jeffrey Schnapp, prima che «il martire fascista venisse progressivamente accantonato a favore di un camion 18BL Fiat»[9].

Nonostante la ragguardevole pianificazione, le spese e un cast effettivo di oltre 2.000 persone che si esibiva per 20.000 spettatori, la produzione fu liquidata come un fallimento in termini di spettacolo e come una vera rappresentazione delle lotte e delle tragedie della guerra. Un copione incoerente e problemi acustici allontanarono gli spettatori dall'azione, mentre davvero pochi riuscirono a provare un'empatia rivoluzionaria per il suo eroe, e protagonista, un camion[10]. In seguito, l'entusiasmo fascista per queste produzioni andò scemando, anche se gli scrittori furono ancora incoraggiati a produrre opere teatrali in linea con il «nuovo spirito» dei tempi.

Le arti visive

Anche le arti figurative della pittura e della scultura potevano essere altamente retoriche ed efficaci nel drammatizzare gli eventi del passato del regime e nel rivendicare la loro autenticità storica. L'Italia fascista non identificò né vietò l'arte degenerata, né istituì un'arte ufficiale di Stato. Con le sue origini e le sue influenze eclettiche, il fascismo operò come una «chiesa» culturalmente ampia, incoraggiando al contempo la competizione creativa tra gruppi rivali di praticanti classici e modernisti desiderosi di dare forma e determinare lo «stile fascista» ufficiale. Preferendo includere piuttosto che escludere, il fascismo permise ad artisti e scultori una notevole libertà di espressione, a patto che non si opponessero apertamente. Sebbene fosse preferibile che si convertissero alla

[9] Ivi, p. 71.

[10] J.T. Schnapp, *Staging Fascism. 18BL and the Theater of Masses for Masses*, Stanford, U.P., 1996, p. 79.

«fede» fascista, agli artisti era sufficiente servire pedagogicamente il regime per accedere al suo significativo patrocinio statale.

Incoraggiati a partecipare con un misto di concorsi, pagamenti e l'occasionale disponibilità di vasti spazi per esporre le loro opere e i loro talenti, alcuni artisti acconsentirono al controllo e alla politicizzazione dell'arte da parte del fascismo per ragioni pragmatiche, rendendo difficile determinare la loro reale posizione. Altri lo abbracciarono pienamente e inequivocabilmente. «Liberi di creare ma obbligati a servire», secondo Emily Braun, «gli artisti erano in grado e disposti a rappresentare i volti del fascismo in modi innovativi e persuasivi; al contempo, il regime acquisiva prestigio attraverso il suo ponderato patrocinio delle belle arti»[11].

Il bassorilievo di Bolzano

Un esempio delle opportunità offerte dallo Stato agli artisti è il monumentale bassorilievo di Hans Piffrader sulla facciata del Palazzo degli Uffici finanziari di Bolzano. Annessa all'Italia dopo il crollo dell'Impero austro-ungarico, Bolzano aveva una rilevante popolazione di lingua tedesca. Fin dal Risorgimento la regione e la città erano state sottoposte a un processo di italianizzazione, intensificatosi sotto il fascismo. La presenza fascista, imposta attraverso leggi, istruzione, organizzazioni culturali, restrizioni all'uso della lingua tedesca e promozione dell'italiano, si affermò anche dal punto di vista architettonico. Il Palazzo degli Uffici finanziari, costruito tra il 1939 e il 1942 come Casa del Fascio della città, faceva parte della campagna del regime per imporre l'identità attraverso gli edifici e completare la colonizzazione politico-culturale della regione.

Una delle strutture più importanti della parte nuova della città, la sua facciata comprendeva un bassorilievo alto 2,75 metri e lungo 36, che narrava la storia del fascismo. Composto da due file orizzontali, al centro del rilievo di Piffrader si trovava un Duce trionfante a cavallo. Dopo aver celebrato «la fine della

[11] E. Braun, *The visual arts: modernism and Fascism*, in A. Lyttelton (a cura di), *Liberal and Fascist Italy, 1900-1945*, Oxford-New York, Oxford U.P., 2002, p. 197.

Grande Guerra e il ritorno del soldato» e «la furia rivoluzionaria del biennio rosso (1919-1920)», il quarto pannello è dedicato ai «'martiri' fascisti della violenza bolscevica». Rappresentati da due figure immaginarie legate e tormentate dal fuoco, alla loro sinistra c'è Giovanni Berta. Raffigurato nudo fino alla cintola, è ritratto nel suo momento più retorico, appeso al ponte con le gambe che scompaiono nelle acque dell'Arno su uno sfondo chiaramente identificabile come Firenze. Collocato prima del quinto pannello «23 marzo 1919: Mussolini istituisce i Fasci di Combattimento», il posizionamento dell'immagine di Berta è cronologicamente errato. Lontano dalla città dove è morto, la sua inclusione indica ulteriormente il riconoscimento a livello nazionale di Berta e l'importanza della divulgazione della storia oltre Firenze. Un ulteriore esempio, anche se più piccolo, è un altro monumento che commemora Berta in Libia, con un volto molto simile a quello di Mussolini[12].

I grandi rilievi e le sculture non erano certo nuove forme di propaganda pedagogica, ma i progressi tecnologici offrivano nuove opportunità di penetrare nella vita quotidiana delle masse. Walter Benjamin è stato uno dei primi teorici a osservare l'impatto della capacità della tecnologia di stampa di riprodurre e distribuire l'arte all'infinito sulla percezione contemporanea del mondo. Scritto nel 1935, il suo saggio sull'*Opera d'arte nell'epoca della sua riproducibilità tecnica* suggeriva che le opere d'arte fossero in grado di codificare informazioni su vari periodi storici e mostrava come ciò fosse applicabile al mondo contemporaneo. Secondo Benjamin, uno dei risultati più significativi dell'arte prodotta meccanicamente era la privazione della sua «aura», del suo status rituale di «autenticità». In questo modo, cambiando il contesto culturale in cui l'opera d'arte si trovava, la copia meccanica diminuiva il valore estetico dell'originale:

> L'autenticità di una cosa è la quintessenza di tutto ciò che, fin dall'origine di essa, può venir tramandato, dalla sua durata materiale alla sua virtù di testimonianza storica. Poiché quest'ultima è fondata sulla prima, nella riproduzione, in cui la prima è sottratta all'uomo, vacilla anche la

[12] «Corriere della Sera», 13 novembre 1936, p. 3.

seconda, la virtù di testimonianza della cosa. Certo, soltanto questa; ma ciò che così prende a vacillare è precisamente l'autorità della cosa[13].

Spogliando l'opera d'arte della sua unicità di entità singola, secondo Benjamin, la produzione meccanica di copie multiple la democratizzava comunque attraverso la disponibilità di massa per una popolazione più ampia che, fino a quel momento, ne era stata esclusa. Facendo un ragionamento simile in riferimento alla Grande Guerra, Antonio Gibelli osserva come la novità dell'evento sia stata la sua scala, la serialità, l'estremizzazione e l'esperienza come fenomeno di massa:

potremmo dire nella producibilità e riproducibilità tecnica infinita dell'orrore, nel senso che la tecnologia lo produce in serie come una catena di montaggio e nel senso che, soprattutto attraverso la fotografia, esso si fissa e si trasmette infinite volte e può arrivare sotto gli occhi di tutti[14].

Prodotte e diffuse rapidamente, le immagini hanno acquisito un'importanza nuova e radicale. Nel caso della memoria di Giovanni Berta, se l'autentico «originale» è considerato l'atto stesso, la successiva mancanza di chiarezza, anche in seguito alle cause giudiziarie, ha offuscato la testimonianza storica fin dall'inizio. A differenza di un oggetto convenzionale, questo offuscamento della memoria permetteva a ogni nuovo narratore di riprodurre la storia secondo la sua prospettiva, e si è già visto come ci fossero addirittura differenze e discrepanze tra le stesse versioni fasciste oltre a quelle nelle narrazioni dei loro antagonisti. La messa in discussione dell'autenticità come fonte di testimonianza storica è un'eco delle idee di Benjamin: «nell'istante in cui il criterio dell'autenticità nella produzione dell'arte viene meno, si trasforma anche l'intera funzione dell'arte. Al posto della sua fondazione nel rituale s'instaura la fondazione su un'altra prassi: vale a

[13] W. Benjamin, *The Work of Art in the Age of Mechanical Reproduction*, in Id., *Illuminations*, New York, Schocken Books, 2007, p. 221 (trad. it. *L'opera d'arte nell'epoca della sua riproducibilità tecnica. Arte e società di massa*, Torino, Einaudi, 1998, pp. 9-10).

[14] A. Gibelli, *Nefaste meraviglie. Grande Guerra e apoteosi della modernità*, in W. Barberis (a cura di), *Storia d'italia. Annali 18. Guerra e pace*, Torino, Einaudi, 2002, p. 584.

dire il suo fondarsi sulla politica»[15]. In un contesto di resoconti contrastanti e in assenza di prove attendibili che confermino o meno l'omicidio di Berta, l'esame delle rappresentazioni visive della sua scomparsa degli anni Venti e Trenta, che sostituiscono l'«originale», rivela il ruolo dell'arte nell'appropriazione, nella politicizzazione e nella potenziale ricezione dell'evento. Come ha suggerito un interprete di Benjamin:

> Nell'era della riproduzione meccanica, non è l'individuo contemplativo a rispondere, ma un collettivo distratto che accede a varie forme d'arte attraverso la mediazione tecnologica. Benjamin propone la distrazione come un'estetica alternativa in cui il pubblico riceve e sperimenta i nuovi media[16].

Il recente lavoro di Alessandra Antola Swan sulla fotografia e il culto di Mussolini ha ulteriormente evidenziato l'uso della politica estetica e delle immagini politiche per penetrare ideologicamente nella vita quotidiana. Sostenendo che le fotografie devono essere lette prima di tutto come oggetti fisici, questo richiede di guardare oltre l'immagine stessa per considerare come è stata prodotta e il probabile pubblico[17]. Enrico Sturani ha sviluppato un'analisi simile delle cartoline di Mussolini. Un misto di propaganda ufficiale e impresa privata, quando le tipografie cercavano di sfruttare la popolarità del Duce, Sturani mette in guardia da interpretazioni letterali e di facciata che tendono a trascurare significati e scopi più ampi e raccomanda di guardare oltre l'immagine stessa, al retro, alla ricerca di segni editoriali che ne rivelino l'uso, la data e il produttore. Non è raro che siano inutilizzate, e anche questo è significativo: «le cartoline di Mussolini venivano spesso acquistate senza alcuna intenzione di spedirle; erano piuttosto come immagini sacre, come i santi e le stelle. Erano oggetti di culto per gli appassionati, attorno ai quali

[15] W. Benjamin, *The Work of Art in the Age of Mechanical Reproduction* cit., p. 224 (trad. it. cit., p. 14).

[16] D. Sree Devi, *Perception and Mediation: A Critique of Work of Art in the Age of Mechanical Reproduction*, «IOSR Journal of Humanities and Social Science», 20(3), 2015, p. 15 [11-6].

[17] A. Antola Swan, *Photographing Mussolini. The Making of a Political Icon*, Cham, Palgrave Macmillan, 2020, pp. 25-6.

[...] si formava 'un embrione di religione'»[18]. Gli schizzi e i dipinti, spesso ristampati come immagini da cartolina, pongono problemi analoghi ma sono altrettanto preziosi. Registrando un «punto di vista», tali ritratti di «testimoni oculari» hanno ancora un valore reale come supplemento alle testimonianze scritte. Come sostiene Peter Burke, le immagini visive «ci permettono di 'immaginare' il passato in modo più vivido», e il loro uso «in epoche diverse come oggetti di devozione o mezzi di persuasione, per trasmettere informazioni o dare piacere, permette loro di testimoniare forme passate di religione, conoscenza, credenza, piacere e così via»[19].

Se gli storici tendono a trattare le immagini visive come semplici illustrazioni, riproducendole nei libri e negli articoli senza commenti[20], nel caso della memoria di Berta le cose stanno in maniera nettamente diversa. Trattate ed esaminate come documenti storici, rivelano molto sulla costruzione del suo culto. In questo contesto, ove possibile, si prenderà in considerazione anche il contesto nel quale si sono mossi gli artisti, il modo in cui hanno lavorato, le modalità di produzione, la diffusione delle immagini o i luoghi in cui sono apparse.

Questo non significa che la popolarità o la reputazione di Berta fossero paragonabili a quelle di Mussolini, ma le immagini di Berta in cartolina, fortemente politicizzate e prodotte in serie, avevano un valore commerciale tale da giustificarne la produzione oppure venivano realizzate in piccole quantità per scopi propagandistici. In ogni caso, il loro scopo era chiaramente quello di affermare e divulgare ulteriormente la sua leggenda, con un utilizzo che andava al di là della semplice estetica per arrivare all'estetizzazione della politica.

Formatosi all'Accademia delle Belle Arti di Roma, l'illustratore e pittore Vittorio Pisani ha collaborato alla «Tribuna Illustrata» e ha realizzato numerose cartoline per i carabinieri, i militari e la Milizia Volontaria per la Sicurezza Nazionale. In quella che

[18] E. Sturani, *Analysing Mussolini Postcards*, «Modern Italy», 18(2), 2013, pp. 142-3 [141-56].

[19] P. Burke, *Eyewitnessing. The Use of Images as Historical Evidence*, London, Reaktion Books, 2001, p. 13 (trad. it. *Testimoni oculari. Il significato storico delle immagini*, Roma, Carocci, 2017, p. 21).

[20] Ivi, p. 10 (trad. it. cit., p. 19).

Fig. 10. Cartolina di propaganda di Vittorio Pisani dedicata a Giovanni Berta.

sembrerebbe la metà-fine degli anni Trenta, realizzò un'immagine di Berta aggrappato al ponte nei suoi ultimi istanti di vita (fig. 10)[21]. Sanguinante da una ferita alla bocca e da un'altra sul ginocchio sinistro, esposta da uno strappo dei pantaloni, ha le mani insanguinate, soprattutto la destra, verso la quale si spinge uno stivale chiodato mentre un coltello cala dall'alto in un movimento di pugnalata. Sulla linea di quanto riportato all'epoca, Giovanni Berta è rappresentato come un uomo robusto di circa 20 anni, che indossa un abito verde oliva. A conferma dei vari elementi della

[21] Un esemplare della stessa cartolina in vendita su ebay.it [28/01/2023] era stato affrancato con la data del 27 marzo 1939.

leggenda, la presunta autenticità dell'immagine si fondava sulla raffigurazione dei veri «fatti».

Subito sotto l'immagine la dicitura «Mamma... Mamma». Ripetendo le sue presunte ultime parole, il mito era chiaramente già abbastanza consolidato da non richiedere ulteriori spiegazioni. Sul retro della cartolina, in alto si legge «...hanno ammazzato Giovanni Berta» e in basso «Giovanni Berta, trucidato barbaramente a Firenze il 28 febbraio 1921. Dedicata al vecchio e glorioso Squadrismo e ai Giovani Fascisti, continuatori e custodi delle insanguinate tradizioni», la cartolina non è stata utilizzata: né scritta, né mai spedita.

Un'altra immagine si discosta dalla verità per deplorare ulteriormente i suoi aggressori, rappresentando Berta come un giovane di circa 16 anni (fig. 11). Concentrarsi sull'innocenza dei giovani è stata una strategia utilizzata da *L'Olocausto di Firenze* nel suo racconto dell'attentato di piazza degli Antinori del 1921:

> Erano creature giovanissime tutte. Vita che cominciava a vivere, attesa che si avviava alla mèta. Nel gruppo certuni erano ancora ragazzi; altri, uomini fatti, provati dalla guerra recente, crudamente stremati dal patimento e risollevati in giubilo dalla vittoria[22].

Appeso questa volta per la mano sinistra, il giovane Berta è dominato minacciosamente dai suoi aggressori, sul ponte facilmente riconoscibile: uno brandisce una pistola, forse quella di Berta, un altro lo percuote con una mazza, mentre altri due schiacciano la sua mano, uno dei quali ha un volto tormentato e sofferente, che ricorda *L'urlo* di Edvard Munch. Sotto l'ammonimento «Italiani Ricordate!» è stampata la prima strofa di *Hanno ammazzato Giovanni Berta*. Propaganda elettorale del PNF nel 1924, invertiva il significato della canzone originale per attirare l'attenzione sulla celebrazione comunista di coloro che avevano presumibilmente percosso le mani di Berta mentre si aggrappava al ponte, ricordando così agli elettori la barbarie dell'avversario.

Sulla copertina del libro per bambini di Ambrosi *Squadrismo eroico*, Giovanni Berta, il protagonista, si aggrappa al ponte, mentre uno stivale si abbatte sulla sua mano, come di consueto.

[22] AA.VV., *L'Olocausto di Firenze* cit., p. 25.

Fig. 11. Cartolina postale del Partito Nazionale Fascista, elezioni politiche del 1924.

Berta sfoggia una folta chioma bionda ed è vestito con quella che sembra essere una tuta da lavoro con evidenti strappi alle ginocchia. Giovanile, ma non troppo, l'essenza della storia è contenuta nell'immagine, ma con un tocco contemporaneo per il suo giovane pubblico. Parte della collana «Bibliotechina 'Gli Eroi'», il libro fu pubblicato nel 1936. Lungo oltre sessanta pagine, con la sua narrazione romanzata si rivolgeva al crescente mercato dei romanzi d'avventura e sportivi per ragazzi[23].

[23] Si veda, P. Boero, C. De Luca, *La letteratura per l'infanzia*, Roma-Bari, Laterza, 2004; M. Colin, *I bambini di Mussolini. Letteratura, libri, letture per*

Dal 1926, i libri per ragazzi «diventano strumento di penetrazione tra i giovani e i giovanissimi con il compito di alimentare, con storie di varia esemplarità»[24]. Simbolica e altamente retorica, la letteratura per l'infanzia era una parte importante del tentativo del regime di nazionalizzare le masse e creare consenso, e coinvolgeva illustratori, pedagoghi, scrittori, insegnanti e giornalisti. Spesso raccontando guerre e conflitti passati, era ricca di immagini celebri di eroi, martiri e sacrifici in nome della patria. Man mano che il regime rafforzava la sua presa sulla società, gli autori con mentalità commerciale dovevano rispondere alle richieste dello Stato fascista di opere più politiche, celebrative, patriottico-trionfali, militari e biografiche. Il libro di Ambrosi rientrava in tutte queste categorie, anche se la sua caratterizzazione non era conforme a quello che Suzzi Valli definiva il classico eroe squadrista, la cui vita prima di aderire al movimento incarnava varie forme di immoralità[25]. Giovanni Berta, invece, non aveva bisogno di un senso ulteriore alla sua esistenza, in quanto la sua missione patriottica era già chiaramente all'interno della sua vita.

Nel romanzo, Giovanni Berta, marinaio a bordo di un veliero mercantile nel 1908, è inizialmente vittima di bullismo da parte di un compagno di equipaggio napoletano. Dotato della forza fisica e del coraggio per tenergli testa, Berta dimostra anche la sua forza morale e il suo patriottismo assistendo il suo prepotente connazionale durante una malattia. Il suo eroismo è ulteriormente dimostrato in una lunga narrazione del conflitto italo-libico del 1911 dove, dapprima come volontario e poi come addetto ai siluri, diventa un eroe. È di nuovo al fronte nella prima guerra mondiale, dove solo il richiamo della madre e il senso di responsabilità familiare lo costringono a tornare a casa:

l'infanzia sotto il fascismo, Brescia, La Scuola, 2012; A. Gibelli, *Il popolo bambino. Infanzia e nazione dalla Grande Guerra a Salò*, Torino, Einaudi, 2005; S. Martin, *A 'Boy's Own' boy zone: The making of fascist men in Emilio De Martino's children's sporting novels*, «Literature & History», 26(1), 2017, pp. 74-104; L. Myers, *Making the Italians. Poetics and Politics of Italian Children's Fantasy*, Bern, Peter Lang, 2012.

[24] P. Boero, C. De Luca, *La letteratura per l'infanzia* cit., p. 168.

[25] R. Suzzi Valli, *The Myth of Squadrismo in the Fascist Regime* cit., p. 140.

Perché una Nazione ha bisogno di forte lavoratori in pace e di valorosi soldati in guerra [...] Come tutti i buoni italiani, Giovanni Berta arse di sdegno quando le turbe dei *senza Patria*, di coloro che non avevano combattuto, cercarono di trascinare alla rovina l'Italia vittoriosa. Militò fra i primi squadristi fiorentini, e lottò da bravo, senza paura.

Al suo ritorno a Firenze, Berta viene presentato come uno dei fascisti più impegnati e attivi dell'epoca: «Giovanni Berta era sempre fra i primi, ad accorrere colà dove c'era da difendere un disgraziato minacciato dalla prepotenza comunista, o da infliggere una salutare lezione a qualche dissennato»[26]. Utilizzando tutti i temi che ruotano attorno alla sua morte, a differenza di molti romanzi squadristi che si concludono con il raggiungimento della redenzione da parte del protagonista, il «premio» di Giovanni Berta è stato un martirio che ispira la vendetta. Così, in quanto uno dei più noti ed appassionanti rappresentanti del fascismo della «prima ora», questo romanzo per ragazzi lo utilizza esplicitamente per ispirare la nuova generazione.

In un'altra immagine politica, un manifesto elettorale riprodotto nel volume di Chiurco sull'ascesa del fascismo, una figura all'incirca dell'età di Berta, ma non chiaramente identificabile con lui, è raffigurata appesa per entrambe le mani a un ponte (fig. 12). Realizzato in pietra, non ha alcuna somiglianza con il Ponte Sospeso e solo la ringhiera a forma di «X» lo identifica. Tre aggressori sono in bilico sopra Berta, uno tiene una pietra sopra la testa, il secondo un coltello, mentre il terzo sembra indicare la vittima. L'immagine è accompagnata dall'ormai consueta narrazione degli eventi[27].

Infine, c'è un'ulteriore presentazione alternativa di Berta, tratta dall'opuscolo *Caduti per la Causa Nazionale* pubblicato dalla Bibliotechina Lane Marzotto (vedi fig. in copertina). Con un'immagine e una pagina di testo sui «martiri» fascisti di Bologna, Milano, Genova, Torino e Padova, Berta rappresentava naturalmente Firenze. Simile all'immagine di Pisani, Berta è vestito con un abito scuro, ma ora indossa un soprabito e una sciarpa verde, mentre i suoi persecutori incombono aggressivi brandendo coltelli e un

[26] E. Ambrosi, *Squadrismo eroico* cit., pp. 38-43.
[27] G.A. Chiurco, *Storia della Rivoluzione Fascista* cit., pp. 92-3.

Fig. 12. Fac-simile di un manifesto di propaganda: una composizione diversa, ma gli elementi chiave sono sempre riconoscibili.

lungo spuntone di metallo. Più o meno riassumendo la biografia di Berta apparsa su *L'Olocausto di Firenze*, il gruppo di uomini, «con inaudita ferocia, lo costrinse ad abbandonare i ferri di sostegno del Ponte stesso ove si era aggrappato»[28]. Sebbene la pubblicazione non sia datata, la riga conclusiva che indica come luogo di riposo di Berta la cripta di Santa Croce la fa risalire a dopo il 1934.

La Biennale

Per le esposizioni di quella che Benjamin avrebbe definito arte «autentica» c'erano le mostre che proliferavano sotto il regime,

[28] AA.VV., *Caduti per la Causa Nazionale*, n. 11, II serie, Bibliotechina delle Lane Marzotto, Valdagno, s.d., p. 1.

tra le quali la Biennale di Venezia era una delle più importanti a livello nazionale e internazionale. Fino al 1929, quando fu rilevata dallo Stato, il suo ruolo principale era stato quello di sostenere la città che la finanziava. In seguito, pur continuando a contribuire allo sviluppo del turismo, la mostra iniziò a mutare, poiché le ambizioni culturali e commerciali di Venezia si allinearono a quelle del regime. Nel 1930

> il Comitato Amministrativo introdusse, accanto alla regolare programmazione, concorsi ufficiali a tema fascista, aperti a tutti gli artisti italiani iscritti ai Sindacati fascisti. Questi concorsi si affermarono come una colonna portante del panorama culturale della mostra e vennero accreditati, anche se solo dai funzionari più dottrinari, come il risultato finale della creazione di un'estetica specificamente fascista[29].

In genere si ritiene che le mostre abbiano fallito i loro obiettivi a causa di una carenza di stile o di tecnica che derivava dallo scarso interesse per i concorsi da parte degli artisti più talentuosi dell'Italia fascista. Molti preferivano le ricompense e i premi potenzialmente più allettanti offerti dallo Stato, come gli acquisti diretti o i benefici del sindacato[30], mentre cresceva anche il mercato dei collezionisti privati che offriva la prospettiva di un mecenatismo non politicizzato. Gli artisti erano quindi sempre più in grado di svolgere la loro attività senza interferenze politiche, mentre gli altri, maggiormente vincolati dal punto di vista economico, erano costretti a fare i conti con la propria coscienza per decidere se partecipare o meno alla Biennale.

Marla Stone ha sostenuto che il pluralismo estetico rimase una caratteristica distintiva del mecenatismo statale fino alla Biennale del 1934: «le opere acquistate non mostravano una predilezione per una particolare scuola estetica, con gli artisti del 'Novecento' e del movimento futurista che trovavano acquirenti governativi e di partito»[31]. Questa libertà artistica era

[29] S. Longo, *Culture, tourism and Fascism in Venice, 1919-1945*, Doctoral Thesis, University College London, 2004, p. 149.

[30] M.S. Stone, *The Patron State. Culture and Politics in Fascist Italy*, Princeton, U.P., 1998, p. 85.

[31] Ivi, p. 75.

anche vincolata dalla maggior parte delle acquisizioni effettuate da collezionisti privati, che non davano motivo agli organizzatori della mostra di discriminare alcuni stili, che avrebbero solo limitato il mercato potenziale. La Biennale del 1936 rappresentò comunque un punto di svolta: l'arte doveva servire alle esigenze propagandistiche del regime, le cui relazioni internazionali e diplomatiche erano state drammaticamente modificate dall'invasione dell'Abissinia:

> Da questo momento, e fino alla conclusione della seconda guerra mondiale, gli organizzatori veneziani si misurarono molto più che in precedenza con le contingenze politiche del momento, dimostrando notevoli capacità di adattamento[32].

Tenutasi con qualche settimana di ritardo rispetto al solito, l'inaugurazione della mostra del 1936 fu integrata nei festeggiamenti per la conquista dell'Impero da parte dell'Italia, dopo la caduta della capitale etiope, Addis Abeba, il 5 maggio. In risposta alla crisi internazionale e alle sanzioni provocate dall'invasione italiana, la politicizzazione della Biennale rifletteva un cambiamento generale nell'arte: «mentre la nazione si orientava verso la guerra e l'impero, anche la cultura [...] sotto la politica di autarchia culturale del regime, anche le arti erano sottoposte a crescenti richieste di contenuti dogmatici»[33]. Spinta dal contesto nazionale e internazionale, la mostra del 1936 fu profondamente propagandistica. «La sapiente regia dell'allestimento di Maraini, con pochi ma decisivi accorgimenti, era riuscita a trasformare un'esposizione nata sotto cattivi auspici, e organizzata in 'sordina', nell'ennesima celebrazione del regime fascista»[34]. Tra gli artisti e le opere di rilievo esposte, quattro arazzi di Ferruccio Ferrazzi, commissionati per il Palazzo del Ministero delle Corporazioni di Marcello Piacentini nel 1932; la scultura di Domenico Ponzi, *Fascismo in Marcia*; il tema altamente simbolico e «storico» di Felice Carena, *Dogali*

[32] M. De Sabbata, *Una mostra organizzata 'in sordina': la biennale di Venezia del 1936*, in F. Castellani, E. Charans (a cura di), *Crocevia Biennale*, Milano, Scalpendi, 2017, p. 85.
[33] E. Braun, *The visual arts: modernism and Fascism* cit., p. 199.
[34] M. De Sabbata, *Una mostra organizzata 'in sordina'* cit., p. 93.

Fig. 13. La rappresentazione di Ezio Buscio della «crocifissione» di Giovanni Berta, per la Biennale del 1936.

BUSCIO EZIO - "Il martirio di Giovanni Berta"

1887; e il busto in bronzo di Mussolini di Ruggero Michahelles, posto di fronte alla carta geografica dell'Italia e delle sue colonie dipinta a tempera di Bepi Lavagna.

Il segretario generale della mostra, lo scultore Antonio Maraini, organizzò anche un concorso di affreschi per gli iscritti al sindacato di età inferiore ai 35 anni. Con il compito di rappresentare scene del presente fascista, tra le opere esposte nella sala XXXIX c'era la rappresentazione di Ezio Buscio di Giovanni Berta come figura cristologica, appesa al Ponte Sospeso (fig. 13). Buscio non fu il primo ad attingere al serbatoio della memoria religiosa per paragonare Berta al Cristo martire. Nel 1929, il pittore siciliano Gaetano Corsini aveva realizzato un'immagine

Fig. 14. L'immagine del pittore siciliano Gaetano Corsini di Giovanni Berta in camicia nera, come un Cristo crocifisso.

per l'Istituto Nautico di Messina, allora in costruzione. Esposta in una delle sale più importanti dell'istituto, Corsini fu pagato circa 20.000 lire per la sua opera. Vestito con l'uniforme completamente nera di uno squadrista, Berta sembra essere sospeso al ponte, riconoscibile, mentre tre assassini, uno dei quali brandisce un coltello, si abbattono su di lui dall'alto (fig. 14). Nonostante sia ancora appeso al ponte, appare senza vita oppure sereno, con la testa inclinata a destra di novanta gradi. Ma soprattutto, tra lui e il ponte c'è un'immagine in ombra di Gesù, con le braccia tese a forma di croce e la testa altrettanto inclinata. Riprodotto in «Milizia Fascista», il settimanale, per sottolineare la brutalità dell'avversario, ripeteva una versione dei primi due versi della canzone a lui dedicata: «Hanno ammazzato Berta, figlio di pescicani; evviva il comunista che gli mozzò le mani»[35].

[35] *Per non dimenticare*, «Milizia Fascista», 29 giugno 1930, p. 1.

Tornando all'opera di Buscio, essa era «intelligentissima», secondo la critica, curatrice e storica dell'arte Maria Accascina[36], mentre la recensione del pittore e critico Cipriano Efisio Oppo rinforzava i principali miti associati alla morte di Giovanni Berta: «come furie le donne o spaventate; diabolico e bestiale il sovversivo armato di pugnale sul ponte; fiero di vendetta il fascista; nella voragine scende nudo, e come volasse, il martire dalle mani mozze; sfondo di monti e di castelli merlati»[37].

Aggrappato al ponte con la mano sinistra, mentre la destra è già stata recisa, il demone sovrastante è pronto a ripetere l'atto e a far precipitare Berta nel crepaccio, o forse nella «valle della morte» sottostante. Riferendosi alle donne dell'affresco di Buscio come «furie», Oppo sembra fare riferimento alle «furie vendicatrici» di Omero nell'*Odissea*. Nel 1942, più di vent'anni dopo la morte di Berta, il periodico «Durare» ribadì il concetto in un articolo commemorativo della sua morte: «in questa torbida sera fiorentina, il grido si spegneva nel sottofondo dell'Arno insanguinato, mentre sul ponte, seminude e orribili, ridevano le Furie, donne che avevano perso i loro organi materni per l'ebbrezza rossa, prima ancora di perdere il loro aspetto femminile»[38].

Dee della vendetta e del castigo, erano spesso raffigurate come vecchie megere con capelli di serpente. Associate alla morte violenta e allo spargimento di sangue, facevano giustizia dei crimini impuniti e di quelli contro l'ordine naturale. Mostrando emozioni contrastanti di rabbia, orrore e paura, queste giovani donne moderne nell'affresco di Buscio (in primo piano a destra) non si conformano all'immagine classica delle Furie, ma i capelli selvaggi, indisciplinati e serpentiformi delle prime confermano il collegamento di Oppo. Solitamente ritratte in tre, dietro le due donne moderne ed elegantemente vestite nella parte anteriore dell'immagine è accovacciata una figura più anziana, inquietante e simile a una strega. Sul ponte sovrastante, chiaramente identificato dal parapetto a forma di «X», è prostrato il demoniaco assassino di Berta, armato di coltello. Colto sul fatto, appare come

36 M.C. Di Natale (a cura di), *Maria Accascina e il Giornale di Sicilia, 1934-1937. Cultura tra critica e cronache*, Caltanissetta, Salvatore Sciascia, 2006, p. 271.
37 C.E. Oppo, *Il concorso per gli affreschi*, «La Tribuna», 21 luglio 1936, p. 3.
38 *Il suo sacrificio* cit., p. 3.

l'incarnazione del diavolo. Il fascista in basso a sinistra, riconoscibile dalla fibbia del cinturone degli Arditi, si vendica con calma di una figura altrettanto demoniaca. Sullo sfondo delle colline che si ergono dietro la città e di una torre medievale, è chiaramente riconoscibile Firenze.

Incredibilmente, la descrizione dell'affresco da parte di Oppo presta poca attenzione a ciò che rende questa una delle immagini più suggestive e simboliche di Berta: il riferimento diretto a Gesù e alla sua crocifissione:

> La tradizione martirologica più importante era, ovviamente, quella invocata da Cristo e dalla sua Passione. Attingendo alle somiglianze tra le sofferenze di un martire e quelle di Cristo [...] gli agiografi utilizzavano l'idea devozionale più importante del tardo Medioevo: quella della sofferenza redentrice di Cristo per l'umanità[39].

Il binomio Gesù e soldato caduto, che significa sacrificio, immortalità e redenzione, era un'immagine comune fin dalla prima guerra mondiale, ripresa dal fascismo. Sospeso al ponte quasi come inchiodato a una croce, Berta è muscoloso e a torso nudo, come Gesù è generalmente raffigurato solo nelle scene di crocifissione, con i piedi incrociati ma senza stigmate e il ventre concavo. Coperto da una sorta di perizoma che risale lungo la schiena e passa sull'avambraccio sinistro, dando così l'impressione che anch'esso sia stato reciso, l'immagine e la sua rappresentazione sono inconfondibili. «Martirio» era un termine indubbiamente potente, che offriva una prospettiva di redenzione e trasformazione attraverso l'imitazione di Cristo e che poteva servire per una vasta gamma di cause diverse. Come spiega Candida Moss:

> Affinché il martire sembri imitare Cristo, deve essere ritratto nella maniera più cristiana possibile. La presentazione del martire deve essere in linea con la presentazione generale di Gesù nei racconti della passione [...] Affinché la presentazione sia efficace, l'autore non può allontanarsi

[39] D. Piroyansky, *Martyrs in the Making. Political Martyrdom in Late Medieval England*, London, Palgrave, 2008, p. 131.

troppo dalla comprensione delle Scritture da parte del suo pubblico, anche se cerca di re-immaginarla e di controllarla[40].

La riproduzione dell'immagine della tradizione cristiana ben riconosciuta è la fonte del suo potere, mentre interpreta e offre allo stesso tempo una lettura diversa. Come aggiunge Moss:

L'imitazione di Cristo negli atti di martirio va oltre la semplice ripetizione. Nel presentare i martiri come imitatori di Cristo, gli atti di martirio costruiscono i propri ritratti di Cristo e degli ideali martirologici. L'immagine di Cristo, intravista attraverso la finestra nuvolosa dei martiri, è controllata, stoica e apatica [...] Interpretato nel contesto di comunità perseguitate che apprezzavano sia la sofferenza che l'autocontrollo, il Gesù stoico era il più attraente[41].

Come il corpo di Cristo che testimonia la sua sofferenza, l'imitazione sottolinea il coraggio di Berta e il suo cammino verso la gloria, rafforzando l'autorità di un martire già possente. Più che esprimere l'inimmaginabile dolore e il trauma per il taglio della mano, lo sguardo di Berta verso il suo assassino è pacifico, quasi un'espressione di appagamento o di sollievo. «Si diceva che al momento della morte i martiri cristiani rimanessero tranquilli ed esprimessero perfino letizia, condizione che i teologi attribuivano al fatto che essi avevano avuto un sentore anticipato del paradiso, o che erano stati toccati dal divino»[42]. Ci sono anche altri esempi fascisti, come Ugo Pepe che, dopo essere stato fucilato, sarebbe morto in ospedale con il sorriso sulle labbra, alla presenza del Duce[43]. La rappresentazione che Buscio fa di Berta richiama anche le immagini di san Sebastiano, come sottolinea Flavia Marcello in riferimento alla statua del santo di Arturo Dazzi nella Casa Madre dei Mutilati a Roma: «la statua del santo guerriero Sebastiano ha significati polivalenti. Per i mutilati era un soldato che incarnava

[40] C.R. Moss, *The Other Christs. Imitating Jesus in Ancient Christian Ideologies of Martyrdom*, Oxford, U.P., 2010, p. 53.

[41] Ivi, pp. 173-4.

[42] L. Riall, *'I martiri nostri son tutti risorti!' Garibaldi, i garibaldini e il culto della morte eroica nel Risorgimento*, in O. Janz, L. Klinkhammer (a cura di), *La morte per la Patria* cit., p. 27.

[43] G. Albanese, *Alle origini del fascismo* cit., pp. 252-3.

la dolcezza del dolore, per i fascisti era un martire»[44]. Le mani mozzate di Berta collegano ulteriormente questa sua immagine con la scultura di Dazzi. La sofferenza era quindi un'imitazione della passione di Cristo, che aveva salvato l'umanità dalla dannazione, e l'associazione di questo racconto biblico riconosciuto con quello di Berta era facilmente realizzabile all'epoca. Discutendo della morte di vari squadristi dell'epoca, Frullini fa riferimento agli strumenti o alle passioni del loro martirio:

> Le monete che noi si riceveva a quell'epoca erano fatte di piombo come quello che si fuse nella mia carne febbrile, erano fatte d'acciaio come quello che servì alla fabbricazione delle roncole di Foiano, eran fatte di pietra come quelle che serviranno per finire Giovanni Berta, eran fatte di fiamma come quella che si alzò nel cielo di Brucianesi avvolgente Luigi Pontecchi[45].

Collegare i martiri fascisti alle sofferenze dei santi e alla morte di Gesù li rendeva quindi intrinsecamente buoni. Come disse Italo Balbo alla folla fascista durante la commemorazione dei caduti ferraresi nel 1925: «nessuno fu mai più vicino a Cristo, trasformatore del mondo nel simbolo della sua fede, di coloro che sono saliti come lui sulla Croce e per la redenzione dei loro simili si sono lasciati crocifiggere. Essi sono i nostri redentori, o camerata»[46]. Considerando l'esortazione di Gesù nel Vangelo di Marco, Moss nota come «la frase 'prendi la tua croce e seguimi' può essere letta come un'istruzione letterale che impiega l'immagine della croce come figura della morte. Per i lettori del primo secolo che avevano familiarità con la narrazione della morte di Gesù, sembra difficile immaginare che l'immagine barbarica della croce non potesse evocare l'immagine della morte brutale di Gesù»[47], oltre alle idee di arresto e persecuzione. A quasi duemila anni di distanza, l'impatto di queste immagini non può dirsi diminuito di molto,

[44] F. Marcello, *Between censure and celebration: the decorative plan of the Casa Madre dei Mutilati in Rome (1926-1939)*, «Modern Italy», 24(2), 2019, p. 185 [179-98].

[45] B. Frullini, *Squadrismo fiorentino* cit., p. 286.

[46] «Corriere Padano», 22 dicembre 1925, citato da R. Suzzi Valli, *Il culto dei martiri fascisti* cit., p. 104.

[47] C.R. Moss, *The Other Christs* cit., p. 30.

mentre le opere artistiche create per commemorare Berta hanno ancora risonanza:

> I riti di morte e rinascita erano profondamente radicati nella cultura tradizionale e millenaria dei contadini, ed erano ancora comuni nell'Italia meridionale fino agli anni Cinquanta [...] La nozione di resurrezione – che segue la sofferenza e la morte – è il principio morale più forte della tradizione cattolica e senza dubbio la sua immagine simbolica più centrale. Come simbolo, non solo significa, ma evoca anche molteplici sentimenti e immagini connotate che si riferiscono a esperienze umane fondamentali: sofferenza, sacrificio, perdita, superamento, sconfitta, vittoria, morte...[48]

La differenza principale è rappresentata dal fascismo e dal ruolo dei suoi promotori di cultura. Mescolando il nuovo culto con la tradizione di quelli più antichi, le immagini e le pratiche devozionali davano un nuovo senso e significato alle tradizioni religiose esistenti, profondamente radicate nella società. Questo ha permesso di evocare un significato più flessibile e aperto che poteva essere letto anche in base al credo politico, coinvolgendo così potenzialmente entrambi i pubblici. Come affermava la pubblicazione del 1932 *L'arte e il Duce*: «il culto delle immagini è familiare alla nostra gente, ed è quindi naturale che le interpretazioni plastiche di fatti e avvenimenti decisive per la vita del paese, siano numerose in tutte le contrade d'Italia»[49]. Soprattutto, il riferimento a Gesù indicava come la nobiltà, l'amore, la resistenza, il coraggio, lo stoicismo, la devozione, la fedeltà al leader oppure alla causa fossero fondamentali.

Sebbene in superficie questo possa sembrare un ulteriore sostegno all'argomentazione di Gentile sul tentativo del fascismo di creare una religione politica, può anche essere visto come un'associazione del regime con la Chiesa piuttosto che una sua presa di posizione in contrasto con essa. Soffrire come Gesù era una componente essenziale dell'identità cristiana che gli italiani cattolici avrebbero facilmente compreso:

[48] R. Forlenza, B. Thomassen, *Italian Modernities. Competing Narratives of Nationhood*, New York, Palgrave, 2016, p. 7.

[49] F. Sapori, *L'arte e il Duce*, Milano, Mondadori, 1932, p. 112.

Il Salvatore sofferente forniva un modello di resistenza di fronte all'ostilità e all'aggressione percepite [...] La preponderanza di questo tema nella letteratura della Chiesa primitiva ha creato un ambiente in cui la sofferenza, la persecuzione e la morte di un individuo erano intese cristologicamente, in termini di sofferenze del Salvatore[50].

Presentare Giovanni Berta nell'immagine di Cristo era chiaramente intenzionale e indicativo dell'identità altamente malleabile del «martire», che consentiva di presentarlo a un'ampia varietà di pubblico in modi diversi. Inoltre, offriva una ricchezza di possibilità retoricamente potenti e interpretativamente utili che potevano essere manipolate da chi controllava la memoria, l'eredità e i culti dei martiri fascisti, come era accaduto con i santi biblici. Anche nel mondo antico precristiano, l'imitazione era stata utilizzata per mostrare e incoraggiare gli individui ad adottare determinati comportamenti attraverso le azioni e l'ispirazione di modelli etici significativi e facilmente riconoscibili. La rappresentazione di Giovanni Berta come Cristo, tuttavia, non minacciava o metteva in discussione la gerarchia in cui Gesù era superiore.

Presentata in questo modo, la «crocifissione» di Berta da parte dei socialisti demoniaci può essere letta come un attacco non solo al fascismo ma all'intera comunità cristiana italiana, fondendo così il corpo mutilato dell'eroico «fascista» con quello di Cristo, della nazione e della Chiesa. Il suo corpo sacrificato, insignito di una qualità sacra, ha il potere di riunire e rigenerare la nazione, riscattando così i peccati del socialismo e portando sulla terra il dio del regno del fascismo, Mussolini. Superando l'immagine più diretta e consueta del martire fascista denigrato dal suo nemico, rendeva gli assalitori di Berta più che semplici assassini politici; ora, infatti, stavano attaccando la nazione e la sua fede, il che giustificava ulteriormente l'energica reazione fascista.

La madre

Santificando Berta e demonizzando ulteriormente i colpevoli come nemici della nazione e della sua fede, l'affresco di Buscio si

[50] C.R. Moss, *The Other Christs* cit., p. 44.

collegava anche alla ripetizione della presunta invocazione di Berta alla madre mentre precipitava verso la morte. Sebbene l'artista non lo esprima in modo così inequivocabile come nella cartolina di Vittorio Pisani, la mimesi di Berta come Cristo sacrificato rimanda naturalmente al dolore della Vergine Maria, la *mater dolorosa*, e quindi di tutte le madri italiane i cui figli erano morti per la rivoluzione. Nazionalizzando l'atto, esso si trasformava in un gesto non più solo contro di lui e il fascismo, ma anche contro la patria e la figura femminile dell'Italia. Inoltre, si poneva la Vergine Maria come esempio da seguire per le madri fasciste: forte e stoica, capace di sopportare il dolore più acuto di fronte alla perdita più terribile. Soffrendo e sopportando in nome della patria, il sostegno e il coraggio della madre fascista erano essenziali perché il figlio attivista potesse rischiare la vita senza sensi di colpa. Mettendo in guardia dalla politicizzazione della pietà durante il dibattito parlamentare sui «fatti di Firenze», l'intervento del deputato del PSI Ferdinando Targetti mostrò come il richiamo di Berta alla madre avesse superato la frattura politica: «Io dirò che nessuno di noi può forse ricordare senza un tremore di pianto l'episodio [...] di quel giovane creduto, non so se a torto o a ragione, fascista, che trova la morte nei gorghi dell'Arno [...] invocando il nome sacrosanto della mamma».

Nello stesso dibattito l'ex deputato repubblicano e futuro aderente al PNF Gino Meschiari sosteneva la necessità che la collettività italiana si unisse per riportare la madrepatria agli antichi fasti: «la ricostruzione di questa grande madre comune sia anche per voi lo spasimo non confessato dell'anima; perché non si tradisce o non si tenta di tradire impunemente la madre»[51]. Questi commenti riflettono l'indicazione di Alberto Mario Banti secondo cui le nazioni sono state comunemente rappresentate o come una madre che incita i figli a combattere per loro, o come una bella donna bisognosa di protezione dall'aggressione straniera e, allo stesso tempo, oggetto del desiderio dello sguardo maschile dell'eroe patriottico[52].

[51] Camera dei Deputati, Atti Parlamentari, Leg. XXV, 1ª Sessione, Discussioni, Tornata di martedì 8 marzo 1921, Roma, Tipografia del Senato, 1922, pp. 8491-3.

[52] A.M. Banti, *L'onore della nazione. Identità sessuali e violenza nel naziona-*

L'Italia fascista era intrinsecamente sessista e l'eroismo maschile la controparte della nazione femminile. Nonostante la promozione di messaggi contraddittori e confusi di modernità e tradizione nei confronti delle donne, Daniela Rossini sostiene che la retorica del regime influenzò le donne italiane al punto da indurle ad accettare il suo nazionalismo[53]. Responsabili del mantenimento della continuità della nazione, le donne potevano essere eroiche solo se si conformavano all'immagine di "madri della nazione", uno status glorificante che giustificava il controllo del loro ruolo sociale. Per quanto riguarda la memoria di Giovanni Berta, questo obiettivo è stato raggiunto attraverso i ripetuti riferimenti al suo ultimo grido alla madre, che era molto più di un semplice dettaglio inserito per suscitare commozione.

E Giovanni Berta passò nel martirologio del Fascismo con una suprema invocazione sulle labbra, che era la sintesi della profonda umanità di una dottrina che aveva per base l'indistruttibilità della famiglia e dei focolari.

"Mamma, mamma mia!"[54]

Come il tentativo di reindirizzare il dolore di migliaia di madri italiane che avevano perso i loro figli nella prima guerra mondiale in un lutto nazionale incentrato sulla tomba del Milite ignoto, così il grido di Giovanni alla madre, ampiamente riportato, ripetuto ma mai comprovato, era rivolto alle donne della nazione. Come scrisse Athos Poli nella sua pubblicazione del 1933 *'Mamma Non Piangere...'*, il cui titolo, spiegava, era tratto da una canzone degli arditi della prima guerra mondiale:

povera Mamma che raccogliesti il figlio assassinato, la tua sofferenza e quella delle altre madri che subirono la stessa sorte atroce è ben compre-

lismo europeo dal XVIII secolo alla Grande Guerra, Torino, Einaudi, 2005; Id., *Sublime madre nostra. La nazione italiana dal Risorgimento al fascismo*, Roma-Bari, Laterza, 2011.

[53] D. Rossini, *Feminism and Nationalism: The National Council of Italian Women, the World War, and the Rise of Fascism, 1911-1922*, «Journal of Women's History», 26(3), 2014, pp. 36-58.

[54] *Il suo sacrificio* cit., p. 3.

sa da chi ha vissuto vicino ai vostri figli, e con loro e da loro si è ispirato nella lotta impegnata per una vittoria completa[55].

Indirizzare e dare un senso al loro dolore era inteso come un mezzo per invocare e mobilitare il sostegno delle madri dei martiri fascisti. Un esempio diverso di come ciò funzionò fu quello di Emma Gherardi, morta il 21 agosto 1921 a Castiglione de' Pepoli. Avendo apparentemente rischiato la vita per salvare i figli, la morte di Gherardi fu presentata come un martirio dalla poetessa Ada Negri[56]. Inoltre, mentre l'ultimo grido di Berta alla madre lo associava alla crocifissione di Cristo, il resoconto di Negri delle ultime parole di Gherardi conteneva un riferimento biblico facilmente riconoscibile da tutti: «Morì mormorando parole di perdono pe' suoi nemici»[57]. Facendo riferimento alla preghiera finale di Gesù al padre celeste di perdonare i suoi nemici perché non sanno quello che fanno, le parole di Gherardi riflettevano anche come questa parte culminante e più memorabile dell'atto non riguardasse tanto «la morte del capro espiatorio, ma l'esperienza di sacro stupore quando le vittime – al momento dell'approssimarsi morte – di solito perdonano i loro aguzzini»[58].

Se le circostanze erano ormai diverse da quelle della prima guerra mondiale, il messaggio per le madri fasciste era lo stesso: siate forti, il loro sacrificio non è stato vano. Negri ha ribadito il concetto commentando l'amore per Mussolini delle madri dei martiri fascisti.

Le madri lo sanno bene che la devono a lui la rivendicazione del martirio dei loro ragazzi. Il sangue sparso, egli se l'è preso dentro di sé: il dolore, l'ha adoperato quale semenza: le acerbe giovinezze abbattute le ha fatto rivivere, insieme con quelle dei morti in guerra [...] Ma le madri

[55] A. Poli, *'Mamma non piangere...'*, Roma, Edizioni Impero, 1933, pp. 71-2.

[56] Il portale del comune di Bologna "Storia e memoria di Bologna" descrive la morte di Gherardi come conseguenza di una furiosa lite nel corso della quale si fece ricorso alle armi e la donna fu colpita accidentalmente: https://www.storiaememoriadibologna.it/il-ventennio-1919-43/persone/caduti-la-rivoluzione-fascista.

[57] A. Negri, *Madri dei martiri* cit., p. 3.

[58] R. Forlenza, *Sacrificial Memory and Political Legitimacy in Postwar Italy* cit., p. 80.

se le ripetono la notte e il giorno, per trovare la forza di andare innanzi; e di sperare che, ormai, le mamme venute dopo di esse non avranno più da piangere[59].

Mabel Berezin ha suggerito che questo senso di finalità era specificamente legato al ruolo delle donne come madri piuttosto che come mogli: «una legge stabiliva che una vedova poteva indossare la medaglia del marito solo se non c'era una madre vivente che la portasse. La motivazione addotta era che le madri sono fedeli e le mogli no»[60]. Negri fece un ragionamento simile durante la sua visita alla Mostra della Rivoluzione Fascista, nel 1932. Accompagnando la madre del sindacalista, amico di Mussolini e caduto della prima guerra mondiale Filippo Corridoni, rifletteva: «la vedova può, col tempo, passare ad altro legame, ad altre nozze. La sorella, entrare in una nuova famiglia e prendere un altro nome. La madre, no. Resta fedele al suo nato, e più non lo abbandona»[61].

Nella sua analisi degli scritti squadristi Cristina Baldassini individua anche come «un'attenzione particolare è tuttavia riservata alle madri, in pena per i figli e descritte in pianti silenziosi tali da suscitare, nei figli stessi, un sentimento di vergogna e dispiacere»[62]. Scrivendo nel 1934, Gravelli ha ripreso questo punto:

E tu avanti, avanti, verso la povera sede del tuo Fascio ove i pochi compagni attendevano, o verso la tua casa, verso tua madre che ti attendeva trepidante ed eroica, verso tua madre che solo capiva il tuo sentimento ed il tuo fato e solo con gli occhi ti incitava e piangeva poi, quando tu non c'eri, piangeva di timore e d'orgoglio per te, camicia nera, sua creatura che essa offriva, così, perché era necessario, alla fede grande, più grande, che ti portava via a lei, che le rapiva il tuo amore.

Oh, eroismo delle madri, benedetto e non mai ricompensato![63]

La raccolta di canzoni di Gravelli comprende una serie di esempi che affrontano direttamente il rapporto conflittuale tra gli squadristi impegnati e le loro madri:

[59] A. Negri, *Madri dei martiri* cit., p. 3.
[60] M. Berezin, *Making the Fascist Self* cit., p. 210.
[61] A. Negri, *Madri dei martiri* cit., p. 3.
[62] C. Baldassini, *Fascismo e memoria* cit., p. 497.
[63] A. Gravelli, *I canti della Rivoluzione* cit., p. 14.

Mamma non piangere se vo in spedizione
tuo figlio è forte, paura non ha
con le sue fiamme color di morte
trema il bolscevico quando gli è vicin.

E in un'altra:

Addio o madre, addio
mi chiamano i compagni per partir
ti lascio il cuor mio
e s'io morrò tu non dovrai soffrir.
  Camicia nera è la divisa
  che mi riveste l'anima e il cor
  del sacrificio la dolce assisa
  il premio bello al mio valor!

Questi erano i soldati della nuova riscossa. E quanti di essi più non tornavano, e l'addio alla madre era veramente addio![64]

Mentre le canzoni squadriste erano spesso retoriche e romanzate, la dedica del diario di Mario Piazzesi indicava il peso che sembrava aver sopportato: «al pianto silenzioso di mia madre di quando mi sapeva sul camion della spedizione»[65]. Come sostiene Mario Toscano nella sua introduzione, si trattava di qualcosa di più del solito amore di un figlio verso la madre. Essi sentivano il bisogno di esprimere il richiamo di ideali più grandi che li muovevano e a cui erano sottomessi gli affetti domestici, giustificando così e forse alleviando la sofferenza che le loro madri potevano essere costrette a sopportare[66]. Rientrando a casa da un'incursione nella roccaforte socialista di Grosseto (26 giugno-3 luglio 1921), durante la quale fu «martirizzato» Rino Daus, Piazzesi annotava ancora una volta:

Ho trovato mia madre a letto sofferente: ma non è influenza come quasi con pudore lei sostiene, è l'ansia che l'ha divorata. E mi ha accolto col suo sguardo indulgente e con un «Oh!... sei tornato» che sospirato con un filo di voce, mi ha fatto più male di mille rimproveri [...]

[64] Ivi, pp. 142; 185.
[65] M. Piazzesi, *Diario di uno squadrista toscano* cit., p. 45.
[66] Ivi, p. 28.

E forse per la prima volta ho avuta la sensazione di quanto sia feroce l'egoismo di un figlio [...]

Così ho promesso solennemente, che era stata l'ultima spedizione alla quale avevo partecipato e che avrei dato le dimissioni dal Fascio, dalla squadra, e me ne sarei andato via subito, al mare.

Piazzesi partecipò ad altri raid, ma con gli stessi sentimenti ancora ben presenti nella sua mente. Come annota il 29 luglio 1921: «Una sola cosa ora mi tormenta realmente, è il pensiero del nuovo dolore che ho dato a mia madre, alle nuove angosce che le farò patire»[67].

Descrivendo l'attacco agli squadristi a Foiano della Chiana, nell'aprile del 1921, Frullini fa un ragionamento analogo: «Io rabbrividii [...] rividi camerati caduti, pieno il corpo di colpi di roncola, che nello strazio dell'agonia invocavano aiuto alla Mamma, mentre i caraibi chini su loro, li colpivano, li mutilavano»[68]. Pavolini sottolinea ulteriormente l'importanza delle donne nella vita degli squadristi nella sua introduzione al libro di memorie di Frullini: «quando mescola al racconto i suoi affetti familiari, ci suggerisce l'importanza che ebbero le mamme e le fidanzate, in pena sulle soglie, durante quei nostri pomeriggi d'avventura paesana e di guerriglia casalinga»[69]. Stabilendo come le donne debbano soffrire per il coraggio dei loro uomini e contribuire concretamente alle loro attività, sviluppò il punto nel «Bargello», nel 1934: «ognuno inventava i suoi simboli truci e beffardi, e le mamme ce li ricamavano sulle camicie asciugandosi gli occhi col lavoro finito»[70]. Come nel caso di Piazzesi, per quanto forte potesse essere il senso di vergogna degli squadristi, esso non li dissuadeva comunque dal partecipare ad azioni violente.

Nel caso di Berta, il rapporto con la madre si affermò nel momento del suo supposto martirio. Quindi, ancor prima che il fascismo salisse al potere, la sua politica di genere era già chiara. Sebbene le donne non avrebbero occupato ruoli chiave all'interno del movimento e del partito, sarebbero state importanti promotrici di mobilitazione:

[67] Ivi, pp. 183-8.
[68] B. Frullini, *Squadrismo fiorentino* cit., pp. 210-1.
[69] Ivi, p. XI.
[70] A. Pavolini, *Le bare alleggerite*, «Il Bargello», 27 ottobre 1934, p. 3.

Voi avete o donne una missione. Offrire l'amore e la carità. Foste concepite per questo e non potete tradire la vostra missione in quanto essa è la più bella del mondo.

Ritorni donna la donna e possa l'uomo inoperoso riprendere le sue arti nell'edificio che si chiama umanità.

Ma sono giorni questi di devozione e nei cimiteri fioriti i vostri morti vi ridaranno la luce della vostra missione[71].

Il punto di vista di Renato Bini fa eco a quello espresso dalla «Riscossa», un mese prima della morte di Berta:

Raccogliamo il grido di dolore che ci giunge delle nostre vittime, scolpiamoci nella nostra mente, lo spettacolo desolante delle madri straziate, nel più puro e santo degli affetti, e sulle salme ancor calde dei nostri fratelli giuriamo di continuare nella lotta incessante per la vittoria dei liberi [...]

Quando per una idea si combatte e si muore, la morte non allontana dalle file i suoi soldati, ma li avvince maggiormente alla causa![72]

Il rapporto tra Berta e sua madre rifletteva quello degli squadristi in generale con le loro madri, e faceva quindi parte di una campagna propagandistica volta non solo a demonizzare il nemico, ma anche a sfruttare il genere come strumento di propaganda e mobilitazione. Anche Alessandro Portelli, nella sua considerazione sulla strage delle Fosse Ardeatine del 1944, osserva la differenziazione di genere del lutto in azione: «le madri e le mogli escono di casa con i compiti che la morte assegna loro; i padri si chiudono, letteralmente o metaforicamente, dentro casa. Il lutto maschile non ha altre forme che il silenzio o il furore, non ha altra espressione che la vendetta»[73]. Avrebbe potuto facilmente scrivere delle aspettative fasciste di una ventina d'anni prima, in cui ci si attendeva che le donne fossero stoiche mentre i loro uomini si vendicavano. Per esprimere questa differenziazione di genere del lutto, il rapporto di Berta con la madre e il senso di responsabilità

[71] R. Bini, *Alle donne*, «La Riscossa», 1° novembre 1921, p. 2.

[72] *La delinquenza del pussismo italiano non arresterà la marea travolgente del fascismo!* cit., p. 1.

[73] A. Portelli, *The Order Has Been Carried Out* cit., p. 206 (trad. it. cit., p. 223).

nei suoi confronti sono stati cruciali. Rafforzando l'interpretazione fascista delle questioni di genere, essi furono inseriti nella narrazione fin dalla prima parte della sua vita. Ad esempio, quando, nel 1919, decise di lasciare la marina:

> La mamma vuole che il diletto figlio torni alla sua casa e si tenga lontano, d'ora innanzi, da qualsiasi pericolo; e implora, supplica, adopra le espressioni più tenere della sua maternità. Il padre non insiste; ma in cuor suo prega che Giovanni torni a prendere il suo posto all'officina [...]
> Il ritorno in famiglia avviene il 17 aprile 1919, pochi giorni dopo che Benito Mussolini ha lanciato da Milano il suo fatidico «A noi!»[74].

Era quindi particolarmente insolito che un resoconto sulla morte di Berta non prendesse in considerazione la madre. Per commemorare la sua morte, nel 1925 «Battaglie Fasciste» pubblicò una serie di articoli. Nel primo, dopo aver affermato che fu il suo «richiamo» a riportare Giovanni Berta a casa dopo gli anni trascorsi in marina, si sofferma nuovamente sulle sue ultime parole:

> Ma il ponte tetro grida ancora al passante l'ultima tua parola: Mamma. È la parola d'amore che imparammo fanciulli e che balbettammo la prima: essa ricorda il tuo sacrificio, essa inchioda alla gogna perpetuamente coloro che sono sfuggiti alla giustizia degli uomini[75].

Il romanzo per ragazzi di Ambrosi esprimeva esattamente lo stesso concetto, con un dettaglio ancora più retorico:

> Solo una cosa ha il magico potere d'intenerire quel cuore di ferro, di far sbiancare quel volto abbronzato dall'aria marina, e di mettere un velo di dolci lagrime in quegli occhi d'aquila che cento volte fissarono imperterriti la morte: il ricordo della madre. Oh! La mamma [...] Che oasi di dolcezza, che poema di amore, e di ricordi, in mezzo alle fiere vicende della vita militare! Mamma [...] È la parola che placca ogni cruccio, che lenisce ogni dolore...[76]

[74] AA.VV., *L'Olocausto di Firenze* cit., p. 40.
[75] *Anniversario di dolore e di gloria* cit., p. 1.
[76] E. Ambrosi, *Squadrismo eroico* cit., pp. 36-7.

Naturalmente ricettivi a questa venerazione della figura materna, i bambini delle scuole vennero coinvolti nel processo. Nel suo elaborato, premiato al concorso di scrittura del Gruppo Rionale «Giovanni Berta» del 1934, Michelino De Rosa, nove anni, fa riferimento per due volte alle ultime parole di Berta, richiamando l'attenzione sulla barbarie e la disumanità delle donne che, a suo dire, erano coinvolte nella sua morte:

> Giovanni Berta, per l'idea fascista, patì sul ponte sospeso gli insulti della gentaccia comunista, patì le bastonate ed infine fu gettato nel fiume. Il povero Giovannino, tutto pesto e sanguinante, si era aggrappato alla spalletta del ponte e gridava: Mamma! mamma! mamma!
> Avrebbe mosso a compassione anche i leoni e le tigri, perché anche le più feroci belve hanno i santi sentimenti materni, ma non li ebbe quella schiuma di canaglia, che pure aveva a casa i suoi figliuoli.

Nella sezione per gli studenti delle scuole medie, il racconto dettagliato di Nella Scapezzi sulla morte di Berta conferma ulteriormente il punto:

> si aggrappò disperatamente al parapetto del ponte ormai famoso, invocò a gran voce la mamma, ma la turba dei delinquenti bolscevichi non ebbe pietà né compassione alcuna. Nessuna delle mamme, che pure assistettero all'osceno spettacolo, ebbe un fremito di ribellione a tanta inumana ferocia [...] Aggrappato convulsamente all'ultima traversa del ponte con le mani sanguinanti [...] il giovane martire esausto di forze invocava ancora il nome della mamma. Al suo grido, al suo lamento risposero ancora più tremende le belve umane[77].

Tali enfasi sottolineano l'aspettativa che la madre di uno squadrista sopporti stoicamente il peso e i rischi della fede del figlio, dando così anche il suo contributo alla «rivoluzione» e oltre. In questo modo, «attraverso la storia di una madre vissuta vedendo partire i suoi figli, lo squadrismo rivendicava lo spirito eroico e generoso della vigilia, pronto a riemergere nelle successive guerre di Mussolini»[78]. Così, l'immagine della madre che sostiene lo strazio

[77] Gruppo Rionale Fascista «Giovanni Berta» di Firenze, *Giovanni Berta* cit., pp. 49-51.
[78] C. Baldassini, *Autobiografia del primo fascismo* cit., p. 189.

materno di un figlio perduto si sposta da un'espressione di dolore e di lutto a una non necessariamente di celebrazione, ma certamente di orgoglio per il gesto eroico. Tollerando e subendo questo sacrificio in nome della patria, ella diventava un esempio virtuoso. La morte era, infatti, parte della loro missione, come spiega Banti:

> Il vivere e il morire sono l'alfa e l'omega dell'insegnamento della Madre-patria, perché la sua stessa struttura biopolitica ne impone la centralità. E se il ruolo riproduttivo delle madri è essenziale, non meno cruciale è la loro partecipazione alla mistica del sacrificio[79].

Il punto viene ribadito nella mostra del Gruppo Rionale «Giovanni Berta» dedicata al giovane, nel 1934. In una nicchia in fondo alla prima sala dedicata alla vita e al martirio di Berta, immerso in una luce rossa sullo sfondo blu acceso «come il cielo ove l'Eroe è santificato del martirio», c'era la sezione del parapetto del ponte «sacro». Non aveva bisogno di presentazioni. «Sul ponte, ad intermittenza, si infiammano delle parole, che al visitatore suggestionato danno l'impressione dell'ultimo grido del Martire [...] 'Mamma! Mamma!'»[80].

Come «primo», più importante e conosciuto martire, l'ultimo grido di Giovanni Berta servì a drammatizzare la sua morte e a renderla più scioccante, a disumanizzare i suoi aggressori e a mobilitare donne e madri per la causa. Come ha osservato ancora una volta Ada Negri, raggiungendo la sala finale della Mostra della Rivoluzione e il Sacrario dedicato ai caduti:

> l'aria è piena di spiriti. Morti della Guerra, morti del Fascismo, in questo luogo sono vivi per sempre. Le madri che vi approdano possono ritrovarli, e, nella loro pace, rasserenarsi. Il tacito e vorticoso ritmo di continuità del tempo [...] dà loro la certezza consolatrice che il martirio per la propria fede non è se non assunzione a una forma superiore di vita[81].

Sebbene le squadriste fossero pochissime e le donne avessero in generale un profilo molto basso nel movimento e nel partito, erano

[79] A.M. Banti, *Sublime madre nostra* cit., p. 186.
[80] R. Bacci, *La Mostra dei Cimeli di Giovanni Berta* cit., p. 272.
[81] A. Negri, *Madri dei martiri* cit., p. 3.

comunque riconosciute in ruoli, seppur altamente stereotipati, di madri, badanti, protettrici e stoiche sofferenti. «Il fascismo esaltava una virilità esagerata, definita come valori militari e soldateschi, che contrapponeva a una visione delle donne come 'angeli del focolare', dedite a generare grandi nidiate di figli come future truppe per le avventure militari del regime»[82]. Sostenitore della modernità, secondo la sua stessa propaganda, nel tentativo di reimporre l'autorità tradizionale, il fascismo cercò di nazionalizzare le donne italiane. «Il regime di Mussolini si proponeva di riportare le donne alla casa e al focolare, di ripristinare l'autorità patriarcale e di confinare il destino femminile alla procreazione»[83]. In quanto madri, il loro ruolo era abbastanza importante da giustificare un'azione di mobilitazione e di conquista del loro consenso o almeno di una benevola neutralità, essenziale perché i loro figli e mariti continuassero a rischiare e a dare la vita per la rivoluzione.

La Mostra della Rivoluzione Fascista

Molti morirono infatti e, come osservava Ada Negri, furono venerati alla Mostra della Rivoluzione Fascista:

> s'arriva alla soglia del Sacrario dei Martiri. La sinfonia eroica viene a concludersi qui, in un accordo finale un'eco di paradiso.
>
> È un salone in forma di circolo, che dà il senso dell'assoluto. Sei gironi fascianti l'unica parete ad anello, ripetono senza interruzione di spazio la risposta «Presente» alla domanda che non si ode[84].

La mostra fu inaugurata nel Palazzo dei Congressi di via Nazionale, a Roma, il 28 ottobre 1932. Celebrando i primi dieci anni di governo del regime, il suo scopo era quello di glorificare la «rivoluzione fascista» e il suo duce. Visitata da quasi 4 milioni di persone durante i suoi due anni di vita, la mostra venne intensamente

[82] P. Willson, *Women in Twentieth-Century Italy*, Basingstoke, Palgrave, 2010, pp. 59-60.

[83] V. De Grazia, *How Fascism Ruled Women. Italy 1922-1945*, Berkeley, California U.P., 1991, p. 1.

[84] A. Negri, *Madri dei martiri* cit., p. 3.

pubblicizzata dal partito e varie istituzioni quali l'Opera Nazionale Dopolavoro e l'Opera Nazionale Balilla organizzarono viaggi da tutto il Paese, che andavano a integrare il significativo numero di visitatori individuali. Se l'enorme numero di visitatori suggerisce un interesse e un entusiasmo particolari, ciò va considerato anche nel contesto delle varie iniziative ed eventi che il partito organizzò nella capitale in quell'anno, che resero ancora più attraente un viaggio sovvenzionato. Il 1934 era anche la fine dell'Anno Santo straordinario e, se da un lato questo può aver contribuito ad accrescere l'aura di sacralità intorno alla mostra, dall'altro ci si deve chiedere se l'opportunità sovvenzionata di visitare Roma riguardasse tanto la fede cattolica quanto quella fascista. A prescindere dalle motivazioni, il risultato fu la partecipazione di un gran numero di italiani alla mostra.

Molti dei migliori artisti italiani furono cooptati nella sua pianificazione e realizzazione, come Mario Sironi, Enrico Prampolini e Achille Funi, e gli architetti Giuseppe Terragni e Adalberto Libera. Celebrando il dinamismo e la modernità del fascismo, la facciata umbertina dell'edificio era completamente nascosta all'interno di un enorme cubo e adornata da quattro fasci littori di zinco lucido alti 25 metri, i primi di una serie di simboli che rappresentavano il regime che i visitatori si trovavano davanti:

> La scalinata d'ingresso, sovrastata da un arcone metallico, sembrava l'entrata di una chiesa. La metafora sacrale era ribadita subito dopo l'entrata [...] dalla formula del giuramento fascista che si scopriva alla vista del visitatore, risaltando dal fondo luminoso di un targone, man mano che egli ascendeva per la scalinata[85].

I visitatori venivano guidati attraverso le diciannove sale della mostra, organizzata cronologicamente e per temi. Passando dalla campagna per l'ingresso nella prima guerra mondiale del 1914 alla Marcia su Roma del 1922, i visitatori si trovavano di fronte a dipinti, murales, sculture, cimeli e documenti che ricostruivano eventi e persone. Secondo la guida della mostra: «l'idea fondamentale che ha guidato gli artisti nel progettare [...] la sala [N - 1921]

[85] E. Gentile, *Il culto del littorio* cit., p. 194.

è stata quella di far risaltare i momenti più significativi e salienti dell'anno, sempre seguendo un ordine cronologico»[86]. Questa sala era divisa orizzontalmente, con la parte superiore più grande che conteneva immagini, documenti e simboli dei momenti più tragici, emozionanti e prominenti dell'anno. Nella parte inferiore, più piccola, il posto d'onore in ogni vetrina era dedicato ai «Caduti per la causa fascista». Il gennaio 1921 richiamava l'attenzione sulla morte del tenente Umberto Baccolini, che si era dimesso dall'esercito per prendere il posto del fratello morto nelle squadre fasciste, e su quella dello studente Mario Ruini, assassinato mentre partecipava ai funerali di due camerati uccisi. Febbraio è naturalmente dedicato a Giovanni Berta, e vale la pena citare la descrizione della guida:

> Un colossale cimelio, il pezzo di ponte del quale il martire venne precipitato in Arno, è stato posto in una rientranza della parete, sorretto da due pilastri in mattoni, dietro un grande cristallo. Il vano che lo accoglie è di tinta azzurra e porta una grande scritta: «Il ponte di Berta» e una fiamma pur essa azzurra, simbolo perenne del sacrificio del giovane Caduto. Si è così inteso di esaltare più il sacrificio di quella giovinezza che di far risaltare la ferocia che così tragicamente la stroncava. Sui cristalli che circondano il ponte è affissa una lettera di un Cittadino fiorentino che denunzia a Dino Perrone Compagni una ignobile canzone cantata dai bimbi socialisti di Rifredi sull'assassinio di Berta. La lettera è così opportunamente commentata: «Bastonare i genitori!»[87].

Commentando la sezione dedicata a Berta, Ada Negri sottolineava la disumanità dei suoi aggressori prima di considerare ancora l'impatto sulle madri dei martiri, tra cui quella di Berta:

> Dietro ciascun ritratto di martire si nasconde l'ombra della povera donna che lo mise al mondo e se lo tirò su con tanto amore e tanta pena. Me le madri non possono nulla quando i figli vogliono e debbono andare[88].

Di fronte al parapetto da cui Giovanni Berta si presume fosse rimasto sospeso, il piccolo Michelino De Rosa scoppia in lacrime. Come raccontava nel suo premiato saggio scolastico:

[86] D. Alfieri, L. Freddi (a cura di), *Mostra della Rivoluzione Fascista. Guida storica*, Roma, Nuovo Candido, 1933, p. 163.
[87] Ivi, p. 165.
[88] A. Negri, *Madri dei martiri* cit., p. 3.

Quello che maggiormente mi colpì fu il pezzo di spalletta del ponte sospeso. Ci fermammo in raccoglimento e due lagrime mi scesero per il viso, perché mi pareva di vedere sempre aggrappate alla spalletta due mani insanguinate e di sentire una voce disperata gridare: – Mamma! mamma! mamma![89].

La sala N del 1921 riguardava anche la strage di Empoli dove erano morti tre carabinieri e sei marinai, la strage del Diana a Milano che provocò 21 morti, la strage di otto fascisti a Modena e gli eventi di Sarzana. L'elenco ufficiale dei caduti presentati alla mostra riportava le date e i luoghi di nascita e le date e i luoghi in cui erano stati uccisi oppure gravemente feriti, ovvero i momenti del loro sacrificio. Lungo 47 pagine, con una media di 18 nomi per pagina arrivava a contare 850 caduti[90]. Su richiesta del direttore della mostra Antonio Pinca, nel 1942 furono rettificati alcuni errori e anomalie nelle date e nei luoghi di morte[91].

La documentazione della Mostra della Rivoluzione Fascista include anche elenchi dettagliati delle pensioni assegnate ai familiari sopravvissuti e più direttamente ai sopravvissuti feriti degli attacchi antifascisti. Un esempio di nuove forme di assistenza statale emesse per aiutare le centinaia di migliaia di vittime dopo la prima guerra mondiale, i beneficiari della pensione includevano quelli mutilati e feriti durante i conflitti e le loro mogli, i bambini e le famiglie. Modificata nel 1923, «la pensione fu presentata come un'indennità elargita dallo Stato per ovviare alla morte o alla menomazione dei servitori della nazione»[92]. Uno dei primi interventi del regime fascista, queste pensioni riflettevano l'immagine di Mussolini come un «padre» premuroso della nazione, e la sua «cura» naturalmente si estendeva, oltre ai caduti e feriti in guerra, anche ai caduti e mutilati per la causa della rivoluzione fascista. Per ricollegarsi ulteriormente con la

[89] Gruppo Rionale Fascista «Giovanni Berta» di Firenze, *Giovanni Berta* cit., p. 49.

[90] ACS, Archivi degli Organi e delle Istituzioni del Regime Fascista (1862-1944), MRF [Mostra della Rivoluzione Fascista], b. 13, fasc. 103, s.fasc. 1, 'Elenco dei Caduti'.

[91] Ivi, Lettera dal Direttore della Mostra della Rivoluzione A. Pinca al Segretario Federale Dr. Pino Stampini, 11 febbraio 1942.

[92] M. Salvante, *La paternità nell'Italia fascista* cit., p. 77.

prima guerra mondiale, il suo mito di fondazione, il fascismo aveva sfumato la distinzione tra i due eventi, in quella che Marina Salvante definisce come «una precisa strategia: l'equiparazione istituzionalizzata tra i caduti della prima guerra mondiale e i morti fascisti del dopoguerra»[93]. I parchi della memoria e gli alberi votivi dedicati ai caduti ne sono l'esempio, mentre la legge n. 2275, ratificata il 24 dicembre 1925, estendeva le pensioni di guerra ai fascisti caduti e feriti della «prima ora». Ai sensi dell'articolo 1 della legge:

> la concessione delle pensioni e degli assegni privilegiati di guerra sono interamente estese ai cittadini i quali dal 23 luglio 1919 al 31 ottobre 1922 in occasione dei tumulti, di disordini, di conflitti, di aggressioni, agendo immediatamente o mediatamente per fine nazionale, abbiano riportato un danno nel corpo o nella salute da cui sia derivata perdita o menomazione della capacità lavorativa ed alle loro famiglie quando ne sia derivata la morte[94].

Tra i beneficiari vi fu Ugo Gucci (n. 1899) che, il 27 febbraio 1921 a Firenze, «mentre partecipava ad un corteo patriottico [piazza degli Antinori] fu ferito da un colpo d'arma di fuoco esploso da sovversivi. Concesso assegno rinnovabile di settima categoria». Felice Manci, 14 anni (n. 1907), anche lui a Firenze quel giorno, «fu ferito da una scheggia di bomba lanciata da sovversivi contro un corteo patriottico al quale partecipava. Concesso assegno rinnovabile di ottava categoria»[95].

Degni di nota anche i dati relativi al numero dei caduti. In termini di morti, spiccano i numeri durante le violenze del 1921-22: 1919 (2); 1920 (18); 1921 (179); 1922 (139); 1923 (5); 1924 (-); 1925 (1); 1926 (1); 1927 (3). Altrettanto interessanti sono date di nascita che indicano un picco tra quelli abbastanza grandi da aver servito nella prima guerra mondiale:

[93] Ivi, p. 82.

[94] Senato del Regno, Atti Parlamentari, Leg. XXVII, Sessione 1924-1929, vol. V, n. 307, Roma, Tipografia del Senato, 1929, p. 2.

[95] ACS, Archivi degli Organi e delle Istituzioni del Regime Fascista (1862-1944), MRF, b. 13, fasc. 103, s.fasc. 2, Allegato 1 'Elenco Caduti e Invalidi Fascisti', p. 57.

1847	1	1877	4	1893	8
1852	1	1878	4	1894	13
1854	1	1879	1	1895	15
1859	1	1880	3	1896	14
1860	1	1881	1	1897	20
1861	3	1882	5	1898	24
1866	2	1883	1	1899	24
1867	1	1884	1	1900	22
1868	1	1885	4	1901	22
1869	1	1886	6	1902	18
1871	1	1887	2	1903	34
1872	1	1888	6	1904	27
1873	2	1889	6	1905	12
1874	2	1890	9	1906	3
1875	2	1891	4	1907	1
1876	3	1892	7	1909	1

Fonte: ACS, Archivi degli Organi e delle Istituzioni del Regime Fascista (1862-1944), MRF, b. 13, fasc. 103, s.fasc. 2, Allegato 1 'Elenco Caduti e Invalidi Fascisti', p. 105.

I dati relativi ai feriti di quegli anni sono ovviamente analoghi in termini di data di nascita rispetto ai caduti[96]. In sintesi, erano pervenute 1.035 richieste di pensione da invalidi (540) e congiunti dei caduti (495). Di queste, 644 furono concesse e 363 respinte. Le pensioni e il sostegno finanziario offerti erano quindi chiaramente un riconoscimento finanziario del loro servizio e sacrificio per la patria, sia nella guerra che nel successivo conflitto contro il nemico interno. Date le informazioni dettagliate contenute nella documentazione della mostra riguardanti l'entità e i beneficiari di queste pensioni, l'assenza di Giovanni Berta e della sua famiglia da questa lista ha scarsa rilevanza. Come il «primo» e probabil-

[96] Ivi, p. 110.

mente il più importante martire, è impossibile che la sua famiglia non meritasse tale riconoscimento e i benefici ad esso collegati. In quest'ottica, gli appalti aggiudicati alla fonderia per realizzare le coperture di scarico in ghisa per Roma e Firenze acquisiscono forse un significato maggiore come riconoscimento formale del suo ruolo nell'ascesa fascista e come forma di risarcimento per la sua perdita.

La sala N e l'ultima sala della mostra, il Sacrario, mostravano l'importanza dei caduti per il regime e la sua volontà di continuare a ricordarli agli italiani più anziani e di educare i più giovani ai gloriosi sacrifici fatti in nome del fascismo. Due anni dopo, la loro commemorazione raggiungerà l'apoteosi con la cerimonia di apertura della cripta dedicata ai 37 fiorentini caduti per la rivoluzione fascista. Qui, adagiato sotto la Basilica di Santa Croce, Berta fu insignito del posto d'onore davanti all'altare fascista.

5

I MARTIRI

Ed è nello scrivere queste righe che penso a Voi, o indimenticati, indimenticabili morti; a Te Giovanni Berta, a Te Guido Fiorini, a Te Luigi Pontecchi, a Te Gustavo Mariani, a Te Gastone Bartolini, a Te Menabuoni, a Te Foscari; a Voi tutti o Morti per la causa fascista, che mi foste compagni indivisibili e inseparabili nell'ora dell'azione e che alcuni di Voi sorressi col mio braccio nel momento del glorioso trapasso.

Sì, o cari Morti, è a Voi che penso, è per Voi che scrivo!

Pur sapendo che non siete dimenticati, ma vivi e presenti nell'animo e nel cuore del DUCE e degli Italiani, io mi appresso a Voi, così come ci si appressa all'altare e Vi rievoco [...]

O Morti, Voi siete oggi un simbolo come la nostra sacra Bandiera, difesa dai viventi, degnamente custodita da Voi![1].

Martiri nella storia

Nella sua analisi del martirio politico nell'Inghilterra tardomedievale, Danna Piroyansky ha individuato alcuni fattori chiave nella creazione dei culti del martirio: le modalità della morte e il ruolo dello spettacolo, il luogo della sepoltura, la necessità di un corpo che confermi l'evento e l'ubicazione della tomba. Fornendo alle società un modo per «reinterpretare il loro mondo», i culti del martirio «hanno contribuito alla cristallizzazione dei discorsi intorno a certe questioni, hanno plasmato le identità, offerto protezione e guida, dato un senso alle difficoltà e facilitato le memorie

[1] B. Frullini, *Squadrismo fiorentino* cit., pp. 1-2.

collettive»[2]. Intrecciata al rapporto tra la popolazione e le figure di potere e autorità, la comprensione di questi primi culti è essenziale per cogliere il significato del martirio per il fascismo e il motivo per cui era un messaggio così coinvolgente da promuovere.

Il dibattito sui tempi e sulle modalità della nascita del martirio si è incentrato principalmente sulle sue origini all'interno della tradizione ebraica o cristiana[3]. Contestando la rigidità di queste identità religiose all'epoca, Daniel Boyarin ha anche suggerito che per i Romani non era rilevante se le vittime fossero cristiane o ebree. Perseguitati proprio a causa della loro fede, tuttavia, i martiri cristiani contribuirono a una forma di autoidentificazione[4]. Marc Brettler e altri hanno argomentato che la parola *martire* «deriva dal greco μάρτυς, 'testimone', passato poi al latino e da lì alle lingue romanze»[5]. Originariamente confinato nelle aule di tribunale, il termine «era associato a una situazione di contestazione in cui un testimone era chiamato a chiarire una verità e a fornire fatti empirici. Non si trattava di una questione di credenze»[6]. L'espressione, che compare frequentemente nel Nuovo Testamento, si riferisce a coloro che hanno assistito alla sofferenza, alla morte e alla resurrezione di Gesù ed era quindi un modo alternativo di riferirsi agli Apostoli. Allo stesso modo, alcuni teologi arabi hanno definito il martire come colui che ha assistito a un evento oppure è stato osservato da Dio nel suo atto di martirio[7].

Nei suoi scritti seminali sul martirio e la persecuzione Geoffrey de Ste. Croix ha individuato come chiave di lettura l'intolleranza cristiana nei confronti del dissenso, di altre credenze religiose o del paganesimo. Il parallelo tra la sua analisi e quella dell'epoca

[2] D. Piroyansky, *Martyrs in the Making* cit., p. 121.

[3] G.W. Bowersock, *Martyrdom and Rome*, Cambridge, U.P., 2002; W.H.C. Frend, *Martyrdom and Persecution in the Early Church: A Study of a Conflict from the Maccabees to Donatus*, Oxford, Blackwell, 1965. Per una breve rassegna storiografica sull'argomento si veda C.R. Moss, *The Other Christs* cit., pp. 8-11.

[4] D. Boyarin, *Dying for God. Martyrdom and the Making of Christianity and Judaism*, Stanford, U.P., 1999, pp. 94-5.

[5] M. Brettler, *Is There Martyrdom in the Hebrew Bible?*, in M. Cormack (a cura di), *Sacrificing the Self. Perspectives on Martyrdom and Religion*, Oxford, U.P., 2002, p. 3.

[6] A. King, *Italy's secular martyrs* cit., p. 17.

[7] G.W. Bowersock, *Martyrdom and Rome* cit., pp. 19-20.

fascista è subito evidente. «Per Ste. Croix, la caratteristica saliente del cristianesimo era l'intolleranza, e questa intolleranza è l'elemento centrale del suo racconto delle persecuzioni cristiane. Essa genera la persecuzione *dei* cristiani e la persecuzione *da parte dei* cristiani»[8]. Rifiutando di piegarsi alle richieste del carnefice, la morte del martire era essenzialmente volontaria, secondo Droge e Tabor[9]. Valoroso e nobile, quindi, e ben distinto dal suicidio sulla base di alcune caratteristiche generali: situazioni di opposizione e persecuzione; la scelta di morire e l'entusiasmo per la morte; l'idea di un beneficio vicario dalla sofferenza e l'aspettativa postuma di riconoscimento e ricompensa[10]. Sebbene i martiri non debbano necessariamente soddisfare tutti i requisiti di cui sopra, questa definizione di base è utile quando si cerca di stabilire se si sia verificato un martirio. È quindi utile anche nel caso specifico di Giovanni Berta.

La narrazione dell'esecuzione di Cristo, incentrata sulla repressione, la sofferenza e la morte, ha visto il significato di martirio evolversi in un senso più familiare di innocenza perseguitata, creando così una vittima eroica della violenza ingiusta. Riferendosi al massacro nazista alle Fosse Ardeatine, Alessandro Portelli illustra il punto in un contesto più contemporaneo:

> L'accostamento è retto da due motivi: è una morte particolarmente crudele (il supplizio della croce), tanto che la parola *martirio* perde la sua connotazione di testimonianza per accentuare quella di sofferenza; ed è una morte scelta (Cristo viene sulla terra per morire). Questa costruzione tende ad applicarsi a tutti i casi di morte ingiusta[11].

Ispirati da Gesù, i martiri cristiani erano accomunati dalla disponibilità ad affrontare la morte e dal rifiuto di rinnegare la

[8] J. Streeter, *Introduction: de Ste. Croix on Persecution*, in M. Whitby, J. Streeter (a cura di), *Christian Persecution, Martyrdom and Orthodoxy*, Oxford, U.P., 2006, p. 4.

[9] A. Droge, J. Tabor, *A Noble Death. Suicide and Martyrdom Among Christians and Jews in Antiquity*, in M. Cormack (a cura di), *Sacrificing the Self: Perspectives on Martyrdom and Religion*, Oxford, U.P., 2002, pp. XI-XII.

[10] *Ibid.*

[11] A. Portelli, *The Order Has Been Carried Out* cit., p. 195 (trad. it. cit., p. 214).

propria fede. L'importanza postuma risiedeva quindi in questo rifiuto, quando una rinuncia più egoistica avrebbe potuto salvarli. Per i Romani e i Greci

> la morte scelta, volontaria, generosa era la rinuncia estrema che dava un alto valore alla vita. Era la rinuncia che valorizzava la vita, che valorizzava la cosa a cui si rinunciava. Inoltre, la morte scelta sacralizzava, potenziava la persona o la cosa o il valore per cui veniva spesa[12].

Secondo Bowersock, fu alla vigilia dell'Impero cristiano che l'emergere dei martiri-soldato diede un senso concreto alla tradizionale metafora della lotta per Cristo. Perseguitati dalle autorità romane, i martiri cristiani vennero presentati come soldati di Dio. Considerata come un'espiazione per il peccato, la loro morte violenta, improvvisa, ingiusta o eccezionalmente dolorosa garantiva una ricompensa, in particolare un trattamento speciale postumo. Così, come propone Brettler: «quando si è radicati in una cultura che viene perseguitata per le sue credenze religiose e che confida in una vita ultraterrena, il martirio diventa un'idea e un ideale molto attraente»[13]. In quella che era una battaglia tra il bene e il male, le morti esemplari e ispirate dei martiri venivano interpretate come vittorie su Satana. Ciò merita una riflessione alla luce della raffigurazione del pittore Ezio Buscio di Giovanni Berta come un Gesù crocifisso, attaccato dall'alto da una figura satanica, di cui abbiamo già detto. Evidenziando la via della giustizia, «l'idea di seguire le orme del martire [...] risuona con i racconti evangelici in cui Gesù incoraggia i suoi discepoli a seguire le sue orme»[14]. Incitando a unirsi alla causa, Giovanni Berta e i martiri fascisti in generale offrono chiari elementi di parallelismo con i martiri cristiani e rivelano l'utilizzo che il fascismo faceva dei morti.

Con il diffondersi di questa pratica nel corso del terzo secolo, la Chiesa iniziò a scoraggiare fortemente il martirio volontario, riservando la grandezza del titolo a coloro la cui fede era stata effettivamente messa alla prova dalle autorità secolari. Limitando il

[12] C. Barton, *Honor and Sacredness in the Roman and Christian Worlds*, in M. Cormack (a cura di), *Sacrificing the Self* cit., p. 3.

[13] M. Brettler, *Is There Martyrdom in the Hebrew Bible?* cit., p. 16.

[14] C.R. Moss, *The Other Christs* cit., p. 104.

martirio ai veri meritevoli, il termine rimase associato soprattutto al periodo dell'infanzia della fede, quando questa lottava per la sopravvivenza di fronte a gravi persecuzioni. Una volta che l'Impero romano si convertì al cristianesimo, il martirio fu scoraggiato sia dalla Chiesa sia dall'amministrazione al potere, che preferiva dimenticare la precedente intolleranza. Sebbene la Chiesa continuasse a registrare nuovi martiri, l'età dell'oro di questa pratica era giunta al suo termine naturale.

La sofferenza dei martiri e dei santi nel mondo antico ha creato una nuova letteratura che «acquisisce il suo impatto dalla presunta storicità dei suoi dettagli»[15]. Nel caso dei martiri cristiani esistevano tre particolari fonti di prova: gli scritti dei martiri stessi, le testimonianze oculari e le trascrizioni dei processi in cui i martiri venivano interrogati dalle autorità romane. Pur costituendo la base della «verità» ampiamente accettata, questi resoconti erano molto diversi e spesso inaffidabili. Mantenendo comunque le varie memorie degli eventi antichi, è in queste narrazioni, più che nelle esecuzioni, che si trova il martirio[16]. Come ha sostenuto Elizabeth Castelli, «il martirio non è semplicemente un'azione, ma piuttosto il prodotto di un'interpretazione e di un racconto [...] retoricamente costituito e discorsivamente sostenuto»[17]. Con la sofferenza religiosa degli altri, essenziale per la formazione dell'identità cristiana, le storie mitiche erano fondamentali per la difesa dei deboli e degli innocenti: «la nozione di memoria collettiva permette di andare oltre le questioni spesso irrisolvibili di 'cosa è realmente accaduto' e di chiedersi come particolari modalità di costruzione del passato permettano alle comunità successive di costituirsi e sostenersi»[18].

Tenuto conto della mancanza di testimonianze oculari attendibili sull'omicidio di Berta e dei dubbi sollevati sul processo ai suoi presunti aggressori, le considerazioni di Castelli sono pertinenti. Esistono alcune testimonianze oculari di attività squadriste, come le opere di Frullini, Piazzesi, Chiurco e Banchelli, men-

[15] G.W. Bowersock, *Martyrdom and Rome* cit., p. 24.

[16] D. Boyarin, *Dying for God* cit., pp. 94-5.

[17] E.A. Castelli, *Martyrdom and Memory. Early Christian Culture Making*, New York, Columbia U.P., 2004, p. 173.

[18] Ivi, p. 5.

tre la stampa che riportava le morti di squadristi spesso replicava o sosteneva la storia fascista. Tuttavia, nessun martire fascista ha lasciato documenti o diari della propria vita. Molti di loro provenivano da ambienti modesti, dove la redazione di un diario non era certo una consuetudine, mentre non si ha la sensazione che qualcuno di loro abbia effettivamente previsto di morire per la propria «fede». In casi come quello di Giovanni Berta, in cui sono state formulate delle accuse e si è tenuto un processo formale, esiste un altro tipo di prova simile, anche se deve essere contestualizzato nel rapporto tra Stato e sistema giuridico dell'epoca. Esistono quindi analogie nel tipo di prove presentate in merito alle vite dei martiri fascisti e a quelle dei primi cristiani, con la differenza che nel mondo antico il processo riguardava i martiri stessi e non i loro assassini.

Anche se è difficile da valutare, la ricezione e la comprensione di queste storie sarebbero state «modellate dal contesto in cui sono state ascoltate o lette. Un testo biblico letto ad alta voce in una congregazione come parte di un servizio liturgico viene compreso in modo diverso da un testo studiato in un'aula universitaria»[19]. Le osservazioni di Candida Moss, riferite al mondo antico, si applicano anche ai testi del martirio fascista, dove il tempo, il modo e il contesto sociale hanno inevitabilmente influito sulla loro ricezione. Per esempio, la reazione di un individuo che leggeva un resoconto sul giornale sarebbe stata molto diversa da quella della folla che assisteva all'appello dei martiri fascisti in piazza Santa Croce a Firenze, nel 1934, gremita di folla.

Firenze ha avuto 37 martiri. Di consueto dichiarati tali subito dopo la morte, non bastava però semplicemente morire. I martiri fascisti furono anche «fabbricati» attraverso vari processi di costruzione della memoria postuma. Iniziate dai contemporanei, queste narrazioni sono state riprese e arricchite dai successivi esponenti del fascismo. Le azioni, le morti e le memorie dei martiri sono state quindi spesso rielaborate in base alle esigenze del regime del momento e a ciò che il martire poteva trasmettere.

[19] C.R. Moss, *The Other Christs* cit., p. 11.

Il messaggio del martire

Riflettendo sull'enorme perdita di vite umane subita dalle forze armate italiane durante l'inverno del 1915, Gabriele D'Annunzio ne offriva un'interpretazione eroica, qui riassunta da Lucy Hughes-Hallett:

> I soldati che morivano e combattevano in profonde fenditure nel terreno erano figli della terra, che ora li reclamava. La terra era la fonderia in cui dovevano essere frantumati per forgiare una nuova razza: era il dio che esigeva la loro morte come sacro olocausto. «Dove il carnaio si dissolve, quivi nascono i fermenti sublimi».

Il tema, spiega Lucy Hughes-Hallett, ricorre spesso, in particolare nei discorsi di D'Annunzio del periodo della guerra:

> I combattenti erano eroi [...] Erano martiri. Erano nobili e costanti come gli eroi della mitologia classica o le legioni dell'antica Roma. Non si sarebbero mai ritirati o arresi. Il loro sangue avrebbe inzuppato il terreno conteso. Dovevano ai loro compagni morti il dovere di continuare a combattere finché tutta la «Grande Italia» non fosse stata liberata. I morti li avrebbero perseguitati per sempre se si fossero dimostrati indegni[20].

Costruiti sul mito fascista della prima guerra mondiale, i martiri e le loro storie erano una parte vitale della memoria collettiva del regime. Come nel mondo antico, dove la persecuzione e lo spirito indomito ispiravano il cameratismo tra i cristiani, così l'esperienza comune della «persecuzione» nelle principali città dell'Italia settentrionale generò un'identità condivisa tra i fascisti, smascherando al contempo i nemici esterni alla loro comunità: «il martire non era più soltanto un testimone della fede, ma soprattutto un testimone della ferocia del nemico»[21] (fig. 15). Inoltre, come chiedeva Bruno Frullini, occorreva creare un legame tra gli eroi caduti e la generazione contemporanea di militanti:

> Debbono ricordare i giovani delle ultime leve e i sopravvenienti, il lavoro, i sacrifici, la passione, il sangue; che è costato la Rivoluzione Fascista.

[20] L. Hughes-Hallett, *The Pike* cit., pp. 363; 386 (trad. it. cit., pp. 392; 419).
[21] R. Suzzi Valli, *Il culto dei martiri fascisti* cit., p. 107.

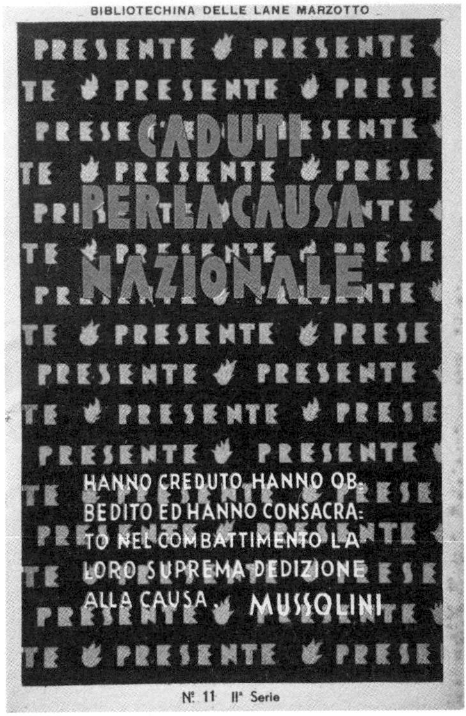

Fig. 15. Copertina dell'opuscolo *Caduti per la Causa Nazionale* pubblicato dalla Biblioteca Lane Marzotto, 1930 ca.

Il combattimento è stato aspro; le vie delle vittorie sono state tracciate sul segno del sangue dei Martiri, ma abbiamo oggi la soddisfazione immensa di vedere un'aurora luminosa sull'orizzonte d'Italia[22].

Enfatizzare la barbarie degli oppositori del fascismo era quindi fondamentale per la loro demonizzazione e la legittimazione della risposta squadrista. Più violento era l'avversario, più grande era la giustificazione dell'azione punitiva. Questo obiettivo fu raggiunto attraverso la descrizione coerente e diffusa dei socialisti come provocatori brutali, malvagi e inumani. Già nel 1919, i Fasci Italiani di Combattimento pubblicarono un elenco cronologico dei reati commessi dai socialisti, che fu distribuito ai membri della Camera. Nella sua prefazione Mussolini descriveva le

[22] B. Frullini, *Squadrismo fiorentino* cit., p. 101.

pagine di vergogna e infamie, di fanatismo e di bestialità; pagine scritte col sangue e tali da disonorare per sempre il socialismo italiano. I due tristissimi anni seguiti alla nostra meravigliosa vittoria militare, sono riassunti attraverso la nuda cronologia delle gesta criminali compiute dal gregge socialista[23].

Le fonti fasciste attribuiscono al nemico gli attentati ai cortei patriottici e ai funerali, con poche o nessuna verifica, attribuendo così una responsabilità quasi automatica, di comodo. Come dichiarò Frullini a proposito dell'attentato di piazza degli Antinori del 1921:

Mentre i sicari bene edotti delle nostre spedizioni erano tranquilli che mancava da Firenze quasi tutto l'elemento squadrista in posizione non ausiliaria ma permanente, avevano al mattino colpito a morte con lancio di bombe un fanciullo che cantava, incolonnato con altri, le canzoni della Patria. Menabuoni[24].

La «Sassaiola Fiorentina» riporta un ragionamento simile sull'attentato[25], così come anche Mussolini in uno dei suoi regolari contributi a questo processo di demonizzazione:

L'eccidio fu ferocemente premeditato [...] tutto quello che accadde nel seguito è pienamente giustificato. Gli «umanitari» che fossero tentati di commuoversi per la fine del Lavagnini, sono pregati di pensare all'assassinio del giovinetto Berta, pugnalato e buttato nell'Arno[26].

Scrivendo sulla «Riscossa», Giosuè Carducci, omonimo del celebre poeta, andò oltre la mera accusa di violenza ai comunisti, giustificando la risposta fascista:

L'uccisione feroce del nostro caro e grande compagno Giovanni Luigi Berta, la brutale malvagità con cui venne assassinato il brigadiere Loy con dieci colpi di pistola al cuore, la depredazione dei cadaveri, tutto questo scatenamento di istinti belluine stanno a testimoniare come il partito comunista [...] non ha diritto al rispetto ed alla stima degli avversari in politica [...]

[23] C.C. dei Fasci Italiani dei Combattimento, *Barbarie rossa* cit., p. 3.
[24] B. Frullini, *Squadrismo fiorentino* cit., p. 164.
[25] *Primavera di sangue* cit., p. 1.
[26] B. Mussolini, *Si continua!* cit., p. 191.

L'ora della vendetta è suonata e la vendetta ancora, non è completa[27].

La prima pagina della «Riscossa» del 21 gennaio 1922 non sarebbe potuta essere più chiara di così: «Federigo Guglielmo Florio è stato assassinato da un bastardo dell'umanità! Sulla sua fossa appena dischiusa, giuriamo di continuare l'opera sua spezzata a metà!».

Evidenziare la brutalità dell'avversario si rifletteva positivamente anche sull'«onorevole» squadrista. Solo pochi giorni prima della morte di Giovanni Berta, Mussolini aveva ancora una volta difeso la violenza fascista:

Bisogna lasciare ai pussisti il privilegio ignobile di buttarsi in mille a pestare uno solo [...] La violenza, per noi, è una eccezione, non un metodo, o un sistema. La violenza, per noi, non ha carattere di vendetta personale, ma carattere di difesa nazionale [...] Violenza intelligente, non bruta; violenza di guerrieri, non di teppisti. Questo il «tipo» della violenza fascista.

Evidentemente non si opponeva all'uso della violenza, ma pretendeva la prudenza e l'autocontrollo degli squadristi: «bisogna, inoltre, scegliere gli obiettivi della violenza. Non è sempre possibile, nella eccitazione del momento, ma si deve tendere a colpire coloro che meritano di essere colpiti, non gli altri»[28]. Giorni dopo, in seguito ai fatti di Firenze, dichiarò che la responsabilità di ristabilire la pace spettava esclusivamente al socialismo:

Se i socialisti disarmano sul serio, i fascisti disarmeranno alla loro volta. Ripetiamo che noi non abbiamo il gusto della violenza, che la violenza per noi è un'eccezione, non una regola. Abbiamo accettato questa specie di guerra civile come una tremenda necessità per fare comprendere ai socialisti che l'Italia non può essere convertita e tramutata impunemente in una Russia numero due[29].

[27] G.C., *Ancora una volta il fascismo, in un impeto di violenta reazione, ha travolto nel fango la delinquenza rossa*, «La Riscossa», 5 marzo 1921, p. 1.

[28] B. Mussolini, *In tema di violenza*, «Il Popolo d'Italia», 25 febbraio 1921, VIII, cit. in E. e D. Susmel (a cura di), *Opera omnia di Benito Mussolini* cit., pp. 181-2.

[29] B. Mussolini, *Dopo la bufera*, «Il Popolo d'Italia», 5 marzo 1921, VIII, cit. in E. e D. Susmel (a cura di), *Opera omnia di Benito Mussolini* cit., pp. 193-4.

Anche le donne socialiste venivano demonizzate, offrendo così un netto contrasto con la donna e la madre fascista ideale. Un esempio eclatante è la lettera pubblicata sul «Popolo d'Italia», nel 1922, dalla madre di Mario Saettone, «tre volte ferito in agguati comunisti, irriducibilmente entusiasta del nostro ideale», che si trovava imprigionato a Novara:

Chi scrive è una madre desolata, ma fiera nel suo dolore: la mamma di Saettone Mario [...] Io sono orgoglioso di lui. Il Fascio di Trino ebbe vita a casa mia: erano sette od otto giovani ardenti [...] i cari giovani mi chiamano la loro mamma, e con ragione, perché io li amo e proteggo come miei figli.

Da tempo non ho più notizia di mio figlio! Quanto sarei felice se fosse a casa almeno per il 4 giugno, anniversario del suo primo martirio, a solo 16 anni! [...] Assalito da una ventina di comunisti assetati di sangue, che ad ogni costo volevano strappargli il distintivo [...] Lo gettarono in un fosso, lo ferirono, lo pestarono, ma quel distintivo io solo l'ho distaccato dalla giacca insanguinata, bagnandolo delle mie lacrime...[30]

Così, le donne antagoniste erano solitamente rappresentate come abiette sovversive. «È l'immagine di una donna completamente disumanizzata, quasi diabolica, privata non solo di qualsiasi attributo di femminilità ma anche di pietà umana»[31]. Come ha ricordato Piazzesi a proposito delle donne coinvolte nella rivolta di San Frediano: «ma cosa sono di bestiale e di rivoltante le urla di queste donne che incitano i loro compagni alla lotta. Proprio vere urla di animali»[32]. Scrivendo sulla «Riscossa», Guido Carbonai dipingeva le donne di San Frediano con lo stesso pennello della disumanità:

Quale pietà ebbero quelle donne feroci, gridanti in quel giorno, nell'ebrezza dell'eccidio: uccidilo, affogalo, affogalo.

Non erano spose, sorelle o madri anch'esse per poter pronunziare sì nefande parole?[33]

[30] *Il cuore delle madri fasciste*, «Il Popolo d'Italia», 2 aprile 1922, p. 4.
[31] C. Baldassini, *Fascismo e memoria* cit., pp. 483-4.
[32] M. Piazzesi, *Diario di uno squadrista toscano* cit., p. 114.
[33] G. Carbonai, *Postille*, «La Riscossa», 3 dicembre 1921, p. 1.

Nel suo racconto profondamente retorico dello squadrismo fiorentino, nel 1930, anche Dino Perrone Compagni riduce i socialisti ad animali insensati e privi di emozioni. Riprendendo la versione fascista dell'aggressione a Berta, conclusasi con il suo grido finale di «Mamma», affermava:

Anche le belve, quando sentono il mugolio del piccolo che è loro vicino perdono la loro ferocia e lo accarezzano. Perché mamma vuol dire tutto (e quanta pietà ho io per coloro che madre più non hanno!) perché mamma vuol dir tutto quando tale grido esce dall'animo e si sintetizza in questa unica divina parola. Il nome di mamma, ogni furore, ogni odio, ogni cattiva passione, dovrebbe far sparire perché dinanzi agli occhi vi si presenta il volto di una povera cara donna, che ha tenuto, da giovane, in braccio, il suo pargoletto, che gli ha dato il latte del suo petto, che ha vegliato nelle ore di sofferenze e di malattia. Ebbene questo grido di «Mamma!» non servì a Giovanni Berta altro che per essere oggetto di più iniqua ancora violenza.

Ricordando i primi tempi del fascismo fiorentino, riduceva le donne e gli uomini socialisti di Empoli a un livello di barbarie cannibalistica:

A un carabiniere, circondato dalla folla e mezzo morto, una donna col coltello tagliò le orecchie e le parti genitali. Portò tutto nella sua casa, le buttò in una pentola, le fece bollire per qualche minuto. E sull'uscio di casa essa distribuì il «brodo del carabiniere» caduto e assassinato. Ed alcuno, orribile a dirsi, lo bevve[34].

Nel 1921, l'editoriale della «Riscossa» che descriveva la barbarie e la viltà socialista attirava l'attenzione in particolare sulle donne negli episodi di Empoli e di Firenze: «dove sono le mani sanguinolente del Berta? Dove sono i resti dei corpi straziati dei militi del dovere? Dove han nascosto, le vostre donne, gli orecchi e gli occhi strappati ai cadaveri di Empoli?»[35]. Renato Bini esprimeva un concetto analogo:

[34] D. Perrone Compagni, *Dino Perrone Compagni rievoca la gloria dello squadrismo fiorentino e toscano* cit., p. 2.

[35] *Giù la maschera vigliacchi!*, «La Riscossa», 19 marzo 1921, p. 1.

quelle donne di Empoli che contro i marinai rantolanti infierirono, strozzandolo loro nella gola l'ultima preghiera, l'ultimo lamento, vorrei domandar loro con quale coraggio esse possano nel cimitero penetrare a portar fiori e preghiere vicino alle tombe di coloro che per loro mano interamente caddero[36].

Nel suo discorso di sostegno alla proposta di ridenominazione del Ponte Sospeso in onore di Berta, l'assessore fiorentino Dario Lupi dichiarò che le donne socialiste avevano perso la nozione di cosa fosse una donna:

l'urlo della creatura aggrappata per le mani sanguinanti e invocante, nel rantolo supremo dell'agonia, il dolcissimo nome della mamma sua: nome che non poteva essere ormai raccolto da coloro che avendo rinnegato la più grande madre, la Patria, avevano perduto anche ogni ricordo del grembo materno, onde essi pure erano stati generati[37].

Mentre gli uomini socialisti venivano considerati vigliacchi per i loro attacchi furtivi e le loro tattiche barbare, le donne socialiste venivano disumanizzate, considerate alla stregua di casi patologici, nei resoconti fascisti sul loro ruolo nella violenza[38]. Non essendo più in grado di concepire il ruolo della madre, erano bestiali, antipatriottiche e quindi malate di mente. Ada Negri riaffermava il concetto: «non lo pensavano, coloro, che aveva una mamma ad aspettarlo a casa, questo figliolo. Che cosa può mai essere stata, da allora, la vita della sua mamma?»[39].

La violenza squadrista era anche legittimata come difesa dalla minaccia dell'avversario barbaro all'umanità, alla natura e alla tradizione storico-culturale. Le stagioni e l'ambiente naturale diventano così fondali da contrapporre alle testimonianze di violenza antifascista, come nel ricordo di Bruno Frullini sul presunto tentativo di gettarlo nell'Arno nel dicembre 1920:

Che c'era di meglio da fare in una invernale notte stellata del magico cielo fiorentino, che cantare l'inno nostro *Giovinezza*?

[36] R. Bini, *Alle donne* cit., p. 2.
[37] ASCFi, CF, Atti del Consiglio, 1921, vol. I, 8 aprile 1921, p. 189.
[38] J. Foot, *Blood and Power* cit., pp. 78-9 (trad. it. cit., p. 112).
[39] A. Negri, *Madri dei martiri* cit., p. 3.

Infatti, al murmure dell'Arno che pareva un dolce accompagnamento musicale, saliva in alto il nostro canto solenne[40].

Anche il ricordo di Banchelli dei preparativi dei fascisti toscani per l'assalto a Sarzana del 1921 faceva riferimento a questi elementi: «la radunata fu fatta sulla spiaggia dell'Avenza e la partenza fu effettuata alle due di notte del 2 luglio in una magnifica luce lunare. Alle menti dei fascisti apparve quella sfilata sulla spiaggia qualche cosa di mistico e di grandioso insieme»[41]. Marco Del Bello sviluppò un'osservazione analoga sulla morte di Berta: «presso il Ponte di ferro sull'Arno [...] si scontrarono l'amore e l'odio; la bellezza e la deformità, l'ardire e la viltà, un combattente generoso e molti ribaldi»[42].

Oltre a contrapporre il conflitto, la bruttezza e la vigliaccheria alla bellezza naturale e al coraggio per rafforzare la disumanità e la barbarie del nemico, le condizioni meteorologiche e le stagioni venivano utilizzate anche per creare una divisione binaria tra bene e male. Come ricordava *L'Olocausto di Firenze* circa tredici anni dopo l'attentato di piazza degli Antinori:

L'alba di quella domenica – 27 febbraio del '21 – si era levata serena accesa da un sole che già sentiva odor di primavera. Firenze le sa, certe giornate. L'inverno non è finito ancora, e nell'aria si spande, vellutato, il profumo dei fiori. Il lungarno, la via de' Tornabuoni ne sembrano pervasi[43].

Anche Giacomo Lumbroso contestualizzò gli eventi nella pace e nella bellezza della primavera fiorentina e del patrimonio cittadino che stavano per essere sconvolti:

Mattino di sole. Giù da Fiesole e da Monte Ceceri qualche soffio di tramontano si avventa ancora sui platani nudi dei viali; ma sui prati del giardino d'Azeglio occhieggiano timide le prime margherite, e nell'aria soffusa di luce c'è già un presagio di primavera.

Borgo Pinti, Borgo degli Albizi, il sole di fine febbraio ricama mirabi-

[40] B. Frullini, *Squadrismo fiorentino* cit., pp. 114-5.
[41] U. Banchelli, *Le memorie di un fascista* cit., p. 61.
[42] M. Del Bello, *Giovanni Berta* cit., p. 19.
[43] AA.VV., *L'Olocausto di Firenze* cit., p. 25.

li chiaroscuri sulle bozze di pietra dei palazzi quattrocenteschi, e la gente vestita a festa fluisce pigramente verso Piazza Vittorio[44].

Barbari, innaturali e contro natura, gli antifascisti contrastavano le proclamate attività di purificazione e rigenerazione dello squadrismo. Come sostiene Baldassini: «nell'auto-rappresentazione squadrista è dunque forte l'idea che la lotta al bolscevismo costituisca anche un atto di difesa della tradizione storico-culturale messa a rischio dai nemici interni, presentati quali stranieri in casa propria»[45]. Tra i tanti esempi c'è l'affermazione della «Sassaiola Fiorentina», nel febbraio del 1921, che la violenza aveva riportato la città alla salute e ripristinato l'ordine naturale:

> La vittoria che, nel lavacro di sangue, segna un passo più verso il risorgimento morale di Firenze, satura di provocazioni e di violenza. La città gentile è sbocciata di nuovo, macchiata di sangue, come i fiori più brillanti della primavera, per opera di una giovinezza entusiasmata e pura: essa ha portato la sua luce nelle tane più oscure, ha snidato le belve, ha frugato nelle caverne, senza timore, poiché l'anima della patria e della stirpe l'ha guidata[46].

Riferendosi a un comizio fascista tenutosi più tardi nel 1921, «La Riscossa» registrava una considerazione simile: «noi osservammo spesso la commozione disegnarsi sul volto dei cittadini [...] e sentimmo tutta la potenza rinnovatrice che si sprigiona da questo fenomeno fascista»[47].

Per alcuni squadristi la violenza era semplicemente un divertimento, mentre per altri evocava ricordi ed emozioni delle trincee. Gli effetti «purificatori» dell'olio di ricino furono usati per spaventare e umiliare l'opposizione, ma ci furono anche esempi più violenti e macabri, come l'inserimento della sigaretta accesa nella bocca di Spartaco Lavagnini dopo la sua esecuzione. Con qualsiasi mezzo, l'obiettivo era sempre quello di reprimere l'attività socialista attraverso l'intimidazione.

[44] G. Lumbroso, *Febbraio del '21* cit., p. 7.
[45] C. Baldassini, *Fascismo e memoria* cit., p. 482.
[46] *Primavera di sangue* cit., p. 1.
[47] *Per i vivi e i morti*, «La Riscossa», 5 novembre 1921, p. 2.

Nonostante l'impegno profuso per massimizzare l'apparente minaccia antifascista, anche la codardia del nemico era una caratteristica frequente della scrittura fascista. In contrasto con il coraggioso e patriottico squadrista, l'odio per l'avversario non era semplicemente ideologico. Basato sulla percezione di una mancanza di eroismo e di capacità di combattere, era dimostrato dalla facilità con cui apparentemente le squadre d'azione svolgevano le loro attività. Secondo Banchelli, questa mancata resistenza contribuì alla più grande sconfitta del movimento a Sarzana, nel 1921: «le facili vittorie riportate sino allora dai fascisti – causa prima la immensa viltà dei capi e gregari social-comunisti – avevano radicato in essi la persuasione dell'invincibilità»[48]. Belve se reagivano, mostri di codardia se non lo facevano: questi tropi antisocialisti stabilirono una chiara narrazione che legittimava la violenza fascista spostando la responsabilità sul nemico. Occasione di alto profilo per mettere in luce le caratteristiche barbare e antinazionali dell'avversario socialista del fascismo, la morte di Giovanni Berta giocò naturalmente un ruolo importante in questo processo.

La «seconda vita» di Giovanni Berta

Ritratto come vile e disonorevole, disumano e diabolico, privo di dignità e rispettabilità, il «sovversivo» emergeva spesso dall'oscurità per colpire l'isolato fascista[49].

> Dove stavano gli avversari quando volevano colpire? Negli angiporti, negli angoli oscuri. Gente che agiva nelle tenebre, che aveva bisogno di queste, che le sentiva come proprie alleate [...]
>
> Quando la canaglia rossa si trovava ad essere in tre contro uno, aveva bisogno dell'aiuto delle tenebre. Il giorno era fatto solo per quando si trovavano ad essere trecento contro un inerme. Caso tipico, l'assassinio di Giovanni Berta[50].

Anche Mussolini riprende il tema: «nella generalità dei casi, i fascisti non sono colpiti in combattimento aperto sulle piazze,

[48] U. Banchelli, *Le memorie di un fascista* cit., p. 61.
[49] C. Baldassini, *Fascismo e memoria* cit., p. 479.
[50] B. Frullini, *Squadrismo fiorentino* cit., pp. 18-9.

ma nell'agguato, nell'imboscata, come a Sant'Ilario d'Enza, a Cerignola, a Canfanaro. Anche il 'modo' di lotta dei nostri nemici giustifica l'ampiezza e la profondità della rappresaglia fascista»[51].

Secondo Chiurco, dopo l'insurrezione di San Frediano e la morte di Berta, il partito locale affisse un manifesto di protesta in tutta la città. In esso, la vigliaccheria e la ferocia dell'attacco comunista venivano contrapposte alla correttezza fascista:

Cittadini! I campioni dell'*Umanità nuova* e dell'*Ordine nuovo* [...] hanno ordito e compiuto un altro barbaro delitto. – Ancora una volta sbucando dalle tane immonde, dove si accolgono struggere, lordare e offendere, hanno ucciso, ferito e storpiato a tradimento gli umili eroi del dovere, i nostri figli ed i nostri fratelli giovinetti colpevoli di essere belli ed innocenti, di credere che il santo avvenire debba essere affidato all'idea, invocato e preparato con cuore puro[52].

Nel giugno 1921, Giovanni Berta fu tra i nomi citati da Mussolini per ispirare i fascisti e giustificare le rappresaglie contro la barbarie rossa:

I pussisti s'ingannano se credono di riuscire a riconquistare l'opinione pubblica. Basterà un nome per sventare la manovra: Scimula o Sonzini o Giordani o Berta o Platania o i cento e cento altri che sono stati trucidati dalla ferocia accoppiata alla viltà pussista.

Davanti a questi accenni di ripresa pussista, il compito dei fascisti è chiaro: il fascismo deve diventare, *tutto* un esercito, inquadrato, disciplinato, attrezzato per tutte le eventualità[53].

Tra quelle delle tante «vittime», la storia di Giovanni Berta sarebbe diventata illustre e commemorata a livello nazionale.

Come si è visto, il processo offrì un evento di alto profilo attorno al quale la memoria pubblica della sua morte poté essere sviluppata e alterata. Riassumendo gli eventi intorno alla sua morte, «La Nazione» descriveva come, una volta scaraventato Berta dal ponte, «con gioia inaudita fu impedito ad un abile nuotatore, che toltasi la giacca apprestavasi al salvataggio di gettarsi nel fiume

[51] B. Mussolini, *Si continua!* cit., p. 191.
[52] G.A. Chiurco, *Storia della Rivoluzione Fascista* cit., p. 95.
[53] B. Mussolini, *Barbarie rossa* cit., p. 421.

coll'afferrarlo alle spalle, col tenerlo fermo dicendogli: 'È stato gettato nel fiume non perché fosse salvato, ma perché annegasse'»[54]. Con scarsa riflessione critica, la copertura del processo da parte del quotidiano ripeteva e rafforzava i cliché utilizzati da quasi tutte le fonti fasciste quando si parlava del caso: «brutalmente e vigliaccamente percosso [...] con inaudita barbarie percosso nelle mani e in altre parti del corpo [...] La ferocia delle belve non si arrestò»[55].

Oltre ai numerosi esempi già citati, queste poche righe testimoniano una posizione editoriale che si preoccupava poco di pregiudicare il processo e piuttosto attribuiva tratti caratteriali specifici ai nemici del fascismo. Nei mesi immediatamente successivi alla morte di Berta, i miti e le leggende che incolpavano e demonizzavano il socialismo/comunismo divennero rapidamente «fatti» consolidati, ripetuti e impressi nella memoria pubblica. Come affermò Alessandro Pavolini circa tredici anni dopo:

> I Fascisti italiani, che sanno tutti cantare l'inno di Berta (composto da alcuni camerati del Caduto subito dopo il martirio, durante le sanguinose e indimenticabili battaglie toscane del febbraio-marzo 1921), sono ormai abituati a considerare Giovanni Berta non solo come uno dei mille e mille purissimi Caduti della Rivoluzione, ma un po' come un simbolo dell'intero martirologio fascista. Lo stesso è, si può dire, dei forestieri: giacché l'episodio del Ponte di ferro sull'Arno è ormai conosciuto da tutte le genti civili e considerato uno dei fatti salienti, indicativi e simbolici del sorgere e del divampare del Fascismo[56].

La solitudine di Giovanni Berta rendeva certamente il suo caso diverso da quello di molti altri martiri morti accanto ai camerati durante le incursioni squadriste. Intensificando l'emozione e la crudeltà intorno a quello che fu probabilmente un esempio estremo di violenza politicamente motivata, Berta fu «resuscitato» per diventare un alfiere postumo dei martiri fascisti. Non fu il primo ad essere martirizzato, ma sarebbe diventato il caso più noto e più diffuso di tutti. Che fosse vero o meno, il «regime voleva trasmettere l'idea che il nuovo italiano fascista moriva sempre da

[54] *Il processo per l'assassinio di Giov. Berta* cit., p. 2.
[55] Ivi, p. 5.
[56] Gruppo Rionale Fascista «Giovanni Berta» di Firenze, *Giovanni Berta* cit., p. VII.

eroe, anche se la morte lo trovava nel sonno o per malattia, perché al credente è garantita l'immortalità qualunque cosa possa accadere»[57]. Così, il martirio e la sua celebrazione divennero una parte essenziale del discorso fascista.

Tuttavia, non fu solo la morte di Berta, ma anche il modo in cui fu interpretata e divulgata, la narrazione martirologica, che immortalò la storia e cementò il suo status di martire. In alcune versioni, si dice che il giovane abbia voluto affermare la sua fede nel fascismo sul ponte, quando un semplice rifiuto avrebbe potuto salvarlo, mentre la ripetuta attenzione alle percosse e talvolta al taglio delle mani, nonostante la chiara smentita del referto autoptico, riafferma la sua sofferenza. Ripresa ed esagerata nei vent'anni successivi, il fascismo incoraggiò gli italiani a considerare la «verità» testimoniata dalla memoria del martire. Evidenziando la tirannia, l'oppressione e l'ingiustizia del socialismo e della democrazia liberale a cui il fascismo e l'intera società italiana erano in apparenza sottoposti, il martire doveva mobilitare non solo i fascisti ma tutti gli italiani.

La narrazione e la rivendicazione del ruolo di vittima di Berta vengono realizzate con un linguaggio a doppio scopo, accuratamente selezionato, che sottolinea la sua innocenza e, allo stesso tempo, attribuisce responsabilità e colpe. Ad ogni modo, se da un lato l'attenzione per il pestaggio delle mani aumentava l'impatto retorico, dall'altro la costante necessità di ripetere il mito, anche quando la sua falsità era o sarebbe dovuta essere evidente, suggerisce forse quanto molti scrittori, giornalisti e autori fascisti sapessero che la storia era in realtà inconsistente.

C'è una sorprendente somiglianza con la memoria del martire nazista Horst Wessel. «Se i leader del partito nazista credevano veramente nella loro causa e nel suo fascino universale, avrebbero fatto meglio ad aspettare che si presentasse un vero sacrificio di sé. Il fatto che abbiano preso la palla al balzo suggerisce cinismo e forse qualche dubbio sulle loro stesse idee». Concordando sul fatto che c'era una minaccia reale per la Germania, ancora una volta da parte dei comunisti, quei tedeschi che avevano creduto alla propaganda nazista e alla storia del «martirio» «si sono la-

[57] R. Suzzi Valli, *The Myth of Squadrismo in the Fascist Regime* cit., p. 144.

sciati trasportare dall'idea che il sacrificio di sé in nome del partito nazista, in nome delle sue idee di pura nazione ariana, fosse moralmente grande come [...] il sacrificio di Gesù»[58]. Mentre la sola morte di Giovanni Berta non sembra essere stata sufficiente, limitando così potenzialmente il suo impatto al pathos, c'è una significativa e chiara differenza tra il suo «martirio» e quello di altri fascisti rispetto a quello di Gesù, a cui sono stati spesso paragonati:

> I vangeli ci indicano la strada da seguire [...] gli evangelisti non ci spingono a compatire Gesù; non si soffermano sui dettagli raccapriccianti della sua tortura e della sua sofferenza [...] non lo ritraggono come impotente o senza voce; non descrivono il piacere sadico dei suoi carnefici. Gesù non è una vittima [...] La sua innocenza non è stabilita solo per farci sentire inorriditi di fronte all'errore giudiziario, ma per farci comprendere il significato del suo sacrificio[59].

Fascismo e martirio

La maggior parte dei martiri fascisti cadde nel «periodo d'oro» dei primi anni Venti, tra la formazione del movimento nel 1919 e la nomina di Mussolini a primo ministro nell'ottobre 1922. L'idea che la sofferenza e la morte fossero redentrici e trasformative era condivisa da molti fascisti che credevano di «restituire valori a un mondo che li aveva persi. Essi – i fascisti – erano i profeti, salvati dal riconoscimento delle nuove realtà imposte dalla guerra»[60]. Una volta che il fascismo prese il potere, anche i suoi atti di martirio, un tempo celebrati, dovettero finire, o almeno ridursi, perché la loro continuazione avrebbe minato il senso di cambiamento, ordine e controllo che il regime aveva promesso di realizzare. Allo stesso tempo, il fascismo intensificò la propaganda per celebrare i caduti durante la campagna contro i suoi nemici – il comunismo

[58] S. Moskalenko, C. McCauley, *The Marvel of Martyrdom. The Power of Self-Sacrifice in a Selfish World*, Oxford, U.P., 2019, p. 105.

[59] M.P. Jensen, *Martyrdom and Identity. The Self on Trial*, New York, T&T Clark, 2010, p. 188.

[60] P. Corner, *The Fascist Party and Popular Opinion in Mussolini's Italy* cit., p. 20 (trad. it. cit., p. 32).

e la democrazia liberale – per ricordare alla nazione quanto aveva sofferto per suo conto e in nome della giustizia.

Stando ai testi ufficiali fascisti, l'appellativo di «martiri» spettava ai caduti della rivoluzione fascista nel periodo della vigilia, vale a dire dalla data della fondazione dei Fasci di combattimento nel marzo 1919 sino alla marcia su Roma [...] la categoria dei martiri era destinata ad allargarsi per comprendere i fascisti morti, anche dopo il 1924, in seguito a ferite o malattie contratte durante i combattimenti della vigilia[61].

Anche se alcuni fascisti comprendevano le potenziali conseguenze delle loro azioni, ci sono poche evidenze che siano morti volontariamente per la causa, a differenza dei primi cristiani di cui si hanno «frequenti notizie di gioia radiosa, sorrisi e persino risate [...] sulla strada della morte da martire»[62]. L'intimo entusiasmo o disprezzo per la morte, che rasenta la volontà suicida, ha permesso loro di affrontare la fine con uno straordinario autocontrollo:

Non avevano alcun motivo di avere paura. La morte era solo del corpo [...] mai dell'anima; perché la morte eroica del martire ricalcava la vittoria paradossale di Cristo sulla croce e anticipava la resurrezione [...] Grazie a questa conquista soprannaturale della morte, il martire cristiano poteva diventare invincibile come l'eroe classico non avrebbe mai potuto essere[63].

Il martirio cristiano, potenzialmente il più alto livello di santità, secondo Carole Straw, offre due ulteriori linee di pensiero che si riferiscono direttamente all'equivalente fascista. In primo luogo, quello della vendetta: si credeva che «la vendetta finale delle loro convinzioni sarebbe avvenuta alla Seconda Venuta, quando i loro persecutori avrebbero tremato. La vendetta era rimandata; solo rimandata, ma in maniera certa. I cristiani avevano volontariamente rinunciato al potere terreno, fiduciosi che Dio avrebbe agito soprannaturalmente in loro favore». In secondo luogo, la passività del martire cristiano si accompagna a un senso

[61] R. Suzzi Valli, *Il culto dei martiri fascisti* cit., p. 102.
[62] G.W. Bowersock, *Martyrdom and Rome* cit., p. 59.
[63] C. Straw, *'A Very Special Death': Christian martyrdom in its classical context*, in M. Cormack (a cura di), *Sacrificing the Self* cit., p. 39.

di superiorità morale che demonizza ulteriormente l'oppressore/avversario. Glorificando la propria sofferenza e dipingendo i pagani come bruti disumani, i martiri cristiani hanno determinato la scelta morale per qualsiasi individuo:

> Nella tradizione cristiana [...] i buoni avevano sempre sofferto, era parte della loro identità. Soffrire coraggiosamente, non combattere valorosamente, divenne la *conditio sine qua non* dell'ideale eroico cristiano; e questa nuova e vera fortezza avrebbe alla fine conquistato i convertiti (o almeno così speravano i cristiani). Il loro possesso della verità avrebbe necessariamente generato una maggiore forza e capacità di testimonianza in questo nuovo e terribile stile di sofferenza «attiva». I coraggiosi martiri avrebbero stupito anche gli stessi torturatori, perché «la crudeltà era vinta dalla pazienza». Soffrendo la propria morte, non uccidendo il nemico, si vinceva la causa[64].

Se i cristiani celebravano la passività e l'abnegazione come imitazione di Cristo, i Romani incoraggiavano positivamente la resistenza e la lotta. «I Romani raramente si identificavano o volevano essere percepiti come vittime, anche nelle circostanze più terribili. Perciò le loro storie di rivendicazione dell'onore sono concepite non per suscitare pietà, non per svelare una figura di vittima, ma per mostrare una volontà invincibile»[65]. A seconda della versione che si accetta della morte di Berta – attiva/passiva – la sua storia può adattarsi sia alle interpretazioni romane che a quelle cristiane. Offrendo chiare virtù da seguire e lezioni da assimilare, nessuna delle due richiedeva necessariamente il martirio in sé.

Secondo le versioni estreme e infondate, che costituiscono probabilmente la parte più duratura ed emotiva della leggenda, furono la sua resistenza e la sua determinazione a non voler morire che lo portarono a rimanere appeso al ponte e a subire le percosse o il taglio delle mani. Riflettendo l'interpretazione romana che rifiutava la passività, questa fu la versione preferita che venne ripetuta dalle fonti fasciste fino a diventare un «fatto» consolidato. Come affermava Farinacci: «una folla di comunisti gli fu sopra,

[64] Ivi, pp. 42-3.
[65] C. Barton, *Honor and Sacredness in the Roman and Christian Worlds* cit., p. 27.

gl'impose di rinnegare la sua fede; non volle; lo colpirono coi pugni, coi calci, con i bastoni»[66]. Il martirio di Berta iniziò quindi con la sua convinta dichiarazione di fedeltà al fascismo e di assoluta opposizione al socialismo.

Indubbiamente consapevole delle tensioni politiche della Firenze dell'epoca, la scelta di Giovanni Berta di recarsi in San Frediano durante l'insurrezione comportava certamente un rischio elevato e potrebbe essere interpretata quasi come una forma di suicidio/martirio, sostenendo così una lettura cristiana degli eventi. Scrivendo all'inizio del terzo secolo, Clemente di Alessandria definiva il martirio come una confessione di fede in Dio e di obbedienza ai suoi ordini, che non richiedeva necessariamente la morte. Espressione di impegno, la volontà di martirio era fondata su una profonda fiducia in un Dio provvidenziale e giusto, che avrebbe vendicato la propria morte:

> Dio si è fatto uomo perché l'uomo potesse diventare simile a Dio. E se i martiri erano onorati con una santità che superava la gloria degli eroi romani, anche Dio era onorato. La morte obbediente dei martiri ha quindi amplificato la statura di Dio su questa terra, ha testimoniato la sua grandezza celeste come Creatore e ha santificato il suo nome[67].

Se nel 1921 Mussolini non aveva ancora raggiunto tali vette vertiginose, una volta instaurato il regime e il culto del Duce la sua immagine di figura divina divenne molto diffusa:

> in un paese fortemente cattolico al leader paterno si attribuivano ben precise qualità originate dall'esperienza religiosa. Egli era il «salvatore» o il «redentore» dell'Italia e le sue presunte apparizioni erano chiaramente comparabili con quelle dei santi [...] Del resto, si parlava frequentemente del fascismo come una «fede» e Mussolini era il suo sommo sacerdote[68].

Anche se è chiaro che Giovanni Berta non cercò la morte, la narrazione fascista riconobbe il suo impegno per la causa nel tentativo di raggiungere San Frediano e il suo rifiuto di tradire

[66] R. Farinacci, *Storia della Rivoluzione Fascista* cit., p. 288.

[67] C. Straw, *'A Very Special Death'* cit., p. 49.

[68] P. Corner, *The Fascist Party and Popular Opinion* cit., p. 247 (trad. it. cit., p. 275).

la fede di fronte a un pericolo estremo. Il suo «martirio», esempio da seguire per altri, prometteva una punizione «divina» per i responsabili. Inteso nella prospettiva della tradizione cristiana, non solo avvalorava la causa, ma confermava anche lo status e le qualità divine del leader: perché altrimenti tanti sarebbero andati volontariamente incontro alla morte? Riferendosi alle teorie dello studioso cristiano del terzo secolo Origene di Alessandria su Dio e il sacrificio, Straw afferma: «paradossalmente, con l'annullamento i cristiani sono risanati, nell'immolarsi sono glorificati, morendo vivono»[69]. «Sempre presente», i caduti fascisti vivevano anche attraverso i vivi, i camerati che rispondevano convinti al loro nome durante l'appello.

Anche il luogo era importante quando si trattava di martirio. «Dal punto di vista cristiano, il martirio in una città offriva la massima visibilità possibile alla causa della Chiesa nascente, e allo stesso tempo esponeva l'apparato amministrativo romano al massimo imbarazzo»[70]. Anche in questo caso è evidente il parallelismo con il caso Berta, la cui morte avvenne sul ben visibile Ponte Sospeso, nel centro di Firenze, nell'imbarazzo del regime liberale che non era riuscito a controllare i socialisti e a proteggere i suoi cittadini. Altrettanto interessante è l'osservazione di Bowersock sul contributo delle masse alla fama del martire. Poiché molti martìri si svolgevano in pubblico, in occasione di festività importanti, si pensava molto all'importanza dello spettacolo e al modo in cui gli «eventi» si inserivano nella struttura sociale della città:

> Tutto questo significa che il ruolo dei martiri nel perire è concepito come una sorta di intrattenimento pubblico offerto da Dio alle comunità [...] Significa anche che i primi martiri vedono Dio o Cristo stesso come agente del loro martirio, piuttosto che i vari governatori che decretano la loro morte. Si tratta, in altre parole, di una rappresentazione orchestrata da Dio. Deve essere stato un pensiero confortante.

Il martirio antico avveniva quindi in zone frequentate della città, più comunemente all'interno di anfiteatri, dove si poteva presenziare pubblicamente e veicolare lo spirito dell'atto. Nel

[69] C. Straw, *'A Very Special Death'* cit., p. 48.
[70] G.W. Bowersock, *Martyrdom and Rome* cit., pp. 41-2.

caso anomalo di Marianus e Jacobus di Cirta, il luogo era una valle fluviale con alte sponde dove «il martirio poteva diventare letteralmente, come spesso era metaforicamente, un secondo battesimo»[71]. Secondo Michael Jensen:

> Il battesimo cristiano è un simbolo dell'offerta alla morte del vecchio sé, che è ciò che ogni cristiano realizza come identificazione con Gesù Cristo. È una sorta di proto-martirio, con il suo atto di testimonianza a Cristo e di rinuncia al mondo, alla carne e al diavolo. L'immersione nell'acqua simboleggia il morire e il risorgere a nuova vita[72].

Avendo avuto luogo nell'Arno, è possibile interpretare il martirio di Berta in modo simile, mentre la posizione del fiume nel centro della città rendeva la sua morte sicuramente pubblica. Come nota Moss: «la conversione degli astanti è un topos del genere stesso, in quanto i resoconti notano spesso l'effetto che il martirio ha sul pubblico dell'esecuzione»[73].

Degna di considerazione, quando si considera il martirio fascista nel contesto del mondo antico, è anche l'idea di Jensen che l'atto avvenga nel momento in cui – e quindi rappresenti il punto in cui – ogni ulteriore dialogo tra parti opposte non è più possibile, se mai lo è stato. Erigendo una barriera insormontabile tra le parti contrapposte, l'atto diventa un gesto di sfida contro il potere alternativo e uno strumento di comunicazione estremamente efficace in grado di mobilitare consensi:

> Il sangue dei martiri convince gli astanti della necessità di unirsi alla causa. [...] Se vuole essere fedele alla sua natura fondamentale di testimonianza, non può essere visto in ultima istanza come un semplice gesto di sfida, ma come un invito a unirsi al martire nell'adorazione dell'unico Signore del cielo e della terra. In quanto tale, nel martirio cristiano c'è l'invito al contatto: la possibilità che l'osservatore della morte del martire, o l'ascoltatore della sua storia, possa essere coinvolto nel mondo che il martire descrive...[74]

[71] Ivi, pp. 50; 52.
[72] M.P. Jensen, *Martyrdom and Identity* cit., pp. 5-6.
[73] C.R. Moss, *The Other Christs* cit., p. 14.
[74] M.P. Jensen, *Martyrdom and Identity* cit., p. 187.

I martiri italiani

Il martire eroico e strumento di mobilitazione non era un concetto nuovo nell'immaginario nazional-patriottico italiano, con numerosi esempi dal Risorgimento fino al fascismo. Leader del movimento patriottico «Giovane Italia», Giuseppe Mazzini vedeva la vita politica come una dedizione totale, quasi religiosa, alla patria e alla sua rigenerazione. L'Italia, secondo la sua visione, doveva essere una teocrazia democratica in cui l'unità politica poteva essere raggiunta solo da un'unità morale radicata in una fede o missione comune, cioè una religione della patria. Quale religione adottare alla base di questo processo di nazionalizzazione, tuttavia, provocò un dibattito significativo e grandi spaccature all'interno della società italiana. Considerato il contrasto tra italiani cattolici e anticlericali, la creazione di una religione civica e di una fede nazionale richiedeva che lo Stato assumesse un forte ruolo educativo. Pur confidando che un piccolo numero di eroi coraggiosi potesse accendere il fuoco della rivoluzione, Mazzini era comunque consapevole delle limitate possibilità di successo. Di conseguenza,

> il coraggio di fronte alla morte e la fede nelle virtù del martirio erano ingredienti essenziali dell'atteggiamento eroico [...] Per Mazzini, l'eroe martire santificava la nazione, ma la incarnava anche come una causa degna di essere condivisa, e per la quale valeva la pena combattere e morire.

Nell'Ottocento, i sostenitori di Mazzini utilizzarono le immagini di figure sacrificali italiane eroiche come i fratelli Bandiera, per creare un senso di identità e raggiungere un pubblico più ampio. Attraverso la pubblicazione di immagini, poesie, racconti, memorie, ecc. le vite dei martiri furono diffuse al di là dei circoli clandestini[75]. Facendo leva su legami dichiaratamente «religiosi» con il sacrificio, tali eroi hanno anche avuto la funzione di «incoraggiare e consolare i simpatizzanti, che vedevano intorno a loro compagni e amici cadere in combattimento o soffrire in prigione o

[75] L. Riall, *'I martiri nostri son tutti risorti!'*, in O. Janz, L. Klinkhammer (a cura di), *La morte per la Patria* cit., pp. 27-8.

in esilio»[76]. L'esempio più celebre è forse quello di Garibaldi che, dopo il suo ferimento nella battaglia dell'Aspromonte nel 1862, fu descritto dallo scrittore francese in esilio Félix Pyat in termini cristologici:

> «L'Aspromonte ricorda le cime del Calvario, il tuo martirio ricorda la Passione. La tua gloria diventa un culto [...] Tu eri grande, ora sei un santo» [...] Una stampa dell'epoca, intitolata *Aspromonte 28 agosto 1862*, mostra il «calvario» dell'eroe, ritraendolo come Cristo al momento della crocifissione, incoronato da un angelo (l'Italia), mentre Venezia (il leone) e Roma (il lupo) aspettano pazientemente più in basso...[77]

Negli anni Ottanta e Novanta del diciannovesimo secolo, in tutta Italia sorsero statue che celebravano le figure eroiche del Risorgimento[78]. Inizialmente finanziate da mecenati privati, lo Stato è poi arrivato a sovvenzionare, promuovere o almeno sostenere la loro creazione e collocazione in spazi urbani molto frequentati[79]. Trasformando i morti in esempi «vivi», il loro eroismo, la loro sofferenza e il loro sacrificio erano evidenti a tutti. Avendo promesso di completare il progetto di unificazione nazionale, il fascismo cercò di collegare direttamente questi due periodi «eroici» della storia italiana. Come parte di questo processo, si appropriò del colle del Gianicolo di Roma, dove, nel 1849, oltre 900 volontari erano morti per difendere la Repubblica Romana dalle truppe francesi inviate per restituire la città al papa. Riscrivendo la narrazione dei fatti del Gianicolo e ridisegnando la sua memoria attorno alla statua esistente di Garibaldi, il fascismo ne eresse un'altra dedicata alla prima moglie Anita (1932) e costruì l'Ossario garibaldino (1941) per i caduti nella difesa della Repubblica e nelle successive campagne di conquista della città[80]. Creando una linea di continuità storica dai caduti del 1849 ai caduti della

[76] A.M. Banti, *Sublime madre nostra* cit., p. 62.

[77] L. Riall, *'I martiri nostri son tutti risorti!'* cit., p. 39.

[78] L. Berggren, L. Sjöstedt, *L'ombra dei grandi. Monumenti e politica monumentale a Roma (1870-1895)*, Roma, Artemide, 1996.

[79] A.M. Banti, *Sublime madre nostra* cit., p. 67.

[80] Cfr. R. Forlenza, B. Thomassen, *From Myth to Reality and Back Again* cit.; R. Bosworth, *Whispering City. Rome and its Histories*, New Haven-London, Yale U.P., 2011, pp. 83-90.

rivoluzione fascista, le Camicie Nere di Mussolini furono rappresentate come discendenti delle Camicie Rosse di Garibaldi. Come spiegava «La Riscossa» nel 1921:

> Lo sappiamo, che su ognuno di noi, pesa la condanna di morte emessa della delinquenza rossa, ma siamo lieti del sacrificio della nostra vita, perché sappiamo che noi cadendo, altri mille prenderanno il nostro posto di lotta, affinché questa nostra Italia, che noi garibaldinamente abbiamo salvato dal nemico esterno, sia purificata dai venduti e dai banditi nostrani[81].

Sebbene non siano pochi i parallelismi con l'approccio dell'Italia liberale, lo sfruttamento dei martiri patriottici da parte del fascismo si differenziava notevolmente per la celebrazione e la venerazione di figure quotidiane, in contrapposizione ai gloriosi leader ed eroi che avevano fatto la patria. Se l'Italia fascista doveva riuscire a creare una generazione di «nuovi italiani» pronti fisicamente e moralmente a difendere la patria, il concetto di martirio e la volontà di morire per la nazione dovevano essere divulgati e sviluppati su scala di massa. Evocare solo i padri fondatori della nazione come martiri patriottici comportava il rischio controproducente di allontanare l'uomo comune da tale venerazione. Di conseguenza, erano necessari modelli nuovi e alternativi. Non meno eroici o patriottici, dovevano essere figure a cui i comuni cittadini potessero riferirsi e ispirarsi:

> C'è bisogno di far capire che anche la sofferenza patita da un ragazzino alle prime armi lo trasforma in un eroe che ha la stessa dignità dei grandi della nazione. C'è da spiegare ai padri e alle madri che il dolore terrificante che nasce dalla perdita di un figlio può essere riscattato dall'aura di gloria che lo circonda nel caso che quella morte sia «sacra», causata da un gesto compiuto a beneficio della collettività[82].

Il fascismo ne era apertamente convinto. Rielaborando gli eroi risorgimentali d'élite nella propria narrazione, la stragrande maggioranza dei suoi «martiri» si distingueva per eroismo e per ordi-

[81] G.C., *Ancora una volta il fascismo* cit., p. 1.
[82] A.M. Banti, *Sublime madre nostra* cit., pp. 73-4.

narietà. Attingendo alla tradizione italiana, cercò di trasformare il martirio in un evento strettamente politico, utilizzando la famiglia e la Chiesa cattolica[83].

La prima guerra mondiale generò il successivo grande salto nel processo di nazionalizzazione. Con una perdita stimata di 600.000 uomini nel conflitto, oltre ad altri 400.000 feriti, i soldati italiani caduti furono trasformati in martiri con una missione sacra[84]. Come ha sostenuto Emilio Gentile, la tragedia della guerra e l'esperienza vissuta della morte di massa nelle trincee stimolarono una rinascita del sentimento religioso e della spiritualità, lungo linee non tradizionali:

> La simbologia cristiana della morte e della resurrezione, la dedizione alla nazione, la mistica del sangue e del sacrificio, il culto degli eroi e dei martiri, la «comunione» del cameratismo divennero gli ingredienti per formare una nuova «religione della patria»[85].

Allineandosi simbolicamente con la nazione, il fascismo cercò di monopolizzare la memoria del conflitto come suo mito di fondazione e di

> rappresentare la «rivoluzione fascista» come il culmine della rinascita nazionale, che sarebbe iniziata con la guerra. A sua volta, l'appello fascista per i morti [...] fu trasferito all'onore dei morti di guerra. I soldati caduti furono così trasformati in campioni del fascismo e i morti del movimento fascista furono presentati come esecutori della loro eredità[86].

Nel marzo del 1921, a meno di un mese dalle violenze e dai morti di Firenze, Mario Montanari, sulla «Sassaiola Fiorentina», si espresse esattamente in questo senso, chiedendo il riconosci-

[83] R. Suzzi Valli, *Il culto dei martiri fascisti* cit., p. 116.

[84] Per i diversi calcoli dei morti in guerra si veda A. Prost, *The Dead*, in J. Winter (a cura di), *The Cambridge History of the First World War*, vol. III, *Civil Society*, Cambridge, U.P., 2014 (ebook).

[85] E. Gentile, *Il culto del littorio* cit., p. 29.

[86] O. Janz, *Mourning and Cult of the Fallen (Italy)*, in U. Daniel *et al.* (a cura di), *1914-1918 online. International Encyclopedia of the First World War*, Berlin, Freie Universität Berlin, 2016, pp. 6-7, https://encyclopedia.1914-1918-online.net/article/mourning_and_cult_of_the_fallen_italy [ultimo accesso 17 marzo 2020].

mento pubblico dei caduti fascisti – i caduti per la rivoluzione – accanto ai morti e ai mutilati di guerra, che erano stati così spietatamente dimenticati dal regime liberale. Combattendo una guerra di vendetta contro il nemico interno, il fascismo capitalizzava i propri feriti, mutilati e morti in nome della patria:

> I morti del Carso hanno i loro fratelli uccisi su le piazze.
> I vincitori del Piave hanno i loro fratelli vincitori di Trieste, di Bologna, di Ferrara, di Modena, di Milano, di Puglia e di Firenze.
> Sull'altare della Patria, dove per un momento d'idiotismo di governo e d'istituzioni furono scolpiti i nomi dei morti della prima guerra, devono esser scolpiti i nomi dei morti della seconda guerra ultima, della guerra fascista.
> Gioiscono gli eroi dei monti e delle piane; gioiranno così, i morti fascisti!...
> Perché per ogni fascista che cade, diecine di traditori sprofondano nel fango rosso[87].

I martiri erano quindi importanti per il movimento fascista per una serie di ragioni. Identificandosi con la patria, i martiri fascisti costruirono anche un'immagine dell'avversario che lo escludeva dalla nazione e gli negava la possibilità di avere martiri tra le proprie file[88]. Identificando e rivelando la brutalità e la barbarie del nemico, lo stoicismo e la fede dei martiri fascisti nella loro ideologia e nel loro «dio» si tradussero in una resistenza intrepida ai loro oppressori. Molto importanti in termini di mobilitazione del sostegno, queste idee contribuirono anche a quella che Gentile ha definito la «sacralizzazione dello Stato», con cui il fascismo cercò di creare una religione politica. Nel 1934, l'inaugurazione del Sacrario dei Caduti per la Rivoluzione Fascista, a Firenze, fu uno dei momenti chiave nello sviluppo di questo culto che portò i morti fascisti al centro della campagna di mobilitazione di massa del regime. Il fascismo aveva bisogno di eroi e i morti della prima ora erano particolarmente graditi.

[87] M. Montanari, *I nostri morti*, «Sassaiola Fiorentina», 25 marzo 1921, p. 1.
[88] R. Suzzi Valli, *Il culto dei martiri fascisti* cit., p. 107.

6

I CADUTI

Il culto dei morti

Scrivendo alla vigilia dell'inaugurazione della cripta dei caduti fascisti a Firenze, nel 1934, Giulio Ginnasi annunciava l'imminente corteo di feretri come

> la più lampante prova che la Rivoluzione è costata sangue e che il benessere attuale del popolo italiano, come la potenza attuale della Nazione, sono sorte unicamente dal coraggio dal Capo e dalla offerta spontanea di quel sangue che è prezioso e sacro quanto quello che defluì all'Isonzo, al Tagliamento e al Piave[1].

A differenza delle commemorazioni asettiche dei caduti di guerra da parte dello Stato, il fascismo richiamò l'attenzione sulla violenza della «rivoluzione» con opuscoli, canzoni, cartoline e fotografie dei suoi caduti e mutilati che testimoniavano la brutalità del nemico e lo demonizzavano[2]. Collegando i suoi caduti agli eroi patriottici del passato, il fascismo cercò anche di distinguerli da coloro che erano morti per la patria. Ciò fu realizzato attraverso funerali, commemorazioni e monumenti diretti a evidenziare il ruolo specifico del PNF nella storia della nazione. Il numero dei martiri era in costante crescita e variava a seconda di come veniva definito il «martirio», contando anche coloro che morivano di-

[1] G. Ginnasi, *Legittimo orgoglio squadrista*, «Il Bargello», 27 ottobre 1934, p. 2.

[2] Un buon esempio, che include numerose immagini esplicite, è M. Di Simone, *Pagine eroiche della rivoluzione fascista*, Milano, Imperia, 1925.

versi anni dopo le ferite inizialmente riportate. «Le stime fasciste erano molto alte: si sosteneva che tra il 1919 e il 1922 fossero morti tremila fascisti, ma il numero reale era probabilmente intorno ai cento»[3]. Secondo il partito, nel 1942 i martiri erano 814, di cui 464 erano morti nel periodo 1919-22, una cifra che Suzzi Valli corregge in quasi 250[4]. Oltre alle incertezze sui numeri, lo status di «fascista» di alcuni dei caduti era altrettanto discutibile, il che presenta grandi analogie con il caso di Berta.

George Mosse ha sostenuto che il culto del soldato caduto è emerso dalle guerre di liberazione tedesche e dalla Rivoluzione francese. Trasformando le morti in sacrifici giustificabili, è su questo terreno che il sacro e la nazione si sono fusi:

> Non era solo la fede negli obiettivi della guerra a giustificare la morte per la patria, ma la morte stessa veniva trascesa; i caduti erano davvero resi sacri nell'imitazione di Cristo. Il culto dei caduti forniva alla nazione dei martiri e, nel luogo del loro ultimo riposo, un santuario di culto nazionale[5].

Mentre tali idee si diffondevano in tutta Europa, la politica assunse caratteristiche religiose e lo Stato si fece carico di una missione educativa che lanciò «un'epoca nuova di rivalità e conflitti fra 'religione civile' e 'religione tradizionale'»[6]. Ciò era particolarmente evidente nella nascente Italia (1861), che entrò in conflitto diretto con la Chiesa cattolica mentre cercava di costruire una religione patriottica alternativa attorno allo Stato-nazione. Nonostante l'educazione anticlericale e la retorica di Mussolini, il rapporto tra il regime e la Chiesa era ambiguo. Il fascismo, tuttavia, non pretendeva che i cittadini si schierassero sulla questione religiosa. Consentiva invece un'ambiguità in cui la fede cattolica e quella fascista non si escludessero a vicenda. Se pure c'erano tensioni, in particolare per quanto riguarda l'istruzione e i rispettivi movimenti giovanili, entrambe le forze erano acutamente consa-

[3] J. Foot, *Italy's Divided Memory* cit., pp. 55-6 (trad. it. cit., p. 27).
[4] R. Suzzi Valli, *Il culto dei martiri fascisti* cit., pp. 103-4.
[5] G.L. Mosse, *Fallen Soldiers. Reshaping the Memory of the World Wars*, Oxford, U.P., 1990, p. 35.
[6] E. Gentile, *Il culto del littorio* cit., pp. 6-7.

pevoli dei benefici che si potevano ottenere dalla reciproca collaborazione[7]. Mussolini cercò così di evitare qualsiasi confronto diretto con la Chiesa.

Ma non per questo i fascisti smisero di parlare del fascismo come di una religione: anzi non esitarono a fare frequenti confronti fra il loro movimento e il cristianesimo, con l'intento di far riverberare sul fascismo il crisma della religione tradizionale, sublimando così le loro pretese religiose, per orientare verso il culto del littorio, con la suggestione dell'analogia, la devozione di un popolo in larghissima maggioranza ancora cattolico[8].

Mescolando zelo patriottico e gusto per la violenza, alcuni ex combattenti, anche se inizialmente in numero molto ridotto, si presentavano come missionari cristiani armati del loro vangelo e della loro determinazione, pronti a dare la vita per la loro fede nell'ultimo atto del martirio. Diffondendo e difendendo con violenza il loro messaggio, le loro attività potevano essere interpretate alla stregua di crociate contro gli infedeli socialisti. Il fascismo costruì il proprio sistema di simboli, miti, rituali, santi e luoghi di culto nel tentativo di mobilitare le masse attraverso concetti religiosi facilmente riconoscibili. L'analisi di Gerald Parsons della cripta fascista a Siena evidenzia come il fascismo abbia cercato di presentarsi in termini apertamente religiosi attraverso rituali, cerimonie, culti, letteratura e retorica caratterizzati da una forte presenza di termini come sacrificio, salvezza e martirio. «In particolare, la commemorazione dei morti da parte del fascismo e il suo culto dei caduti – specialmente quelli che erano morti affermando la causa fascista contro gli avversari politici e diventando così 'martiri' fascisti – erano un tema centrale del rituale fascista»[9]. Rendendo i suoi caduti pressoché immortali, i martiri

[7] Sul rapporto tra Chiesa e regime fascista si veda: L. Ceci, *The Vatican and Mussolini's Italy*, Boston-Leiden, Brill, 2016; D. Kertzer, *The Pope and Mussolini. The Secret History of Pius XI and the Rise of Fascism in Europe*, Oxford, U.P., 2014; T. Koon, *Believe, Obey, Fight. Political Socialization of Youth in Fascist Italy, 1922-1943*, Chapel Hill, University of North Carolina Press, 1985; J. Pollard, *The Vatican and Italian Fascism, 1929-32*, Cambridge, U.P., 1985.

[8] E. Gentile, *Il culto del littorio* cit., p. 95.

[9] G. Parsons, *Fascism and Catholicism: A Case Study of the Sacrario dei Ca-*

fascisti e il culto dei morti divennero particolarmente importanti. Come affermava «La Nazione»: «l'universalità del fascismo è nella sua essenza di natura religiosa e non può valutarne la potenza espansiva chi non si accosta a quei momenti della liturgia civile testimonianti l'inflessibile disciplina delle masse e la grande fede nel Capo»[10].

Nei suoi ricordi del fascismo fiorentino Bruno Frullini ha delineato l'importanza del culto dei morti e del rituale nella cultura fascista, nel suo omaggio romantico ai caduti:

> Gli assurti in cielo nella battaglia o nell'imboscata [...] sussurrano fra loro con voci infinite di oltretomba [...] le canzoni della gloria e della morte e mostrando le non cicatrizzate ferite chiedono ancora la ultima, la più grande battaglia che ci porti, che ci conduca di un balzo aquileo, all'impero sognato che è oggi mercé il DUCE, sulla via della completa Realizzazione. Nel giorno futuro dell'assalto, le nuove generazioni saranno, son certo, degne di Voi, poiché fra le bandiere tricolorate d'Italia, passeranno i laceri gagliardetti neri della Rivoluzione, che portano ancora il segno di qualche goccia del Vostro sangue vermiglio[11].

Sulla stessa linea il direttore del «Bargello», Gioacchino Contri, alla vigilia dell'inaugurazione del Sacrario dei Caduti per la Rivoluzione Fascista a Firenze, scriveva: «nessuna rivoluzione, nessun movimento storico – all'infuori della religione cristiana – ha mai potuto creare questo legame tra i vivi e i morti, tra l'immortalità dell'idea rappresentata dal sacrificio dei Caduti e l'opera quotidiana dei gregari»[12].

I martiri del fascismo e il suo culto dei morti fornirono quindi un senso alle tragiche perdite per le famiglie, nello stesso modo in cui i culti dei martiri medievali aiutavano gli individui e le comunità a elaborare e razionalizzare i conseguenti sentimenti di angoscia, caos e smarrimento dopo la morte di un martire. «Rievocando la morte di un leader attraverso lo spettacolo del martirio, i contemporanei interpretavano la sua imprevedibilità e la

duti Fascisti in the Crypt of San Domenico, Siena, «Journal of Contemporary History», 42(3), 2007, pp. 471-2 [469-84].

[10] *Commossa vigilia*, «La Nazione», 26 ottobre 1934, p. 1.

[11] B. Frullini, *Squadrismo fiorentino* cit., pp. 311-2.

[12] G. Contri, *Rito di Fede rivoluzionaria*, «Il Bargello», 27 ottobre 1934, p. 2.

sua violenza come parte di un disegno celeste che non potevano comprendere, dotato di uno scopo più alto di quanto potessero immaginare»[13]. Così, tali culti potevano aiutare a dare un senso al non-senso attraverso una forma di sistema religioso che creava ordine. Il concetto è stato esplorato da Clifford Geertz, il quale ha sostenuto che l'uomo ha bisogno di modelli culturali per acquisire un senso di auto-direzione e controllo. Fornendo ordine, riducendo così il caos creato da ciò che l'uomo non può comprendere e che altrimenti limiterebbe la sua capacità di funzionare, Geertz suggerisce che tali modelli possono fornire uno strumento per spiegare il mondo: «Ogni fallimento irreversibile dell'apparato esplicativo, il complesso cioè di modelli culturali comunemente accettati (il buon senso, la scienza, la speculazione filosofica, il mito) di cui si dispone per avere una mappa del mondo empirico, nello spiegare cose che invocano una spiegazione, tende a produrre un'inquietudine profonda»[14]. Geertz sottolinea anche come i simboli possano sembrare molto reali anche se sono del tutto artificiali. Mentre agli estranei alla religione un simbolo può apparire mitologico, per gli addetti ai lavori lo stesso caso può essere un fatto storico indiscutibile. Ad esempio, mentre i cristiani considerano la resurrezione di Gesù come un fatto, qualcosa che ha avuto luogo ed è stato registrato nella Bibbia, gli esterni la considerano mitica piuttosto che storica. C'è un chiaro paragone con la morte e la memoria controversa di Giovanni Berta.

Quindi, se gli strumenti abituali di comprensione del mondo – buon senso, scienza, filosofia e mito – non riescono a spiegare ciò che richiede una spiegazione, il risultato è una profonda angoscia. È a questo punto, secondo Geertz, che la religione interviene per fornire un senso di ordine. Se il suo scopo è quindi quello di razionalizzare esperienze che sembrano impossibili da comprendere, la religione non serve necessariamente a rendere la vita più facile, ma piuttosto a trovare un modo per affrontare le grandi questioni, in particolare la malattia e la morte. Infatti, come ha suggerito Gentile a proposito dei martiri:

[13] D. Piroyansky, *Martyrs in the Making* cit., p. 123.

[14] C. Geertz, *The Interpretation of Cultures*, New York, Basic Books, 1973, p. 100 (trad. it. *Interpretazione di culture*, Bologna, il Mulino, 1988, p. 155).

Come tutte le religioni, il fascismo dava a suo modo una risposta al problema della morte, attraverso l'esaltazione del senso comunitario che integra l'individuo nel gruppo. Chi moriva con la fede nel fascismo entrava nel suo universo mitico ed acquistava l'immortalità nella memoria collettiva, attraverso la celebrazione liturgica del culto degli eroi e dei caduti[15].

Invece di cercare di eliminare la malattia e la morte dalla nostra coscienza, la religione le inserisce in un sistema comprensibile. Di conseguenza, il problema non è la sofferenza in sé, ma come soffrire, accettare il dolore fisico, il lutto personale, la sconfitta o l'agonia degli altri. I sistemi sacri offrono quindi un quadro di riferimento per spiegare la nostra mortalità e quella dei parenti e dei membri della comunità, razionalizzando e permettendo così di accettare la morte dell'«altro» (nemico, estraneo), se avviene a beneficio della comunità. Sembra essere questo l'obiettivo di Gentile nella sua teoria del tentativo dell'Italia fascista di creare una religione laica: «in momenti di crisi o di straordinaria tensione la collettività aspira a recuperare un senso totale della vita, come fondamento di una nuova stabilità, aderendo ai movimenti politici che promettono di superare il caos in una dimensione più alta di ordine comunitario»[16]. La celebrazione dei martiri fascisti offriva quindi un modo per spiegare e giustificare la loro morte, placando così la minaccia di potenziali disordini posti dall'inevitabile dolore che ne derivava. Rendendo il martirio più comprensibile, logico e accettabile per l'individuo e le sue famiglie, si scoraggiavano anche le proteste e le discordie successive.

Come i santi religiosi, i martiri fascisti erano impegnati anche dopo la morte nella causa per cui erano caduti. Avendo acquisito un senso di finalità, raggiungevano l'immortalità in una memoria collettiva che promuoveva il movimento e ne incoraggiava il sostegno.

Le ossa dei nostri morti sparse in tutti i cimiteri di Toscana fremeranno in questo momento [...] Placatele o fascisti, placatele rinnovellando il giuramento che giammai l'Italia potrà essere uccisa da suoi figli; placa-

[15] E. Gentile, *Il culto del littorio* cit., pp. 115-6.
[16] Ivi, pp. 273-4.

tele le ossa dei nostri morti, o compagni viventi, gridando oggi con voce possente dalle colline di S. Miniato che questi nostri morti adorati, non debbano essere morti invano[17].

«La Nazione» riprende il tema qualche anno dopo, in seguito alla morte del padre di Berta, che suscita un'ulteriore riflessione su quella del figlio, avvenuta nove anni prima:

Quando nel 1921 la più atroce morte tolse al suo affetto vivo di padre il figlio adolescente che egli adorava, Giovanni Berta sopportò l'immenso dolore con fierezza di Italiano e di Fascista. Che suo figlio non era morto invano, gli eventi vittoriosi, che dopo tante tappe dolorose, ma fulgide, portarono al potere il Duce segnando la rinascita nazionale, stanno a dimostrare chiaramente che il sacrificio di tante adolescenze immolatesi con serenità per il trionfo di una idea, non era stato vanamente compiuto[18].

Per tutti i caduti in nome della rivoluzione, dare un senso a questi eventi era fondamentale sia nel periodo immediatamente susseguente che negli anni successivi. Tale sentimento fu fortemente sentito alla vigilia della tumulazione dei martiri fiorentini nel Sacrario di Santa Croce, nel 1934:

Non c'è tristezza nel rito celebrativo di chi è caduto per un'idea; ma piuttosto esaltazione eroica, tripudio di letizia penosa. Tristi sono le ombre di coloro, la cui morte fu vana. Ma i nostri ragazzi [...] han versato sangue fecondo di bene [...] il loro spirito è passato a formare l'anima della realtà in cui viviamo[19].

In realtà, con il passare del tempo, la memoria dei caduti fu sempre più indirizzata a sostenere i tentativi di mobilitazione di massa e di pacificazione del regime in tempi di conflitto. Nel pieno della guerra coloniale in Etiopia «Il Bargello» invocava la memoria di Giovanni Berta in seguito all'imposizione di sanzioni all'Italia

[17] G. Giunti, *Onore ai nostri morti*, «La Riscossa», I, supplemento al n. 42, 1° novembre 1921, pp. 1-2.

[18] *La morte dell'On. Giovanni Berta* cit., p. 4.

[19] R. Mazzucconi, *Il rito di Firenze*, «Voce Amica», IV, n. 10-11, ottobre-novembre 1934, p. 1.

da parte della Società delle Nazioni. Un articolo intitolato *Dormi tranquillo Berta! Il Fascio doma barbari e assassini* affermava:

Ma il popolo tirò e tira diritto. Allora l'Etiopia ordinò la mobilitazione generale. L'Italia allora si mosse: Ma come fo a dartele – dissero i portavoce di quegli interessi – se non stai fermo? [...] E per fermarci, augurabilmente nell'immobilità dei morti ammazzati, e visto e considerato che il pistolone non aveva fatto effetto, giù la patente di aggressori, l'*embargo* sugli armi contro di noi e in pro di Abissinia, le sanzioni, la pressione economica e morale di tre quarti del mondo[20].

Con l'aumentare del numero dei caduti in Africa, aumentava anche la necessità di spiegare e giustificare le morti. «Marciamo con i nostri morti», esortava «Il Bargello». «Sarà lo spirito dei morti che guiderà le armi dei vivi». E continuava: «il Fascismo impone agli uomini il clima dell'eroismo. Più esso è umile più ha Potenza, più esso può, nel momento sacro delle gesta e del trapassato, insegnare ai superstiti (ai vivi) che fin lì percorsero insieme la strada della fede, l'epica bellezza del sacrificio supremo»[21]. Durante la seconda guerra mondiale il linguaggio del «Bargello» divenne sempre più roboante, rivolgendosi nuovamente ai caduti della prima ora per ispirarsi:

È bello per noi fascisti rievocare la memoria dei camerati della Vigilia, caduti per la Rivoluzione e nel loro ricordo serrare ancora più strettamente le file, acuire le volontà, armare di nuovi impeti la nostra fede. Ed è supremamente più ricordarli in questi giorni di guerra perché essi furono i precursori di questa ascesa di potenza fascista, del rinnovarsi spirituale del popolo italiano che oggi, più di sempre, si raccoglie compatto sotto i segni del Littorio per raggiungere la sicura Vittoria[22].

Il culto dei morti e dei martiri era quindi strumento di mobilitazione di massa. Importanti per il fascismo fin dai primi raid, i morti personificavano il tipo di fede e di zelo che Mussolini aveva cercato di creare al di là dello squadrismo, mentre i martiri erano

[20] *Dormi tranquillo Berta! Il Fascio doma barbari e assassini*, «Il Bargello», 1° marzo 1936, p. 1.

[21] *Nell'insegnamento dei Caduti*, «Il Bargello», 3 dicembre 1936, p. 5.

[22] *Nel nome dei caduti*, «Il Bargello», 13 aprile 1941, p. 4.

utilizzati come simboli della persecuzione politica e come prova della barbarie degli avversari socialisti/comunisti che uccidevano gli squadristi e minacciavano la nazione. Con il comunismo di fatto silenziato, le figure dei martiri continuavano a ricordare la barbara minaccia e venivano sempre più utilizzati per la mobilitazione di massa attraverso la memoria e la commemorazione. Oltre ai libri, agli opuscoli, agli articoli di giornale, alle cartoline, alle opere d'arte ecc. che contribuirono a questo processo, l'inaugurazione del Sacrario dei Caduti per la Rivoluzione Fascista nella Basilica di Santa Croce a Firenze, nel 1934, fu l'apoteosi della memoria del martirio fascista.

Il Sacrario dei Caduti per la Rivoluzione Fascista

Possa la memoria pura dei morti dare coraggio, perseveranza ai vivi! Non si può esaltare il sacrificio di ieri, se non si è pronto a quello di domani. Bisogna onorare colla disciplina, col lavoro e la fede inflessibile la santa memoria dei nostri indimenticabili morti
MUSSOLINI (2 luglio 1923 – I E. F.)[23].

Nell'ottobre 1934 fu inaugurato a Firenze il Sacrario dei Caduti per la Rivoluzione Fascista. Alla presenza del Duce, quella che sembra essere stata essenzialmente una commemorazione locale fu anche un esercizio di partecipazione di massa nazionale, di unità e di creazione di identità intorno al fascismo e alla madrepatria. Come rifletté Pavolini poco prima dell'inaugurazione, la cripta consacrava la gloria locale, nazionale e globale. Erroneamente riportando il numero dei caduti, dichiarava:

Mentre la salma di Giovanni Berta sta per provare la sua degna collocazione, insieme con le salme dei quaranta Caduti del Fascismo fiorentino, nella cripta di quella Basilica di Santa Croce che è non solo gloria di Firenze ma consacrazione di glorie nazionali ed universali, il nome di Giovanni Berta è anch'esso divenuto nazionale e mondiale[24].

[23] AA.VV., *L'Olocausto di Firenze* cit., *Prefazione*.
[24] Gruppo Rionale Fascista «Giovanni Berta» di Firenze, *Giovanni Berta* cit., p. VII.

La folla schierata per le strade per rendere omaggio al passaggio del corteo di feretri dal Duomo alla Basilica di Santa Croce suggerisce che c'era un notevole entusiasmo per l'evento. Quanto fosse genuino questo presunto sostegno di massa è difficile da valutare, dal momento che la partecipazione a tali cortei non può essere considerata del tutto volontaria[25]. Inoltre, la partecipazione di massa fu assicurata anche dalla mobilitazione delle varie organizzazioni fasciste, dei lavoratori del settore pubblico e delle fabbriche e dei gruppi di quartiere del partito fiorentino, come il Gruppo Rionale «Giovanni Berta». Quasi certamente c'era un certo affetto locale per il defunto, ma bisogna chiedersi fino a che punto possa essere interpretato come sostegno al regime. Gli italiani potevano evidentemente essere mobilitati, ma non era necessariamente un segno di consenso.

Come già osservato, Emilio Gentile ha suggerito che simboli, rituali e manifestazioni di massa fossero una parte importante del tentativo del fascismo di creare una liturgia che avesse un impatto non solo sui membri del partito ma su tutta la società italiana. «Forme di visualizzazione e di drammatizzazione del mito, i simboli e i riti erano necessari per rendere accessibili al sentimento delle masse i miti della 'religione fascista' e convertirli alla sua fede»[26]. Distinguendosi dai suoi predecessori liberali che avevano temuto e limitato i grandi raduni pubblici, il fascismo riempì le città e le piazze di folle di uomini, donne e bambini preparati a celebrare pubblicamente quasi ogni aspetto del regime.

Mussolini era un convinto seguace del filosofo e teorico delle masse francese Gustave Le Bon, che sosteneva che la strada per il potere passasse attraverso la padronanza della psicologia collettiva e la manipolazione delle passioni di massa, che avrebbero permesso di orientare le folle nel loro intenso stato di suggestionabilità. Definendo la folla semplicemente come un insieme di individui, indipendentemente dalla nazionalità, dalla professione, dal sesso o dalle circostanze che li riunivano, Le Bon soste-

[25] Per un esempio di come gli individui siano stati costretti a partecipare a tali eventi, si veda il racconto dell'*adunata generale nazionale* in P. Corner, *The Fascist Party and Popular Opinion in Mussolini's Italy* cit., pp. 195-8 (trad. it. cit., pp. 214-8).

[26] E. Gentile, *Il culto del littorio* cit., pp. 146-7.

neva che, a determinate condizioni, gli individui all'interno del gruppo avrebbero modificato i loro comportamenti. In seguito, le loro idee e i loro sentimenti sarebbero diventati un tutt'uno, sovrastando così le loro personalità coscienti e individuali[27]. Una volta in un grande gruppo, gli individui avrebbero cessato di comportarsi come tali. Incapaci di esercitare il proprio giudizio razionale, sarebbero stati soggetti alla «legge dell'unità mentale delle folle». Privi di capacità di ragionamento, gli individui si sentono rafforzati da un senso di forza derivante dall'anonimato all'interno della massa. Classificandolo come un ordine ipnotico, Le Bon suggeriva che ogni sentimento e atto della folla è talmente contagioso che gli individui sacrificano i loro interessi personali a quelli della collettività. Così, nelle mani di un operatore esperto, i cittadini privati della loro personalità cosciente all'interno della massa potevano essere incoraggiati a seguire i suggerimenti del leader, commettendo anche atti in contraddizione con le loro convinzioni e il loro comportamento abituale. Coloro che non rispondevano a questi stimoli erano considerati nemici[28]. La folla era «un gregge servile [...] incapace di fare a meno di un padrone», che spesso proveniva «dalle file di quelle persone nevrotiche, eccitabili e semi-alienate che rasentano la pazzia»[29]. Venerando un essere presumibilmente superiore, le folle erano indiscutibilmente «religiose».

Precedendo l'ascesa dell'estrema destra europea tra le due guerre, Le Bon si concentrò sulla massa socialista. La sua teoria della psicologia delle folle è stata tuttavia applicata al governo dell'Italia fascista, dove il culto del capo è cresciuto insieme a quello del partito, entrambi rafforzati e legittimati dall'uso di simboli e dallo sviluppo di miti, rituali e cerimonie, di cui i culti dei caduti e dei morti erano parte integrante. Il Sacrario dei Fiorentini Caduti per la Rivoluzione Fascista era quindi molto più di una cripta, era un luogo laico, sacro e mistico di commemorazione e

[27] G. Le Bon, *The Crowd. A Study of the Popular Mind*, London, Ernest Benn, 1896, p. 23 (trad. it. *Psicologia delle folle. Un'analisi del comportamento delle masse*, Milano, TEA, 2004, p. 18).

[28] J. van Ginneken, *Crowds, Psychology, and Politics 1871-1899*, Cambridge, U.P., 1992, p. 176.

[29] G. Le Bon, *The Crowd* cit., p. 118 (trad. it. cit., p. 90).

memoria, progettato per ispirare le future generazioni di fascisti attraverso la celebrazione e la continuazione delle «vite» di coloro che erano caduti per la fede.

I culti e le cripte dei martiri offrono un luogo definito dove il ricordo attivo può avere luogo e dove le narrazioni e le memorie possono essere condivise e trasformate. Fin dal martirio cristiano, questi luoghi erano spesso all'interno di chiese o edifici religiosi che potevano promuovere ulteriormente il culto ed erano facilmente accessibili. Il fascismo ha applicato una logica simile al suo rapporto con la morte.

> I cimiteri erano le icone architettoniche dei caduti; i funerali pubblici e le cerimonie commemorative, dalla sepoltura altamente pubblica dei caduti in Santa Croce agli eventi locali più oscuri, erano le celebrazioni rituali della morte per la Patria. I partiti fascisti locali commemoravano pubblicamente gli eroi per ricordare alla popolazione la gloria e l'onore di offrire la propria vita alla Patria. Corpi vivi riuniti nello spazio pubblico per commemorare corpi morti[30].

Come ai martiri cristiani era garantito l'accesso immediato al cielo, anche ai fascisti veniva riconosciuto lo status di martire immediato e l'immortalità, sebbene la loro glorificazione formale spesso richiedesse più tempo. In entrambi i casi, il martire era prezioso come sacrificio, esempio o vittoria, e per questo riceveva una vita ultraterrena privilegiata. Trasformati in simboli della Rivoluzione e di un ritrovato amore per la patria, la loro memoria doveva unire la volontà popolare nazionale. La morte fu così nazionalizzata e il «soldato» caduto rielaborato in un culto celebrativo nazionale. I martiri fascisti a Santa Croce erano un esempio, scriveva il giornalista del «Popolo d'Italia» Sergio Codeluppi: «si irradia, da quelle bare, una luce calda e inestinguibile. I morti del Fascismo vivono sempre, perennemente, nel culto di tutti i seguaci di Mussolini e di quello di tutto il popolo – perché il popolo essi rappresentavano e perché per il popolo essi morirono»[31].

Fortemente influenzato dall'Illuminismo e dalla Rivoluzione

[30] M. Berezin, *Making the Fascist Self* cit., p. 205.

[31] S. Codeluppi, *Il Duce presenzia oggi in Santa Croce*, «Il Popolo d'Italia», 27 ottobre 1934, pp. 1-2.

francese, l'atteggiamento nei confronti della morte è cambiato notevolmente dall'inizio del diciannovesimo secolo. Considerata in precedenza come un momento di penitenza e umiltà, la morte fu rielaborata come un'opportunità per insegnare la virtù. Sostituendo il tristo mietitore con l'idea del sonno eterno, la Rivoluzione francese introdusse il concetto di aree di sepoltura che avrebbero sfidato i siti cristiani tradizionali, enfatizzato la collettività e portato i caduti alla ribalta. Anche se non si concretizzò, il concetto di sepoltura dei caduti come luogo di lutto nazionale rimase. Ciò avvenne soprattutto dopo che l'Editto di Saint Cloud (1804) «proibì la sepoltura nelle chiese e nei cortili e stabilì una distanza minima dai centri abitati per l'ubicazione di nuovi cimiteri»[32]. L'influenza francese, durante il periodo della dominazione napoleonica, contribuì anche alla costruzione di cimiteri monumentali in città e paesi italiani, che divennero rapidamente fonte di orgoglio locale. Il numero colossale di morti della prima guerra mondiale, tuttavia, richiese un approccio completamente nuovo alla tumulazione e alla commemorazione in tutta Europa. L'inumazione con distinzioni di grado ebbe fine e i soldati comuni vennero onorati come parte di un collettivo nazionale di commilitoni.

Molto di questo è riconoscibile nell'approccio del fascismo alla morte e alla resurrezione: sempre «presente», il caduto fascista avrebbe continuato a vivere e a ispirare i suoi compagni e le generazioni future. Strettamente legato alle idee cristiane e sottintendendo un'analogia tra la morte in guerra e la passione e il sacrificio di Cristo, era un concetto familiare e facile da comprendere. Promettendo la vita eterna, offriva un'idea ispiratrice e rassicurante ai vivi di fronte alla più grande crisi della vita, la morte. L'idea veniva trasmessa frequentemente attraverso i discorsi di Mussolini riprodotti dalla stampa:

> I Caduti per la Rivoluzione ci hanno preceduto come nelle battaglie di ieri. Essi ci precederanno nelle battaglie di domani, forse più dure ma vittoriose sempre. MUSSOLINI[33]

[32] H. Malone, *Architecture, Death and Nationhood. Monumental cemeteries of Nineteenth-Century Italy*, Abingdon, Routledge, 2017, p. 13.

[33] «Durare», 2 aprile XIX [1940], p. 2.

È dinanzi ai nostri martiri, che noi dobbiamo rispondere dell'opera nostra. Essi ci ispirano e ci comandano di essere all'altezza del Loro supremo sacrificio. MUSSOLINI[34]

Nel quarto secolo sant'Agostino sosteneva che il luogo e la vicinanza erano di grande importanza per l'anima del corpo morto: «si tratta di collegare i morti comuni al divino attraverso i corpi dei beati martiri – i morti speciali – attorno ai quali sono sepolti»[35]. In quanto «Pantheon» non ufficiale degli eroi della cultura italiana, la scelta della Basilica di Santa Croce per ospitare e onorare i caduti fiorentini era al tempo stesso simbolica e pratica. Ben conosciuta e frequentata, la cripta della basilica facilitava l'interazione quotidiana tra i vivi e i morti. Inoltre, ospitando i resti mortali di Niccolò Machiavelli, Galileo Galilei, Michelangelo, Ugo Foscolo e Vittorio Alfieri, solo per citarne alcuni, la devozione ai caduti in nome della causa nazionale era ad essa associata fin dal 1848, al momento della realizzazione di una tomba dedicata ai «Martiri della Patria» toscani[36]. Seppellendo i propri morti nella cripta sottostante, il fascismo cercò ancora una volta di sviluppare un legame e uno spirito comune tra i suoi 37 martiri, sacrificati in nome dell'Italia, e gli eroi del Risorgimento.

Santa Croce non è una chiesa fiorentina, è un Pantheon nazionale: tale è conservata nella storia del popolo italiano, e da Ugo Foscolo nei cieli della poesia.

I Trentasei (sic) Caduti fascisti della Provincia di Firenze saranno accolti perciò nella cripta – cioè nel cuore, nel SANCTA SANCTORUM di questo Tempio degli Italiani – in rappresentanza di tutto il sacrificio di sangue e d'anima che la Rivoluzione delle Camicie Nere è costata.

Nella cripta di Santa Croce il Fascismo Italiano avrà uno fra i più alti e suggestivi dei suoi «punti di riferimento» ideali[37].

[34] «Il Bargello», 27 ottobre 1934, p. 2.

[35] T.W. Laqueur, *The Work of the Dead* cit., p. 131.

[36] M. Caponi, *Il culto dei caduti nella Chiesa Cattolica fiorentina (1914-1926)*, «Rivista di Storia del Cristianesimo», 8(1), 2011, p. 63 [63-89].

[37] *Il Capo del Governo ha approvato il progetto per la sistemazione delle tombe dei Caduti del Fascismo fiorentino, nella Cripta del Tempio di Santa Croce*, «Il Bargello», 17 dicembre 1933, p. 1.

Per sviluppare ulteriormente l'associazione del fascismo con gli eroi del Risorgimento, dalla commissione che organizzava la ristrutturazione della basilica fu richiesto con insistenza il restauro della tomba di Ugo Foscolo: «liberato così l'interno del tempio, si dovrà prima di tutto sistemare, con semplice onesto decoro, la tomba di Ugo Foscolo. È dal 1871, da quando cioè i suoi resti mortali furono trasportati da Chiswik [sic] in Santa Croce, che il Foscolo aspetta. Sessantatre anni!»[38]. Collegando la tomba del poeta patriota e la nuova cripta, i martiri fascisti furono inseriti nella narrazione nazionale degli eroi patriottici. Come nel caso del Gianicolo di Roma, il restauro della tomba di Foscolo e l'innalzamento di un monumento appropriato non solo glorificarono lo scrittore ed eroe patriottico, ma sottolinearono anche l'inazione dei predecessori del fascismo, che avevano discusso la questione fin dal 1887[39].

In realtà, gli interventi del fascismo non furono sempre così patriottici. Anche se ispirata all'esempio fiorentino, la scelta della Basilica di San Domenico di Siena per ospitare la sua cripta fascista fu dovuta a ragioni ben diverse:

> Il fascismo apparve ai vertici della Chiesa senese come un'occasione per rimodellare il rapporto tra Chiesa e Stato [...] che è stato descritto come una sorta di nostalgia per una visione sociale «medievale» in cui il rispetto della religione garantiva lo status della Chiesa e il suo ruolo nella società. È in questo contesto, quindi, che vanno esaminate le origini, lo sviluppo e l'inaugurazione del sacrario dei caduti fascisti[40].

Nel suo studio sulla cripta senese, Parsons richiama anche l'attenzione sul rapporto tra il PNF e la locale Confraternita della Misericordia, che fu tutt'altro che conflittuale: «era in piena

[38] ASCFi, CF, Belle Arti, CF 9246, faldone Basilica di Santa Croce. Cenotafi e Lapidi commemorative. Relazioni per il riordinamento, 'Per Santa Croce', 15 marzo 1934 (XII), p. 11.

[39] ASCFi, CF, Deliberazioni, Atti del Consiglio, 1934-35, CF 9246, faldone Basilica di Santa Croce. Verbali delle Adunanze della Commissione, 8 gennaio 1936, p. 1. Per le varie discussioni relative al monumento a Ugo Foscolo e al restauro della sua tomba dal 1934 al 1937, si veda ASCFi, CF, Belle Arti, CF 9246, faldone 'Basilica di Santa Croce. Verbali delle Adunanze della Commissione'.

[40] G. Parsons, *Fascism and Catholicism* cit., p. 474.

sintonia con il regime e con la 'ricostruzione fascista' e la 'resurrezione della nazione' ed era felice di combinare il simbolismo sia della croce che del 'Littorio'»[41]. I martiri fascisti erano onorati e commemorati da tempo nel cimitero: prima quelli del 1920-21 e poi quelli dei conflitti in Etiopia e in Spagna. Nella cripta, la Chiesa e il regime erano ulteriormente collegati da un'enorme scultura del Cristo Risorto, opera di Vico Consorti, che sovrastava l'altare e le singole tombe dei dieci caduti senesi. Con due lapidi dedicate ai caduti della guerra civile spagnola e dell'Abissinia, che ne segnalavano il ruolo specifico e ideologicamente fascista nei conflitti, la cripta era «un esempio da manuale del potenziale di una combinazione radicale e profonda di cattolicesimo e fascismo. Anche se [...] nel corso degli anni Trenta il Papa e il Vaticano divennero sempre più consapevoli della minaccia totalitaria che si celava dietro la facciata di collaborazione con il regime fascista, a Siena la Chiesa locale mostrò pochi o nessun segno di tale preoccupazione»[42].

Tornando a Firenze, la decisione di deporre i caduti fascisti fiorentini sotto Santa Croce era legata all'abbondanza di eroi patriottici nella basilica sovrastante e al disperato bisogno di riparazione della cripta. Dopo la soppressione delle organizzazioni religiose laiche da parte di Pietro Leopoldo nel 1785, vi erano stati depositati legname e rifiuti. Alcuni miglioramenti furono apportati dopo la concessione ai monaci dell'Opera di Santa Croce nel 1845, ma all'inizio del ventesimo secolo la cripta era diventata una discarica di statue, archi, confessionali e bare[43]. Come riferisce la commissione per il restauro della basilica, nel 1934:

> Ma chi entri in Santa Croce, vede purtroppo che le immagini raccolte con tanto appassionato fervore, per affermare la devozione agli eroi indigeti della patria, sono sperdute nella confusione delle tombe vere,

[41] Ivi, p. 482.

[42] Ivi, p. 479.

[43] Per quanto riguarda la costruzione e l'uso della cripta prima della sua trasformazione nel 1934, cfr. L. Sebregondi, *Santa Croce sotterranea. Trasformazioni e restauri*, Firenze, Città di Vita, 1997, pp. 9-17. Si veda anche ASCFi, CF, Belle Arti, CF 9246, faldone Basilica di Santa Croce. Cenotafi e Lapidi commemorative. Relazioni per il riordinamento, 'Per Santa Croce', 15 marzo 1934, pp. 1-13.

che attestano la gentile pietà pei trapassati, e le tombe false poste a soddisfare la vanità dei viventi. E delle iscrizioni onorarie le più sono così meschine, da offendere non che la memoria degli eroi, l'aspetto stesso della Chiesa[44].

Nel 1932 il fascismo prese il controllo della basilica, bisognosa di interventi strutturali per contrastare le infiltrazioni d'acqua e l'umidità proveniente dall'Arno[45]. La sua gestione passò dalle autorità ecclesiastiche ad un comitato di «due rappresentanti del Comune, compreso il Podestà che la presiede; dal Rettore pro tempore del Tempio nominato dalla competente Autorità Ecclesiastica; da un rappresentante del Ministero dell'Interno e da uno del Ministero dell'Educazione Nazionale», dando così al regime mano libera per agire più o meno come voleva[46].

Inizialmente affidata agli architetti dell'Ufficio delle Belle Arti della città, la ristrutturazione della cripta fu commissionata ad Alfredo Lensi. Incaricato di progettare il corridoio centrale che corre ai lati dell'altare, furono previsti 36 archi che avrebbero dovuto portare ciascuno il nome di uno dei caduti fascisti[47]. Un mese prima dell'inaugurazione il numero salì a 37 in seguito a una lettera di Giulio Ginnasi, nuovo segretario federale di Firenze (20 maggio 1934-16 gennaio 1936), al podestà Paolo Venerosi Pesciolini, che confermava che Giuseppe Fineschi era «riconosciuto, come caduto per la Causa Nazionale [...] e anche la Salma di Lui dovrà venire accolta nella Cripta stessa»[48]. I costi del restauro furono ripartiti tra il Comune di Firenze, che pagò le opere strutturali, e il Partito Fascista fiorentino che pagò i sarcofagi e le decorazioni

[44] Ivi, p. 9.

[45] Per una descrizione delle condizioni della cripta all'epoca e dei vari lavori necessari si veda A. Lensi, *Il Sepolcro dei Caduti*, «Firenze: Rassegna mensile del Comune», gennaio 1934, pp. 6-9.

[46] ASCFi, CF, Belle Arti, CF 9246, faldone opera di S. Croce. Schema di Statuto, 'Modificazioni al progetto di Statuto', 11 novembre 1932 (XI), p. 1.

[47] Si veda anche P. Domenichelli, *Le trentasei arche dei Caduti fascisti fiorentini allineate in Santa Croce*, «Il Lavoro Fascista», 5 aprile 1934 in ASCFi, CF, VII, Belle Arti, 1934-55, CF 9247.

[48] ASCFi, CF, VII, Belle Arti, 1934-55, CF 9247, Lettera dal Segretario Federale Giulio Ginnasi al Podestà di Firenze Paolo Venerosi Pesciolini, 19 settembre 1934.

Fig. 16. L'ingresso al Sacrario dei Caduti per la Rivoluzione Fascista, Basilica di Santa Croce, Firenze.

del PNF[49]. Prodotti dai marmisti di Averardo Tosetti & Figlio, i sarcofagi avevano un prezzo di lire 6.150 ciascuno[50].

Approvata nel gennaio del 1934, la cripta era pronta per l'inumazione dei 37 martiri in tempo per le celebrazioni annuali della Marcia su Roma dell'ottobre successivo[51]. L'ingresso al Sacrario avveniva dall'ex via de' Malcontenti, ribattezzata via XXVIII ottobre. Sopra la porta, da dove era visibile la fila di tombe della navata principale, era scritto in grande rilievo «Sacrario dei Caduti per la Rivoluzione Fascista» (fig. 16). Entrando nell'atrio della cripta, in un piccolo arco a sinistra, si trovava una scultura del

[49] L. Sebregondi, *Santa Croce sotterranea* cit., p. 18.

[50] ASCFi, CF, VII, Belle Arti, 1934-55, CF 9247, Lettera da Averardo Tosetti & Figlio al Podestà del Comune di Firenze, 9 gennaio 1934.

[51] Per vari ritagli di giornale relativi all'approvazione del Sacrario, si veda la cartella in ivi, faldone Disegni Fotografie.

Fig. 17. Il *Cristo morto sorretto da un angelo*, scultura di Baccio Bandinelli.

Cristo morto, la *Pietà* (fig. 17). Realizzata da Baccio Bandinelli nel 1552 per il Duomo di Firenze, la sua posizione nella cripta fa forse riferimento alla *Pietà* di Michelangelo nella Basilica di San Pietro, a Roma, che si trova nella prima cappella a destra entrando. Con chiaro riferimento al martirio cristiano, la simbiosi religioso-fascista era completata da un'epigrafe di Mussolini posta di fronte alla statua:

Erano anime pure e ardimentose, pronte al sacrificio senza nulla chiedere e anticipavano nello spirito e nel carattere la nuova Italia Fascista – lo so quanto la rivoluzione del 1922 deve alla grande riscossa toscana del 1921 – Le giovani Camicie Nere cadute hanno fatto della Toscana una regione dove il fascismo è sempre vigile – Noi ricordiamo i nostri morti e marciamo più rapidamente innanzi – Questo è il loro ordine[52].

[52] *Un messaggio del Duce sarà inciso in una lapide nella Cripta dei Caduti Fascisti*, «La Nazione», 30 marzo 1934, p. 4.

Scolpendo nel marmo l'importanza dello squadrismo per l'ascesa dell'Italia fascista, si riconosceva specificamente il ruolo del fascismo toscano che il sacrificio di Giovanni Berta era arrivato a rappresentare. Come riportava il «Corriere della Sera»: «presenti, oggi, i trentasei Caduti del Fascismo fiorentino, e con loro il Fascismo intero della città che ebbe, dalla morte di Giovanni Berta, la luce rivelatrice»[53].

Entrando nella cripta, i visitatori si trovavano di fronte a un corridoio a volta con undici finestre in stile medievale sulla sinistra, che lasciavano entrare la luce naturale. Secondo «La Nazione», si trattava di un'«atmosfera di eroica religiosità». A metà strada, sulla sinistra, si trovava un piccolo altare con lastre di marmo incastonate nel muro su ciascun lato «che portano incise tre fasci ciascuno secondo la forma del fascio proveniente da un antico bassorilievo romano che trovasi sul Campidoglio»[54]. Lungo la parete del corridoio, al di sopra dei sarcofagi, correva un fregio in marmo bianco con la dicitura PRESENTE più volte ripetuta. Rappresenta l'appello fascista e, come molti dei sacrari dedicati ai martiri fascisti, si ispira a quello della Mostra della Rivoluzione Fascista del 1932. Disposti con 22 sarcofagi lungo il corridoio centrale (11 per ala) e altri 11 nella piccola cappella, i quattro martiri più prestigiosi erano collocati davanti all'altare (fig. 18).

> I trentasei sarcofagi, allineati nella cripta daranno subito, a chi entri l'idea della disciplina fascista e del sacrifizio [...] devono avere carattere austero e semplice, tutti uguali, allineati a raggio dinanzi all'altare in un'unità impressionante, in un caldo religioso silenzio.

L'architetto Raffaello Fagnoni aveva voluto che i sarcofagi fossero realizzati in pietra toscana, con il nome, l'età e la data di morte incisi sulla testata ed evidenziati in rosso. Aveva anche chiesto che la scena della morte fosse scolpita su ogni lastra e che il nome dell'individuo fosse scritto su gagliardetti e inserito in portabandiera di bronzo. Inaccettabile, secondo Ugo Ojetti: «come si può immaginare la disuguaglianza di criteri che verrebbe fuori da un

[53] *In un'atmosfera di alta solennità e di passione* cit., p. 1.

[54] *Il Fascismo fiorentino prepara con religioso fervore le cerimonie per la traslazione delle salme dei suoi gloriosi Caduti*, «La Nazione», 23 ottobre 1934, p. 1.

Fig. 18. La tomba di Giovanni Berta, seminascosta dal pilastro nella cripta dove furono collocati i quattro più prestigiosi martiri del fascismo fiorentino.

incarico dato a 36 scultori, e quale rispetto per la fedeltà storica di scene tragiche, come ad esempio quella in cui cadde Giovanni Berta»[55]. Dalle testimonianze fotografiche risulta che le volontà di Fagnoni non vennero seguite nella loro interezza, anche se l'utilizzo della pietra toscana[56] aveva conferito alle tombe un senso di semplice austerità. Piccolo particolare, ma ulteriore indizio del rapporto della fonderia con il regime, il fratello di Berta, Francesco, scrisse al segretario del partito Alessandro Pavolini offrendosi di fornire gratuitamente qualsiasi lavorazione metallica necessaria[57].

Le tombe furono disposte in un ordine cronologico alternato:

[55] ASCFi, CF, Deliberazioni, Atti del Consiglio, 1934-55, CF 9246, faldone Basilica di Santa Croce. Verbali delle Adunanze della Commissione, 29 dicembre 1933, pp. 2-5.

[56] La pietra serena, pietra arenaria grigia, era molto utilizzata nella Firenze rinascimentale per i dettagli architettonici.

[57] ASCFi, CF, VII, Belle Arti, 1934-55, CF 9247, Lettera da Alessandro Pavolini al Comm. Prof. Lensi, 26 febbraio 1934.

cronologico perché più vicino all'altare vi erano le salme dei primi fascisti mentre vicino all'ingresso e vicino all'uscita vi erano le salme degli ultimi fascisti della lista, alternato perché queste salme vennero scelte una sì e una no dalla lista e andarono rispettivamente una a destra e una a sinistra dell'altare[58].

Ci furono tuttavia alcune eccezioni, come Giuseppe Fineschi che, come già detto, era stato formalmente riconosciuto come martire solo poche settimane prima dell'apertura della cripta e fu quindi collocato fuori sequenza alla fine del corridoio, anziché in 29ª posizione. Gino Bolaffi e Guido Fiorini furono altri due casi interessanti. «I primi martiri del Fascismo fiorentino, per primi insegnarono alla schiera gloriosa la via del dovere donando con la loro giovane vita la certezza agli altri che nessun sacrificio per la Patria sarebbe stato vano»[59]. Entrambi erano morti il 7 novembre 1920 ma, nonostante «Il Bargello» confermi l'importanza cronologica del loro martirio, erano collocati al centro della prima fila dell'area della cappella, direttamente dietro a quelle che erano chiaramente le quattro tombe principali di fronte all'altare.

Qui Giovanni Berta giaceva accanto a Carlo Menabuoni, che i visitatori avrebbero raggiunto per primo. Posizionato di fronte a Berta, quando la sua morte sopraggiunse più tardi, anche questo sembra spezzare la cronologia delle tombe. Tuttavia, ferito e quindi martirizzato il 27 febbraio 1921, il giorno prima della morte di Berta, pur essendo sopravvissuto fino al 14 marzo 1921, è il momento del martirio di Menabuoni che sembra avergli dato la precedenza. Se la data del ferimento/martirio spesso corrispondeva a quella del decesso, non sempre era così, come nel caso di Federigo Guglielmo Florio, ferito a Prato l'11 gennaio 1922 e morto sei giorni dopo. Esempi più estremi furono quelli di Ferdinando Sassarossi (ferito il 27 ottobre 1922, morto il 21 dicembre 1930) e Vincenzo Benini (ferito il 25 giugno 1921, morto il 3 giugno 1927). In che misura le loro morti siano attribuibili alle ferite riportate in azione è difficile da accertare, ma l'inclusione della data di ferimento nei documenti

[58] S. Morellini, *La cripta dei martiri fascisti a Santa Croce*, tesi di laurea in Storia dei movimenti e dei partiti politici, Università degli Studi di Firenze, a.a. 2004-2005, pp. 21-2.

[59] *Nel nome dei Martiri Fascisti*, «Il Bargello», 25 febbraio 1934, p. 2.

d'archivio indica l'importanza primaria della loro militanza. Un'altra curiosa iscrizione nella cappella dei martiri è quella del trentaseienne Sisto Pericciolі, morto il 21 marzo 1921 nel locale quartier generale del partito dopo essere stato colpito accidentalmente dalla sua stessa pistola[60]. Posizionato in uno degli spazi più importanti davanti all'altare, il suo caso evidenzia ancora una volta il significato del sacrificio rispetto alla semplice morte[61].

Massimizzando il potenziale propagandistico della cripta, la cerimonia di traslazione dei resti dei caduti fu accuratamente pianificata e trasformata in un evento nazionale per celebrare questi martiri sacrificali del fascismo.

> Indicheremo i Loro nomi alle nuove generazioni, ai bambini che vengono su e rappresentano la primavera eterna di vita che si rinnova. Diremo: grande fu lo sforzo, duro il sacrificio e purissimo il sangue che fu versato: e non fu versato per salvaguardare interessi di individui o di caste o di classi; ma fu versato in nome di un'idea, in nome dello spirito, in nome di quanto di più nobile, di più bello e di più generoso, di più folgorante può contenere un'anima umana... (Mussolini)[62]

Indicativa di questo significato nazionale è una lirica pubblicata dal PNF Gruppo Rionale «Carlo Amato» di Palermo, che – come abbiamo già visto – commemorava Giovanni Berta in occasione dell'apertura della cripta:

A Giovanni Berta
Che nel sacrario rivive
L'ora tragica del suo martirio
Ed è presente
Per additarci le mete
Palermo
28 Ottobre 1934[63].

[60] M. Franzinelli, *Squadristi* cit., p. 311.

[61] ASCFi, CF, VII, Belle Arti, 1934-55, CF 9247, f. Carte Varie, contiene l'elenco dei caduti in ordine alfabetico con le date riferite a «morto», «caduto», «ferito e morto». Un elenco simile, in base alla data del ferimento, è stato stampato anche sul «Popolo d'Italia» del 27 ottobre 1934, p. 2.

[62] «Il Bargello», 27 ottobre 1934, p. 3.

[63] G. Ganci Battaglia, *A Giovanni Berta. Lirica* cit., copertina.

In una delle date più importanti e delle cerimonie più significative per il culto dei martiri fascisti, i trentasette fiorentini furono inumati il 27 ottobre 1934. La notizia fu riportata da tutta la stampa nazionale, eppure la cronaca del «Popolo d'Italia» è stranamente imprecisa. Ad esempio, il 26 ottobre 1934 parla di «traslazione di ventidue salme dei Caduti della Rivoluzione» invece di 37[64].

L'esumazione e la sepoltura di salme in una cripta apposita era già stata sperimentata dall'Italia liberale. Il fascismo continuò la pratica con i suoi martiri. Mentre alcuni dei resti fiorentini erano stati esumati già nel luglio 1934, molti rimasero *in situ* fino alla vigilia della cerimonia. Tra l'altro, a ulteriore riprova dell'orientamento delle autorità locali dell'epoca, dopo le esumazioni le tombe libere furono restituite al Comune per essere vendute privatamente, sulla base del fatto che inizialmente erano state concesse gratuitamente alle famiglie[65]. Riuniti nel Duomo (Cattedrale di Santa Maria del Fiore), i feretri furono posti al centro della navata per ricevere l'assoluzione dal vescovo[66]. Alcuni, come Giovanni Berta, furono portati alla sede fascista locale, dove i vecchi compagni fecero una veglia notturna prima di portarli in Duomo. Per quelli portati dai cimiteri dei villaggi lontani dalla città, vennero simbolicamente impiegati i camion FIAT 18BL.

La mattina della cerimonia, una serie di cortei di vari gruppi fascisti fiorentini si diressero in tutta la città verso la piazza del Duomo, dove alle 10.45 si tenne la messa e la benedizione dei resti. Come nota Parsons a proposito dell'apertura della cripta fascista a Siena, nel 1938, l'analoga cerimonia fornì «un ulteriore esempio eloquente sia della celebrazione pubblica del culto dei martiri fascisti sia della potenziale interazione tra questo culto e i riti e le pratiche della Chiesa cattolica»[67]. La cerimonia aveva anche una forte somiglianza con quella tenutasi a Fiume nell'ottobre

[64] *Il clima mussoliniano*, «Il Popolo d'Italia», 26 ottobre 1934, p. 1.

[65] ASCFi, CF, VII, Belle Arti, 1934-55, CF 9247, f. Tempio di Santa Croce. Sistemazione del sepolcreto dei Caduti Fascisti, Deliberazione del Podestà, 2 febbraio 1934.

[66] Per una descrizione dell'esumazione e del trasporto della salma di Gino Pacini a Firenze: *Il trasporto a Firenze del Caduto Gino Pacini*, «La Nazione», 21-22 ottobre 1934, p. 4.

[67] G. Parsons, *Fascism and Catholicism* cit., p. 477.

1919, per due aviatori di D'Annunzio uccisi durante una missione di ricognizione:

> Il corteo funebre si è snodato per diverse ore attraverso Fiume, osservando un silenzio solenne e impressionante, tranne che per il suono delle bande. Il corteo era guidato da schiere di bambini dell'orfanotrofio. Poi arrivarono i legionari, sia i veterani feriti che gli spaventosi giovani guerrieri vestiti di nero [...] Al calar della sera, le bare furono esposte nella piazza principale[68].

Dopo la messa, le bare uscirono dal Duomo in ordine di data di morte, in file di tre che gli squadristi avevano adottato dagli Arditi e dai legionari di Fiume[69]. Come descrive «La Nazione»: «rapidamente [...] si forma la gloriosa colonna che sintetizza in modo mirabile, le varie fasi dell'eroismo, del sacrificio e della gloria del popolo italiano»[70]. Più precisamente, secondo l'inviato del «Corriere della Sera», i gruppi di reduci, composti da 60 militari, 60 feriti di guerra e 60 Arditi, rappresentavano tre fasi particolari del fascismo: «il travaglio, il sacrificio e la passione»[71].

In una cerimonia accuratamente coreografata dagli organizzatori, le bare furono trasportate sulle spalle fino alla Basilica di Santa Croce da gruppi di sei ex squadristi che si dettero il cambio sette volte durante la processione, alla quale presero parte quasi mille persone. Il corteo era aperto dalla bandiera del partito, dal Direttorio Nazionale del Partito e dai Direttori delle Federazioni e Fasci di Combattimento, seguiti dai sansepolcristi, da gruppi di veterani, da rappresentanti del movimento giovanile e da squa-

[68] L. Hughes-Hallett, *The Pike* cit., p. 510 (trad. it. cit., p. 536).

[69] Guido Fiorini, Giovanni Berta, Gustavo Mariani – Carlo Menabuoni, Sisto Periccioli, Tolemaide Cinini – Dante Rossi, Ettore Cecchi, Agostino Santi – Mario Filippi, Alfredo Bargagli, Vincenzo Benini – Annibale Foscari, Gastone Bartolini, Giuseppe Montemaggi – Arnaldo Puggelli, Guido Lottini, Alfonso Cecchi – Ferruccio Guglielmo Cristiani, Gino Pacini, Italo Gambacciani – Roberto Saccardi, Eugenio Viggiani, Federico Florio – Ischiras Calamai, Gino Martelli, Giuseppe Fineschi – Ferdinando Sassorossi, Arduino Fallani, Annibale Fontani – Edoardo Campese, Enrico Pezza, Giovanni Luporini – Ugo Del Fiume, Pietro Poli, Gino Bolaffi – Luigi Pontecchi.

[70] *Nella luce dell'Apoteosi*, «La Nazione», 28-29 ottobre 1934, p. 1.

[71] *La marcia dei martiri*, «Corriere della Sera», 26 ottobre 1934, p. 1.

dristi fiorentini[72]. Scrivendo alla vigilia dell'evento, l'inviato del «Corriere della Sera» dichiarava che la marcia sarebbe stata condotta «in un religioso silenzio, rotto soltanto dalle note dei vecchi canti della Rivoluzione che bande e fanfare faranno risuonare lentamente, segnando il ritmo della lenta marcia»[73]. Tra questi canti c'erano riferimenti alle madri dei morti e in particolare a Giovanni Berta:

> Sembrano le voci loro, le voci di coloro che fra poco saranno qui, a tre per tre come allora, e recati sulle spalle fraterne. Son le voci loro che ripetono: «Mamma non piangere [...] tuo figlio è forte – paura non ha...» che ripetono «Dormi Giovanni Berta! – dormi tranquillo il sonno – ti vendicheremo un giorno!»[74].

Dal Duomo, il corteo passò per via Cavour, dove era di stanza il Gruppo Rionale «Giovanni Berta», prima di arrivare in piazza San Marco dove ebbe luogo la prima delle cinque soste previste per il cambio dei portatori. Qui, una rappresentanza della British Union of Fascists, guidata dal capitano Seton Hay, era in attesa di rendere omaggio[75]. Entrando in piazza Santa Croce, dove avvenne l'ultimo cambio, il corteo passò davanti alla basilica prima di svoltare in via XXVIII ottobre (via de' Malcontenti) e fermarsi davanti ai gerarchi fascisti riuniti sulla scalinata.

Il percorso era decorato di drappi neri, a intervalli di dieci metri, ognuno dei quali riportava il nome di uno dei caduti, mentre la città era tappezzata di manifesti che riportavano un messaggio del podestà Paolo Venerosi Pesciolini:

[72] PNF, *Foglio d'Ordini*, 129, 11 ottobre, XII [1934], p. 1.

[73] *La marcia dei martiri* cit., p. 1.

[74] *La coorte del sacrificio*, «Corriere della Sera», 28 ottobre 1934, p. 1.

[75] Il percorso del corteo ha seguito: piazza del Duomo, via de' Martelli, via Cavour, piazza San Marco, via Cesare Battisti, piazza SS. Annunziata, via Colonna, piazza d'Azeglio, via Gian Battista Niccolini, via Alessandro Manzoni, piazza Beccaria, piazza Piave, via Carlo Alberto (viale della Giovane Italia), via Tripoli, piazza dei Cavalleggeri, via Magliabechi, piazza Santa Croce, via XXVIII ottobre (via de' Malcontenti).

FIORENTINI,

nulla è più vivo di questi morti che passano in mezzo a noi prima di adunarsi nel solenne sacrario.

Essi attendono che ogni cuore, nello stesso grido di fede agli ideali segnati dal Duce, sia proteso a ricevere la loro passione, che ogni anima sia pronta a imitarli nella virtù feconda del sacrificio che ciascuno sia davvero presente per essi: presente nel credere, nell'obbedire, nel combattere. I loro sepolcri siano le pietre miliari della strada aperta dalla rivoluzione a che già travalica ampia e diritta sul mondo, per condurvi la ferma giustizia e la pace virile[76].

Il corteo arrivò in piazza poco dopo il Duce, che aveva personalmente pilotato il suo aereo dall'aeroporto romano di Centocelle. Con Firenze avvolta da una fitta nebbia, fu costretto ad atterrare a Pisa da dove, insieme a Galeazzo Ciano, si recò in auto alla cerimonia. La conferma tardiva della sua presenza «ha suscitato il più vivo entusiasmo ed è venuta ad appagare il vivissimo desiderio di tutta la cittadinanza, che da giorni chiedeva ansiosamente questa conferma», secondo il «Popolo d'Italia»[77]. Glorificare i morti eroici del fascismo era anche l'occasione per promuovere il culto del Duce, che «ha presenziato la cerimonia con la sua figura maschia di condottiero»[78]. Anche il «Corriere della Sera» richiamò l'attenzione sulla sua leadership e sulla sua mascolinità: «il Condottiero è venuto tra di loro. Egli è alla testa di una gente intera, oggi. Egli ha in pugno oggi il destino e la volontà di tutte le anime. Ma un giorno – i Caduti e i vittoriosi delle prime ore ricordano – Egli era alla testa di scarsi manipoli»[79]. Il «Corriere della Sera» proseguiva l'omaggio:

Nel volto maschio di Cesare si modella un pensiero profondo. La sua anima – si legge nel suo viso e nel suo sguardo – è coi Caduti [...]

E il Condottiero è qui, alla testa dei morti e dei vivi, alla testa di tutti i presenti, a raduno della sua fede [...]

Egli sale rapido i gradini [...] Il corteo sta per giungere. Si è soffermato nella piazza perché Egli ora parlerà. E la sua voce parla, come da

[76] ASCFi, CF, VII, Belle Arti, 1934-55, CF 9247, f. Disegni Fotografie.
[77] *Mussolini a Firenze*, «Il Popolo d'Italia», 27 ottobre 1934, pp. 1-2.
[78] R. Mazzucconi, *Il rito di Firenze* cit., p. 1.
[79] *In un'atmosfera di alta solennità e di passione* cit., p. 1.

un'ara. Immota la figura, fermo il volto, fisso lo sguardo, come ad un rapporto di eroi[80].

Davanti a una piazza gremita, Mussolini pronunciò un discorso che fu trasmesso agli ascoltatori di tutta Italia:

> Camicie Nere di tutta Italia! Sono venuto a Firenze per accompagnare nel Tempio delle glorie d'Italia i 37 eroici Caduti del Fascismo Fiorentino. Il nome e la memoria di questi Camerati della vigilia sono e rimarranno nei nostri cuori. In tempi difficili, essi avevano già adottato il motto gagliardo: Credere, Obbedire, Combattere. Hanno creduto, hanno obbedito ed hanno consacrato nel combattimento la loro suprema dedizione alla causa. La loro testimonianza è sacra, il loro monito solenne e perentorio: guai ai dubbiosi, guai ai ritardatari, guai ai pusillanimi e guai soprattutto, agli immemori.
>
> I Caduti per la rivoluzione ci hanno preceduto come avanguardia gloriosa nella battaglia di ieri. Essi ci precederanno nelle battaglie di domani, forse più dure, ma vittoriose sempre. Camicie Nere di tutta Italia! A chi questo secolo? Mussolini
>
> Firenze, dal Sacrario di S. Croce, 27 Ottobre XII E.F.[81]

L'atto più importante e simbolico della cerimonia, l'appello dei caduti, ebbe luogo all'ingresso della cripta. Il segretario del Partito Achille Starace declamò ciascun nome alla folla attraverso gli altoparlanti, e l'appello fu trasmesso alla nazione via radio, mentre la solennità, i simboli, le iscrizioni e il clima di spiritualità davano l'impressione di una cerimonia quasi religiosa. Con altoparlanti collocati anche a Roma e Milano, i caduti fiorentini furono trasformati in eroi nazionali della rivoluzione. «La traslazione dei ventidue [sic] Caduti sarà la simbolica consacrazione di tutti nostri Caduti, delle gloriose Camicie Nere che morirono al seguito del Duce»[82]. Nella piazza e in tutta la nazione, molti italiani risposero con un grido collettivo di «Presente» a ogni nome, seguito da un rullo di tamburi e da una salva di moschetti.

[80] *La coorte del sacrificio* cit., p. 1.

[81] «La Nazione», 28-29 ottobre 1934, p. 1; «Firenze: Rassegna mensile del Comune», ottobre-novembre 1934, p. 289; PNF, *Foglio d'Ordini*, 130, 28 ottobre XII [1934], p. 1.

[82] *Il clima mussoliniano* cit., p. 1.

Fig. 19. In un'«atmosfera di eroica religiosità» i martiri vengono uno ad uno inumati nella cripta.

Questo è il significato della giornata che non solo Firenze, ma tutta l'Italia viveva raccolta nel pensiero dei Martiri. Da ogni città, al nome dei Caduti fiorentini, si sarebbe risposto «Presente» e la memoria di chi non è immemore avrebbe al nome di ciascuno risposto mentalmente col nome del Caduto della propria terra [...] Così, spiritualmente, all'appello risorgevano dai tumulti tutti i morti per l'idea fascista [...] da Giovanni Berta a Nicola Bonservizi[83].

Condotti nella cripta uno alla volta (fig. 19), i martiri vennero nuovamente benedetti dall'arcivescovo di Firenze, il cardinale Elia Dalla Costa, mentre l'orchestra di Firenze suonava un adagio dall'*Orfeo* di Pergolesi. Ciascuno di loro venne quindi deposto nel sarcofago alla presenza di Mussolini, che gli rivolse il saluto romano. Al termine della cerimonia, il Duce venne immortalato

[83] *In un'atmosfera di alta solennità e di passione* cit., p. 1.

mentre faceva un ultimo, improvvisato saluto romano prima di lasciare la cripta.

L'ultimo saluto lo ebbero dal Duce.
Lo vidi: era pallido in volto, visibilmente commosso, irrigidito nel saluto romano; i Martiri fiorentini tornavano a Lui. Egli li guardava sfilare ad uno ad uno e pareva volerli abbracciare col Suo cuore grande, per un ultimo saluto, il più ambito, che Li accompagnava esultanti[84].

I monaci (Frati Minori Conventuali) di Santa Croce ringraziarono Mussolini per la sua presenza e per il suo impegno:

per aver onorato di Vostra presenza il solenne Rito compiutosi in Santa Croce il 27 ottobre p.p., bene orgogliosi di avere essi dato la prima idea che fossero qui collocate, insieme ai Grandi che onorano l'Italia, le salme gloriose dei Martiri del gloriosissimo Fascismo, che ha ridonato all'Italia Dio e la pace[85].

Ricordando al Duce la loro dipendenza dalla carità, furono ricompensati con una donazione di 5.000 lire. Dopo l'uscita di Mussolini, entrarono le famiglie dei caduti:

È un pellegrinaggio commovente: genitori, fratelli, sorelle, mogli entrano nel Sacrario quasi affannosamente [...] Una vecchietta che appena regge il passo che deve appoggiarsi al braccio di un giovane fascista [...] percorre quasi tutto il sotterraneo, e finalmente l'accompagnatore le indica un'arca [...] La mamma cade in ginocchio, bacia la nuda pietra non potendo giungere a lambire la coltre che ricopre la Salma adorata[86].

La natura quasi religiosa della cerimonia permetteva al fascismo di equiparare la propria fede a quella del cristianesimo e, pur stabilendo un legame tra i vivi, i morti e l'immortalità, non si escludevano a vicenda. La natura sacra della cerimonia presentava

[84] S. Nuti, *Nel ricordo dei Martiri la fede si rafforza* cit., p. 6.

[85] Archivio Storico dell'Opera di Santa Croce, Carteggio e Amministrazione: Buste di Affari dal 1927 al 1945, 85 (ex 103), Lettera dal Ministro Provinciale dei Frati Minori Conventuali Basilica di S. Croce a Sua Eccellenza Benito Mussolini Capo del Governo Italiano, 3 novembre 1934.

[86] *L'ardente saluto al Capo*, «La Nazione», 28-29 ottobre 1934, p. 2.

la morte per la causa fascista come onorevole, degna e potenzialmente più gratificante della vita stessa, sottolineando come i «martiri» fossero esempi da seguire. Scrivendo sul «Corriere della Sera» alla vigilia della cerimonia, Pavolini lo aveva detto riferendosi alla riforma, avvenuta due anni prima, dei gruppi originari di squadristi: «non è, certo, che si volesse, allora come ora, risuscitare uno squadrismo anacronistico [...] Ma si voleva attestare che in quella marea ordinata il nucleo-base non si disperdeva: soprattutto, che nei cuori dei primi era sempre intatto, fresco e formidabile, il seme originario»[87].

Il capitale politico da ricavare dai martiri non si esauriva qui, come ricordava il «Corriere della Sera» ai suoi lettori: «le giornate di glorie non sono finite. Sono appena iniziate. Il giorno della gloria non ha tramonto. Il giorno del sacrificio [...] è pronto a nuovi albori. Il cuore della Patria è fatto tutto guerriero»[88]. I martiri ricordavano i giorni e lo spirito della prima ora, le radici del fascismo, a cui il regime si rivolgeva periodicamente nel momento del bisogno. «Il Capo, tornato nella città fedele, a celebrarvi il sacrificio dei nostri morti, ha trovato [...] la temperatura del '21. Con questo solo divario: che allora la fede era una fiaccola impugnata da pochi ardimentosi, che illuminava tutti; ed oggi tutti ne ardono»[89]. Ricordando l'eroismo del passato, Pavolini sottolineava come i caduti simboleggiassero il successo della rivoluzione in corso:

> Rivivono, attraverso questi e gli altri funerali eroici di «allora», rivivono intere l'insurrezione e la Rivoluzione, con tutte le loro tappe. E si vede come ogni volta fossimo più forti e più guerrieri dietro ai Caduti. E dopo dodici anni, intorno ai Caduti fiorentini chiamati ad adunate per la glorificazione in Santa Croce, più guerrieri e più saldi che mai saranno i fascisti di Mussolini [...] Inesorabile, melodica, vittoriosa, la Rivoluzione ha proceduto[90].

Oltre il corridoio e sotto la sacrestia sovrastante, si trovava l'ex oratorio della compagnia di San Francesco del Martello. Chiara-

[87] A. Pavolini, *Il Duce a Firenze per l'apoteosi dei Martiri*, «Corriere della Sera», 27 ottobre 1934, p. 1.
[88] *In un'atmosfera di alta solennità e di passione* cit., p. 1.
[89] R. Mazzucconi, *Il rito di Firenze* cit., p. 1.
[90] A. Pavolini, *Le bare alleggerite* cit., p. 3.

mente ispirato dal Sacrario dedicato ai martiri fascisti, l'architetto Lensi lo individuò come luogo ideale per commemorare i fiorentini morti nella prima guerra mondiale. Il restauro fu commissionato nel 1934 e la sala fu ribattezzata «Famedio», in riferimento al tipo di tempio funerario situato nei cimiteri e dedicato alla memoria di personaggi illustri. Il restauro comportò la distruzione o la rimozione di duecentosei iscrizioni e monumenti funerari ottocenteschi, degli affreschi arabescati realizzati da Alessandro Farsetti nel 1735, che decoravano la sala da cima a fondo, e di vari altri affreschi seicenteschi[91]. Inaugurata alla presenza del re Vittorio Emanuele III il 4 novembre 1937, nel diciannovesimo anniversario della vittoria dell'Italia sull'Austria-Ungheria, sulle sue pareti rivestite di marmo nero erano incisi in oro i nomi dei 3.672 caduti fiorentini della prima guerra mondiale. Dietro l'altare c'era una dedica in lettere d'oro, simile a quella di un lapidario romano, del giornalista Ugo Ojetti:

ANNO XIV
NEL TEMPIO SACRO ALLE GLORIE D'ITALIA
FIRENZE FA L'APPELLO
DEI SUOI MORTI NELLA GUERRA
MCMXV-MCMXVIII
VIVI IN ETERNO[92]

Sollevato su due gradini e posizionato a due metri dal muro, c'era spazio per il sacerdote che poteva stare in piedi e rivolgersi ai fedeli. Dei fasci erano inseriti nelle finestre della cappella dietro l'altare, ma con il marmo nero che assorbiva la luce era necessaria un'ulteriore illuminazione.

Una commemorazione austera, un altro esempio che testimonia l'impegno del fascismo per trovare un posto nella narrazione eroica della nazione. «Milizia Fascista» fece proprio questa associazione, in un disegno pubblicato in prima pagina. Tra la facciata della Mostra delle Rivoluzione Fascista e quella di Santa Croce posta di fronte, era rappresentata la tomba del Milite Ignoto e una serie di bare che possono essere interpretate solo come quelle dei

[91] L. Sebregondi, *Santa Croce sotterranea* cit., p. 36.
[92] «Firenze: Rassegna mensile del Comune», novembre 1937, copertina.

caduti fascisti fiorentini. Sopra l'immagine, in stampatello, la parola «PRESENTE»[93]. Nel momento in cui il regime si avvicinava all'apice del consenso, a metà degli anni Trenta, il ruolo dei caduti era stato chiaramente centrale nella sua campagna di mobilitazione di massa, e avrebbe continuato ad esserlo, con i caduti della guerra coloniale in Etiopia e con il coinvolgimento dell'Italia nella guerra civile spagnola. In riconoscimento delle perdite fiorentine, nel 1938 fu aggiunta una nuova ala in occasione della visita di Adolf Hitler a Firenze[94], per creare un Sacrario dei Caduti in Africa e in Spagna. L'ingresso originale, decorato con targhe di alabastro con i nomi dei caduti, venne trasformato in una finestra e i visitatori avevano accesso da una nuova porta laterale, ora rivolta verso la *Pietà*, prima di girare a destra nel corridoio principale. Se l'inaugurazione del Sacrario nel 1934 aveva rappresentato il momento culminante della celebrazione dei morti del fascismo fiorentino, la nuova ala collegava i martiri della prima ora a queste missioni più recenti e, nel contempo, ricuciva un altro pezzo di storia «eroica» nel mosaico della memoria della basilica.

[93] «Milizia Fascista», 4 novembre 1934, p. 1.

[94] Archivio Opera Santa Croce, 'Cronaca di Santa Croce 1923-52', febbraio 1938, pp. 355-6.

7

L'OBLIO

Memoria letteraria

Il richiamo dello squadrismo era sostenuto dalla convinzione che fosse possibile cambiare gli italiani e renderli esportatori della «nuova civiltà fascista». Il corso della guerra e la mancanza di «eroismo» nel comportamento degli italiani finirono per uccidere la convinzione di Mussolini che fosse possibile formare uomini nuovi, così il modello squadrista sembrò obsoleto. Ciò non comporta, tuttavia, la fine del mito dello squadrismo[1].

Se il mito dello squadrismo non morì con il sogno dell'uomo nuovo e fu anzi rivitalizzato nella Repubblica di Salò, nella Repubblica democratica c'era inizialmente poco spazio anche solo per la sua memoria. La situazione era analoga per i martiri del fascismo.

Il mito fascista dei suoi martiri non sarebbe sopravvissuto dopo il 1943-1944 e nel dopoguerra non furono fatti seri tentativi di riportarlo in vita. Così, con l'eccezione di una piccola minoranza di neofascisti, dopo la guerra la memoria di questi martiri scomparve completamente e oggi sono rimasti pochissimi monumenti[2].

Questo è certamente vero per quanto riguarda i monumenti commemorativi, anche se, come già visto, sono sopravvissuti significativi elementi di cultura materiale fascista, tra cui numerosi riferimenti a Giovanni Berta. La concomitanza di una Repubblica

[1] R. Suzzi Valli, *The Myth of Squadrismo in the Fascist Regime* cit., p. 150.
[2] Foot, *Italy's Divided Memory* cit., p. 58 (trad. it. cit., p. 101).

costruita su un proclamato ampio sostegno nazionale all'antifascismo e la monopolizzazione della memoria da parte della sinistra nel dopoguerra hanno fatto tacere le voci neofasciste. Tuttavia, esse non scomparvero del tutto e, col tempo, avrebbero trovato espressione politica e culturale.

La mancanza di un esame approfondito della storia di Giovanni Berta avvalora certamente la tesi di Foot sulla completa scomparsa dei martiri fascisti nel dopoguerra e, allo stesso tempo, suggerisce una perdita di memoria piuttosto rapida o una deliberata forma di oblio, mentre l'Italia cercava di voltare pagina. Sarebbe comunque inesatto suggerire che la storia di Berta sia stata completamente ignorata o che, quando è stata presa in considerazione, lo sia stata solo da parte dei neofascisti. I pochi riferimenti storici su Berta tendono a ripetere la storia standardizzata e largamente accettata e i miti ad essa associati. Uno dei primi resoconti del dopoguerra si trova nella storia dello squadrismo di Manlio Cancogni del 1959, che ripete acriticamente la narrazione consueta del fascista che viene picchiato sul ponte: «gli andarono incontro, lo presero in mezzo e lo gettarono oltre il parapetto. Berta tentò d'aggrapparsi: gli pestarono le mani finché cadde nel fiume. Stettero a guardarlo mentre annegava portato via dalla corrente»[3]. Mentre Cancogni si è mantenuto fedele alla storia, Gaetano Salvemini ha descritto Berta come «un ragazzo di sedici anni» che portava all'occhiello un distintivo fascista, cose che non corrispondevano al vero[4]. Nel 1969, anche Angelo Tasca ha raccontato l'evento in modo simile: «un giovane fascista, Berta, figlio di un industriale, incontra un gruppo di manifestanti, che lo pugnalano e lo gettano in Arno»[5]. Una delle prime e «più meditate (o stimolanti) valutazioni del fascismo»[6] nel dopoguerra, nonostante le credenziali del PCI e buone ragioni per scavare oltre la storia ufficiale, il lavoro di Tasca ha rafforzato il mito introducendo il nuovo elemento di una ferita da taglio completamente assente dal referto autoptico[7].

[3] M. Cancogni, *Storia dello squadrismo* cit., p. 92.
[4] G. Salvemini, *Scritti sul Fascismo*, vol. I, Milano, Feltrinelli, 1961, p. 51.
[5] A. Tasca, *Nascita e avvento del fascismo* cit., p. 178.
[6] N. Carter, *Modern Italy* cit., p. 85.
[7] A. Tasca, *Nascita e avvento del fascismo* cit., p. 178.

Nel 1960, Vasco Pratolini inserisce la morte di Giovanni Berta nel secondo romanzo – *Lo scialo* – della sua trilogia «Una Storia italiana». Pratolini aveva sostenuto il regime fino alla metà degli anni Trenta, quando il coinvolgimento dell'Italia nella guerra civile spagnola e la crescente amicizia con Elio Vittorini lo avevano portato a rivalutare le sue idee e a orientarsi verso nuove ideologie[8].

Uno dei tanti autori costretti alla clandestinità durante l'«estate badogliana» del 1943, mentre la nazione attendeva con ansia una qualche direzione tra la caduta di Mussolini in luglio e l'annuncio dell'armistizio l'8 settembre[9], Pratolini scrive sulla morte di Berta una narrazione «magistrale», secondo De Marzi, «condotta con una serietà di ricerca e di documentazione che nettamente la distacca da altri tentativi di parte e da cui emerge sia l'animo del letterato puro che quello del grande storico», un lavoro differente da tutti gli altri[10]. Mescolando la cronologia consolidata con informazioni del tutto nuove e dettagliate che forse circolavano a Firenze durante gli anni del fascismo, la versione di Pratolini è certamente diversa. Ambientata a Firenze tra le due guerre, la trilogia dipinge un ampio quadro della vita in città sotto il fascismo e introduce riferimenti non troppo velati a molti dei più noti personaggi dell'epoca, come Spartaco Lavagnini. «Ucciso lui, non si aspettavano che l'occasione, tre giorni e tre notti di terrore [...] Uno di *loro* è stato preso e dilaniato, dicono, gettato in Arno dalla gente del Pignone. Era un marinaio in congedo, era il figliolo di un pescecane»[11]. Il marinaio era Giovanni Berta, impersonato nel romanzo dal fascista Nicola Tarbé, anagramma del suo cognome. Con il volto segnato dalle intemperie e con indosso un maglione anziché la camicia nera, che rimandava all'idea del suo passato marinaresco, Tarbé viene presentato come un nuovo squadrista alla sua prima azione. Staccandosi da un gruppo di 10-11 fascisti

[8] M.C. Papini, *Pratolini, Vasco*, in *Dizionario Biografico degli Italiani*, vol. 85, Istituto della Enciclopedia Italiana Treccani, Roma 2016, https://www.treccani.it/enciclopedia/vasco-pratolini_%28Dizionario-Biografico%29/ [ultimo accesso 20 aprile 2021].

[9] M. Franzinelli, *L'8 settembre*, in M. Isnenghi (a cura di), *I luoghi della memoria* cit., p. 256.

[10] G. De Marzi, *I canti del fascismo* cit., pp. 51-2.

[11] V. Pratolini, *Lo scialo* cit., p. 59.

in ritirata da uno scontro con gli operai della fonderia Pignone e del quartiere San Frediano, era armato ma solo, il che poteva far pensare sia al suo coraggio che alla vigliaccheria dei suoi compagni. La narrazione di Pratolini dell'intransigenza e della reazione di Tarbé/Berta di fronte agli avversari socialisti si discosta nettamente dalla narrazione consolidata. La sua descrizione delle donne nella folla, tuttavia, utilizzava tropi simili a quelli precedentemente espressi dalla stampa fascista. Anche la fine di Tarbé è analoga. Dopo essere stato prima aggredito e disarmato da un giovane, tenta di fuggire dal ponte verso il parco delle Cascine, ma viene bloccato da un gruppo che arrivava dal terrapieno:

> Tarbé si trovò preso lui ora, e solo, tra i due gruppi della gente del Pignone che gli si avvicinavano. Non più donne o uomini, vecchi, ragazzi, ma esseri al di fuori di sé stessi, scatenati.
>
> Egli si mise di spalle contro la grata, il parapetto del fiume gli arrivava all'altezza della vita, alzò le braccia come per arrendersi; ma da una parte e dall'altra, i due gruppi convergevano su di lui, gli furono sopra [...]
>
> La folla, vedendoselo sfuggire, non potendo più raggiungerlo se non arrampicandosi sul parapetto e di lassù cercare di colpirlo coi bastoni, lo sforzava coi piedi. Egli era penzoloni del ponte: sotto, nove dieci metri, scorreva il fiume; egli vi si teneva, ormai morto: o per via di un irrigidimento che non corrispondeva a nessuna legge naturale: con le mani disperatamente aggrappato. «Chiamava mamma; e quelle donne, quegli uomini, forse soltanto un paio, forse una decina, ma come che fossero stati centomila, gli pestavano le mani». Lo colpivano «coi bastoni sul capo» dall'alto della grata.

Raccontando la storia tradizionale in modo ancora più dettagliato, si ripeteva il mito che nessuno era stato giudicato colpevole del crimine:

> Come nessuno confessò mai di essersi trovato sul ponte, quella sera, così non si riuscì ad identificare nemmeno una ch'è una delle persone che avevano preso parte al linciaggio, senza che non sorgessero comunque dei dubbi, delle perplessità, dei casi di coscienza, delle cieche persuasioni[12].

[12] Ivi, pp. 376-7.

Un esempio più contemporaneo di memoria letteraria è il celebrato *M* di Antonio Scurati, vincitore del Premio Strega nel 2019. Simile per molti aspetti a *Lo scialo* di Pratolini, la forza e la popolarità del romanzo di Scurati risiedono nell'accuratezza storica degli eventi presentati dal suo narratore onnisciente:

> Al ponte sospeso sull'Arno, presidiato da una folla di comunisti agguerrita, un giovane sconsiderato in guanti, gambali e bicicletta – tutte cose sconosciute agli operai –, che si ostinava a voler passare, è stato massacrato e gettato nell'Arno. Si dice che il fascista si fosse appeso alla spalletta del ponte e che i comunisti gli abbiano tartassato le mani per farlo cadere. Il suo cadavere è stato ripescato dragando il letto del fiume con gli uncini. Parecchie contusioni al volto ma nessun segno di ferite sulle mani[13].

Il racconto di Scurati fa quantomeno menzione delle mani intatte di Berta, ma il riferimento alla folla di comunisti responsabili di averlo aggredito e gettato nel fiume ripropone gli aspetti meno attendibili della storia. Commercializzato come romanzo, *M* confonde in qualche modo inevitabilmente, o addirittura intenzionalmente, i confini tra verità e finzione, e questo è sicuramente il caso del suo breve trattamento della storia di Giovanni Berta. All'omicidio di Lavagnini e alle sue conseguenze in città è dedicato molto più che a Berta. Non potendo contare su analisi storiche recenti del caso, *M* inserisce e cementa ulteriormente i tropi consolidati nella memoria pubblica e conferma la «verità» stabilita.

La cultura materiale

Il percorso con il quale la Repubblica ha affrontato la cultura materiale fascista è stato tutt'altro che uniforme, con decisioni prese di volta in volta su base locale. Ad esempio, l'immagine di Berta rimane sul bassorilievo di Bolzano, completato solo nel dopoguerra. Realizzati nel 1942-43, i tre pannelli centrali alla destra di Mussolini furono rimandati in officina per le modifiche che li avrebbero uniformati al resto del rilievo. Rimaneggiati e restituiti

[13] A. Scurati, *M. Il figlio del secolo* cit., p. 350.

poco prima della caduta del regime, non ci fu tempo per una loro ricollocazione prima del 25 luglio 1943. In seguito, restarono in magazzino fino alla metà degli anni Cinquanta, quando il problema fu portato all'attenzione del presidente della Repubblica Gronchi. Nonostante le discussioni nell'immediato dopoguerra sul futuro dell'edificio, nella primavera del 1957 il bassorilievo celebrativo fascista fu finalmente completato e Giovanni Berta lasciato sospeso al ponte.

Di dimensioni altrettanto monumentali, lo stadio «Giovanni Berta» di Firenze poneva problemi pratici ed etici analoghi. Uno degli edifici più importanti del partito locale per il suo modernismo architettonico e per il suo ruolo nella città, il 22 marzo 1944 fu teatro di un massacro quando, nell'area alla base della Torre di Maratona, cinque ventunenni sospettati di essere partigiani, che non si erano presentati per il servizio militare sotto la Repubblica di Salò, furono condannati da un tribunale militare straordinario e giustiziati come deterrente per coloro che potevano considerare ulteriori defezioni dall'esercito della RSI oppure impegnarsi in attività antifasciste[14]. «L'episodio che commosse di più la opinione pubblica», secondo Francovich, «aveva tutto il sapore di una rappresaglia per la occupazione di Vicchio, dato che i condannati furono arrestati durante un rastrellamento operato in quella zona»[15]. Il 29 maggio 1949 venne inaugurata una cappella commemorativa all'interno dello stadio, dove ogni anno si tiene una funzione in loro memoria. Nel 2008, i cinque sono stati insigniti della Medaglia d'oro al valor civile dal presidente della Repubblica Giorgio Napolitano.

Dopo la liberazione della città, lo stadio fu utilizzato dalle forze alleate come base logistica e quale sede di incontri di atletica e di partite di calcio e rugby, come la partita di un campionato *de facto* tra le squadre di servizio della Quinta Armata e della Dodicesima Aeronautica, lo Spaghetti Bowl, disputata l'1 gennaio 1945. Il progetto di Pier Luigi Nervi di ampliare lo stadio fino alla monumentale capienza di 120.000 posti avrebbe modificato in

[14] L. Poggiali, *La Guerra civile a Firenze*, «Storia e battaglie», 94, settembre 2009, p. 4.

[15] C. Francovich, *La Resistenza a Firenze*, Firenze, La Nuova Italia, 1961, p. 175.

modo significativo la sua estetica, che veniva associata più al passato regime che alla sua effettiva ispirazione modernista. I piani di Nervi non furono realizzati e la «casa» della ACS Fiorentina tornò rapidamente nella coscienza nazionale come tale. Rinominato «Il Comunale», Giovanni Berta fu cancellato dalla storia. Ristrutturato prima di ospitare le partite di qualificazione alla Coppa del Mondo di calcio del 1990, lo stadio fu ulteriormente allontanato dal suo passato nel novembre 1991 con la decisione del consiglio comunale di ribattezzarlo con il nome di Artemio Franchi, l'ex presidente della Federazione Italiana Giuoco Calcio e della UEFA, nonché membro del Consiglio esecutivo della FIFA, morto in un incidente stradale otto anni prima[16]. Legato alle sue radici toscane, anche lo stadio di Siena, originariamente intitolato al «martire» fascista Rino Daus, è stato intitolato a Franchi nel dopoguerra.

Un blog dedicato alle «Curiosità su Firenze» richiama l'attenzione sull'antica denominazione dello stadio cittadino e sui suoi legami con il «martire» e il regime fascista. A differenza di molte altre presentazioni della vicenda, è una delle poche a riconoscere le incertezze intorno agli eventi e l'impossibilità di stabilire se la caduta di Berta sia avvenuta durante il suo coinvolgimento in uno scontro tra due gruppi o se sia stata semplicemente una vittima innocente. Facendo riferimento agli «eco filtrati sapientemente dalla propaganda fascista e quindi verosimilmente manipolate se non ingigantite o distorte», il blog richiama l'attenzione sull'impatto della memoria di Berta sull'architettura del regime[17].

È una delle pochissime testimonianze contemporanee su Giovanni Berta a riconoscere il suo legame con l'architettura della città, mentre la memoria di come lo stadio, lo sport fiorentino e il partito locale fossero collegati è stata quasi completamente cancellata. Emblematico è stato il ripristino dell'illuminazione, passato sotto silenzio, della Torre di Maratona, nel 2010. Sim-

[16] R. Papini, *Stadio Franchi, capolavoro di novant'anni*, «La Nazione», 12 settembre 2021, https://www.lanazione.it/firenze/cronaca/stadio-franchi-capolavoro-di-novant-anni-1.6795142 [ultimo accesso 23 settembre 2021].

[17] *Giovanni Berta, "martire fascista"*, «Curiosità su Firenze», 25 maggio 2013, https://curiositasufirenze.wordpress.com/2013/05/25/giovanni-berta-martire-fascista/ [ultimo accesso maggio 2021].

bolo della luce del fascismo, la sua facciata di vetro risplendeva in tutta la città ed esemplificava l'uso dell'architettura da parte del regime per chiari scopi politico-propagandistici[18]. Senza sviluppare alcun riferimento al suo significato politico, tra le poche fonti che hanno registrato la sua re-illuminazione, il quotidiano online «Nove da Firenze» sottolineava: «la sua luce svettante ha il significato di recuperare completamente alla città di Firenze un bene architettonico e paesaggistico unico ed altamente rappresentativo»[19].

Al contrario, la proposta di ripristinare l'illuminazione del faro tricolore presso il castello di Rocca delle Caminate, nel comune di Meldola, in provincia di Forlì, ha suscitato una dura opposizione. Arroccato sopra Predappio, paese natale di Mussolini, il castello era la sua residenza estiva e, come lo stadio di Firenze, nei mesi precedenti la Liberazione fu luogo di tortura per partigiani e antifascisti. Visibile da Rimini a oltre 60 km di distanza, il faro era illuminato per segnalare la presenza di Mussolini. Il suo significato simbolico era quindi analogo a quello dello stadio di Firenze: far brillare la luce del fascismo. Dopo molti anni di dibattiti, il restauro è stato approvato con sostegno bipartisan dalla Provincia di Forlì, nel febbraio 2017. La sua realizzazione, tuttavia, si è arenata nella burocrazia:

> Intanto il faro [...] è da classificare come «nuovo impianto di illuminazione». La legge e le disposizioni della giunta regionale fissano il divieto di usare fasci di luce fissi o roteanti per scopo pubblicitario. Accendere il faro per motivi turistici? Impossibile, perché sono previste deroghe solo per funzioni di supporto alla navigazione[20].

[18] Sull'importanza di questa torre e di quella dello stadio di Bologna per il fascismo, si veda S. Martin, *Football and Fascism* cit., pp. 96; 127; 157-9 (trad. it. cit., pp. 122-3; 164-5; 204-5).

[19] *La Fiorentina restituisce la Torre di Maratona al vecchio splendore*, «Nove da Firenze», 13 luglio 2010, https://www.nove.firenze.it/b007132325-la-fiorentina-restituisce-la-torre-di-maratona-al-vecchio-splendore.htm [ultimo accesso 24 aprile 2020].

[20] L. Bertaccini, *Rocca delle Caminate, il faro di Mussolini spento dalla burocrazia*, «Il Resto del Carlino», 4 ottobre 2019, https://www.ilrestodelcarlino.it/forlì/cronaca/rocca-caminate-faro-mussolini-1.4819023 [ultimo accesso 24 aprile 2020].

Necessitando l'autorizzazione di circa 10 diverse agenzie e istituzioni, questi tecnicismi hanno offerto una potenziale «risoluzione» del problema, evitando al contempo la questione principale del suo passato.

Uno degli argomenti principali era il potenziale contributo del faro a incoraggiare il turismo nella regione, dove si stima che circa 40.000 turisti «neri», neofascisti, vengano ogni anno a visitare Predappio, la tomba del Duce e a partecipare alle parate biennali, con alcuni che aggiungono Villa Carpena/Casa dei Ricordi al loro itinerario[21]. Sebbene il Comune non sia favorevole a questo tipo di turismo, ha fatto poco per opporsi, ma anche l'ANPI (Associazione Nazionale Partigiani d'Italia) locale non ha rifiutato del tutto il progetto per il ripristino dell'illuminazione del faro. Come ha suggerito il suo presidente Tamer Favali: «riaccendere il faro si può, ma allora diventi il faro della pace, questa è la nostra proposta»[22]. Se la proposta di cambiarne i colori poteva evidenziare la sua riconversione, non poteva cancellare le associazioni e il significato fascista del castello. Pertanto, a differenza del caso dello stadio, il potenziale restauro del faro non era chiaramente il risultato di un processo di oblio.

Un ulteriore esempio di come il nome e la storia di Giovanni Berta siano sopravvissuti sono i vari tombini rimasti a Firenze e, in misura ancora maggiore, a Roma, dove non solo non sono stati rimossi, ma alcuni sono stati installati anche dopo la caduta del fascismo. Un paio di blog, nel mercato dei tombini fascisti, seppur di nicchia e di interesse specialistico, attestano un certo livello di memoria e ricezione contemporanea. In un breve articolo, il blog di viaggi alternativi «Rome. The Second Time» cita Giovanni Berta e la fonderia Le Cure in riferimento ai tombini, ma non si parla del suo «martirio» o del legame con il regime[23]. Un altro, dedicato ai «Tombini del Ventennio», suggerisce che la presenza dei tombi-

[21] G. Martini, *La guerra sul faro di Mussolini: 'Non riaccendete quella ferita'*, «La Stampa», 24 febbraio 2017, https://www.lastampa.it/cronaca/2017/02/24/news/la-guerra-sul-faro-di-mussolini-non-riaccendete-quella-ferita-1.34659754 [ultimo accesso 24 aprile 2020].

[22] *Ibid.*

[23] https://romethesecondtime.blogspot.com/2009/07/manhole-covers-art-and-politics.html [ultimo accesso 29 aprile 2021].

ni di Giovanni Berta non è stata completamente oscurata, anche a Firenze, dove il loro numero è limitato:

> I tombini, infatti, oltre a recare il giglio e la scritta del Comune di Firenze, sulla parte sinistra, in alto, riportano il fascio littorio e l'anno, in numeri romani, dell'era fascista o dell'Impero in cui furono realizzati. Nella parte bassa invece è inciso il nome della fonderia produttrice: «Fonderia Giovanni Berta», che aveva sede alle Cure[24].

Oltre ai tombini, i lampioni in ghisa nel comune di Bitonto[25] e in piazza Santo Spirito a Firenze, oltre ai basamenti delle panchine del parco di piazza Indipendenza, portano anch'essi il nome di Giovanni Berta. Come si legge nel blog «Curiosità su Firenze», la ripetizione del racconto standard fascista della morte di Berta indica ulteriormente come la narrazione si sia radicata nella memoria popolare[26].

La sopravvivenza di questi oggetti si collega anche ai cambiamenti nella denominazione delle strade in Italia nel dopoguerra. Alderman e Inwood hanno mostrato come le élite di vari Paesi abbiano utilizzato il processo toponomastico – in particolare la denominazione delle strade – per cancellare i segni dei precedenti regimi politici e ideologici e per promuovere nuove nozioni di identità e memoria nazionale[27]. Questo è stato certamente il caso dell'Italia del dopoguerra per quanto riguarda le strade intitolate al fascismo, tra le quali molte intitolate ai suoi martiri. Nel quartiere Parioli di Roma, il viale dei Martiri Fascisti fu ribattezzato con il nome dell'antifascista, sindacalista e politico Bruno Buozzi, assassinato a La Storta il 4 giugno 1944. A metà della stessa stra-

[24] R. Di Ferdinando, *Tombini del Ventennio*, «Curiosità di Firenze», 15 gennaio 2011, http://curiositadifirenze.blogspot.com/2011/01/tombini-del-ventennio.html [ultimo accesso 25 aprile 2020].

[25] M. Cotugno, *Gli storici lampioni di piazza Marconi trasformati in pattumiere*, «Da Bitonto», 18 marzo 2019, https://www.dabitonto.com/cronaca/gli-storici-lampioni-di-piazza-marconi-trasformati-in-pattumiera.htm [ultimo accesso 2 maggio 2021].

[26] R. Di Ferdinando, *Fonderia delle Cure, ex Fonderia Berta*, «Curiosità di Firenze», 5 dicembre 2019, http://curiositadifirenze.blogspot.com/2019/12/fonderia-delle-cure-ex-fonderia-berta.html [ultimo accesso 2 maggio 2021].

[27] D.H. Alderman, J. Inwood, *Street naming and the politics of belonging* cit., p. 212.

da, piazzale dei Martiri Fascisti è stato ribattezzato con il nome di don Minzoni, assassinato da una squadra fascista nel 1923. Nell'ambito del diffuso processo di ridenominazione delle strade di Roma, nel 1945 via Giovanni Berta, che collegava Ponte Sisto e quindi Trastevere con il rione Regola nel centro storico, divenne via dell'Arco del Monte[28].

È interessante però contestualizzare questi cambiamenti con la posa nel dopoguerra di tombini con il nome del martire nel quartiere EUR di Roma, che conferma la natura episodica con cui tali decisioni venivano, e spesso non venivano, prese. Se pure Foot sostiene che «una delle prime iniziative della nuova Italia democratica fu non solo la distruzione dei simboli del fascismo, ma il ripristino di quei monumenti che erano stati rimossi durante il regime»[29], questo modo di procedere era tutt'altro che uniforme nel Paese. La seconda guerra mondiale bloccò il completamento del progetto dell'EUR a Roma e, come mostra una mappa dell'archivio di Virgilio Testa, molti dei tombini furono messi in opera solo dopo il completamento della rete stradale in seguito alla caduta del fascismo (fig. 20)[30]. Come si è visto, la memoria di Berta che essi hanno diffuso era specificamente fascista, a sostegno del mito che il regime e i suoi sostenitori avevano creato. Con il nome della Fonderia Giovanni Berta e i simboli del fascismo, i tombini rimasti sia a Roma che a Firenze sono inconfondibili, se vengono notati. Si può solo presumere che, con la rete stradale già pianificata, la «decisione» sia stata una scelta di praticità, basata su quanto stabilito prima del crollo del regime. In ogni caso, l'inserimento dei tombini, di chiara matrice fascista, nel manto stradale e nel tessuto della capitale non può che essere considerato in contrasto con tutto ciò che rappresentava l'Italia repubblicana.

A Firenze, la piazza intitolata a Giovanni Berta nel marzo 1921 fu restituita all'originaria denominazione di piazza Le Cure il 20

[28] Comune di Roma, *Deliberazioni del Sindaco e della Giunta Municipale*, anno 1945, gennaio-febbraio, 'Deliberazione N. 14. Denominazioni stradali e revisione di denominazioni esistenti', 2 febbraio 1945, p. 201 [200-210], https://www.comune.roma.it/servizi/SITOWPS/getPDFDelibera.do?codiceDelibera=39 [ultimo accesso 21 aprile 2021].

[29] J. Foot, *Italy's Divided Memory* cit., p. 3 (trad. it. cit., p. 11).

[30] ACS, Archivi di Famiglie e di Persone, Testa Virgilio 1904-1977, b. 31, Relazioni EUR di S.E. il Commissario, 'EUR Planimetria Generale'.

Fig. 20. Un tombino romano, zona EUR, Officine Fonderia «Giovanni Berta».

ottobre 1944. Nell'ambito dell'intervento del Comune dopo la Liberazione sui nomi delle strade di «natura politica», via Carlo Menabuoni divenne via delle Cerbine, via XXVIII ottobre divenne via San Giuseppe e via del Littorio divenne via dei Martiri del Popolo[31]. In seguito alla distruzione del Ponte della Vittoria da parte delle forze tedesche il 4 agosto 1944, la «Rassegna mensile del Comune», nel verbale di ricostruzione del 1951, non menziona il precedente ponte intitolato a Berta[32]. Sul luogo del martirio, la sua memoria e quella dell'evento erano state cancellate.

A ulteriore testimonianza di processi decisionali locali e *ad hoc*, altre città in Italia sono state meno scrupolose. Oggi, via Giovanni Berta si trova ancora a Marsala, nel paese di Bisacquino, in

[31] ASCFi, CF, Deliberazioni, Atti di Giunta dal 16 agosto al 29 settembre 1944, CF 1003, n. 240, 'Vie e piazze del territorio comunale – Cambiamenti di denominazione di alcune di esse', pp. 191-2.

[32] G.E. Leschiutta, *I ponti sull'Arno*, «Firenze: Rassegna mensile del Comune», maggio 1951, pp. 48-50.

provincia di Palermo, a Torrione, nella periferia di Salerno, e a Venosa, in provincia di Potenza[33]; e c'è anche una scuola elementare Giovanni Berta a Pisticci Scalo, in provincia di Matera. La difficoltà di valutare oggi la percezione di tali simboli è già stata riconosciuta considerando il numero significativo di tombini sopravvissuti, soprattutto a Roma. Tuttavia, un esempio a Isernia suggerisce che la sua memoria non è stata completamente rimossa o dimenticata, anche in città con una forte identità legata alla Resistenza. Celebrando la Festa della Liberazione durante il periodo del COVID nel 2020, il Partito Comunista dei Lavoratori della città ha proposto di rinominare via Giovanni Berta, una delle arterie principali della città, in onore del partigiano Giaime Pintor. Spiegando il cambio di nome alla commissione toponomastica del Comune, uno dei promotori, Tiziano Di Clemente, ha dichiarato: «è inaudito [...] che una delle principali vie d'Isernia sia ancora intitolata a Giovanni Berta, simbolo di apologia del crimine fascista, segnatamente delle squadracce fasciste di Firenze, figlio del padrone di un'azienda metallurgica sostenitore del regime». Esponendo una versione fortemente antifascista della storia, Di Clemente ha spiegato perché il cambiamento proposto era così importante per la città:

> L'intitolazione di una strada importante di Isernia, sia pure molto tardiva, colpevolmente tardiva [...] rappresenterebbe un fatto importante non solo sotto il profilo simbolico, bensì un concreto passo avanti dal punto di vista culturale e civile per la nostra città, un richiamo di rinnovata attenzione soprattutto per le giovani generazioni chiamate a costruire una società migliore, prospettiva che non può mai prescindere proprio da quella memoria storica[34].

Al momento in cui scriviamo, via Giovanni Berta sembra essere ancora al suo posto, ma la campagna per la sua rimozione è la prova di come la sua memoria non sia stata completamente can-

[33] www.google.com/maps [ultimo accesso 21 aprile 2021].

[34] *Isernia. Di Clemente: il comune intitoli via Giovanni Berta al partigiano Giaime Pintor*, «Il Giornale del Molise», 25 aprile 2020, https://www.ilgiornaledelmolise.it/2020/04/25/isernia-di-clemente-il-comune-intitoli-via-giovanni-berta-al-partigiano-giaime-pintor/ [ultimo accesso 21 aprile 2021].

cellata, soprattutto quando era associata a una strada importante, in una città minore con una forte tradizione di Resistenza.

Se la cripta fascista sotto Santa Croce era scomoda per alcuni a metà degli anni Trenta, dopo la caduta del fascismo e la conclusione della guerra divenne insostenibile, poiché l'Italia democratica e repubblicana iniziò il processo di cancellazione e rimozione dell'eredità e del retaggio fascista. Come nota Foot, la presenza dei sacrari cominciò a creare «un notevole imbarazzo, tanto è vero che sono a malapena menzionati sia nelle storie della Chiesa che nei documenti ufficiali»[35]. Uno dei più grandi esempi di commemorazione dei morti da parte del fascismo, dopo la caduta del regime il Sacrario venne smantellato il più velocemente possibile. A ulteriore sostegno della tesi di Foot, sembra che le autorità della basilica abbiano conservato scarsissima documentazione di questo processo[36]. Ciò si ripete anche nel caso di Siena, dove le notizie sulla sua vita post-fascista sono «poche e rare». Come si legge in una relazione del 1951 della Soprintendenza al Ministero della Pubblica Istruzione, per la cripta senese erano necessari pochi lavori, a parte la rimozione delle dieci tombe e della statua del Cristo risorto, che fu completata nel 1968.

> Nella cripta di San Domenico [...] le testimonianze della precedente funzione dell'edificio sono state completamente sradicate. Non c'è più nulla che possa far capire al visitatore che la cripta era un tempo un santuario dei «martiri fascisti» della provincia di Siena. Ogni traccia delle tombe, delle iscrizioni e dei nomi dei caduti in Etiopia e in Spagna [...] del giuramento fascista sopra l'ingresso e dei simboli fascisti alle finestre è stata cancellata[37].

Il rinnovamento della cripta di Santa Croce si sarebbe rivelata un'impresa più complessa. A differenza della ricchezza di fonti archivistiche che ne hanno registrato la progettazione e la costru-

[35] J. Foot, *Italy's Divided Memory* cit., p. 58 (trad. it. cit., p. 101).

[36] L'Archivio Opera Santa Croce è stato consultato e l'Archivio del Convento di Santa Croce (ASCS), «Cronaca di Santa Croce 1923-1952», è stato esplorato indirettamente da membri della comunità monastica a cui l'accesso è limitato.

[37] G. Parsons, *Fascism and Catholicism* cit., pp. 482-3.

zione, il materiale relativo al dopoguerra e alla sua defascistizzazione è decisamente inferiore. Sufficiente, però, per ricostruire a grandi linee il processo. Morellini sostiene che le salme erano state rimosse già tra il 18 e il 28 novembre 1946[38], cosa che è confermata dallo studio di Sebregondi sulla basilica: «nel dopoguerra le salme dei caduti furono traslate in un cimitero cittadino, poi nell'agosto del 1950 si procedette all'eliminazione dei sarcofagi»[39]. In realtà, i «caduti» furono trasferiti in più di un cimitero, ma nel caso di Berta la sua ultima dimora fu la cappella di famiglia nel Cimitero Porte Sante, a San Miniato, commissionata dal padre e costruita nel 1914: «paramenti in pietra artificiale; nel cancello il marchio della Fonderia delle Cure proprietà dei Berta»[40]. Uno dei pochi riferimenti allo sgombero della cripta proviene dalla «Cronaca di Santa Croce», dell'agosto del 1950, in cui si evidenziava che i resti dei «martiri» erano già stati rimossi:

> Da tempo l'Intendenza di Finanza voleva liberare la già Cripta fascista (da tempo già rimosse le salme dei caduti e portate al Camposanto) delle Urne che già accoglievano quelle salme e le iscrizioni che ricordavano quei poveretti, che non ebbero pace né prima né dopo la morte, ma non l'era stato possibile trovare il modo di farlo, solo in questo mese un maestro muratore prese l'impegno di disfare le urne e servirsene come materiale di costruzione sborsando (si dice cinque mila lire) ed un marmista ritira le lapidi marmoree con l'impegno di risistemare le pareti e che isparïscono i luoghi dov'esse erano. Come finisce il tanto chiasso di venti anni fa e come sono andate a finire le ingenti spese fatte per quella critta. Basti dire che le sole urne furono pagate diecimila lire ciascuna ed erano trentasei[41].

[38] S. Morellini, *La cripta dei martiri fascisti a Santa Croce* cit., p. 60.

[39] L. Sebregondi, *Santa Croce sotterranea* cit., pp. 20-1.

[40] G. Salvagnini (a cura di), *Porte Sante: il cimitero di San Miniato al Monte*, Firenze, Opus Libri, 2001, pp. 152-3, cit. in http://www.palazzospinelli.org/architetture/scheda.asp?offset=1860&ID=2800. Visitata dall'autore nel 2019, la cappella era chiaramente trascurata da tempo. In occasione del centenario della sua morte, i rappresentanti dell'Associazione Famiglie Caduti e Dispersi della RSI, dell'Associazione Memento e del Raggruppamento Combattenti e Reduci della RSI - Continuità Ideale hanno ripulito e intrapreso un restauro di base della tomba: http://www.associazione-memento.org/2021/03/a-firenze-il-ricordo-di-giovanni-berta-a-100-anni-dalla-sua-morte/ [ultimo accesso 8 gennaio 2023].

[41] Archivio del Convento di Santa Croce, «Cronaca di Santa Croce 1923-1952», agosto 1950, p. 664.

Una serie di foto dell'Archivio Storico del Comune di Firenze mostra chiaramente come la cappella sia stata ripulita dalle tombe e dalle decorazioni fasciste nel luglio 1952[42]. Lungo le pareti bianche del vasto corridoio che separa lo spazio vuoto dell'ormai ex Sacrario dei Caduti Fascisti dal Famedio, è stata apposta una profonda fascia di lastre di pietra scura e sono stati incisi in ordine alfabetico i nomi dei fiorentini morti per la patria negli anni 1940-45. Considerato il chiaro desiderio di cancellare e dimenticare lo scomodo passato della cripta, l'epigrafe che ora corre lungo il corridoio sopra le lastre – «Per La Patria Diedero La Loro Vita» – avrebbe potuto essere realizzata diversamente. Realizzata in alto rilievo in caratteri Sans Serif, presenta più di una somiglianza con lo stile preferito dal fascismo[43].

Le lapidi aggiunte nel 1938, per commemorare i caduti della guerra imperiale in Etiopia e il coinvolgimento dell'Italia nella guerra civile spagnola, hanno attirato l'attenzione anche nel dopoguerra. Come ha chiarito l'Ufficio delle Belle Arti del Comune:

> I nomi di questi 113 Caduti sono attualmente scolpiti in una serie di lastre di marmo bianco situate immediatamente vicino al grande ingresso di via Malcontenti che sarà rimessa in efficienza quale ingresso principale dell'intero Sacrario.
>
> Di fronte a detto ingresso, applicata su un architrave di pietra, bene in vista, a grandi lettere di bronzo, esiste la dicitura: «Caduti per l'Impero» e «Legionari Caduti in Spagna».
>
> L'Associazione Famiglie Caduti in Guerra interpellata risponde per bocca del proprio Presidente di ritenere che questi nomi debbono rimanere dove sono[44].

Essenzialmente guerre fasciste, furono combattute dall'esercito italiano piuttosto che dai militanti fascisti. Questo rendeva molto più facile giustificare il loro mantenimento, anche se con una piccola ma fondamentale modifica. Come chiarisce la nota del sindaco ai vari dipartimenti comunali nel dicembre 1954, dopo

[42] ACSFi, CF, Deliberazioni, Atti del Consiglio, 1934-35, CF 9247, faldone 'Basilica di Santa Croce, 1952-55'.

[43] L. Sebregondi, *Santa Croce sotterranea* cit., p. 21.

[44] ASCFi, CF, VII, Belle Arti, 1934-55, CF 9247, f. Basilica di Santa Croce 1952-1955, Lettera dalla Divisione Belle Arti Comune di Firenze al Sindaco di Firenze, 16 novembre 1954.

aver esaminato una serie di questioni relative alla cripta, l'autorità cittadina decise di:

> a) Lasciare al loro posto le lastre di marmo che portano incisi i nomi dei Caduti nella guerra d'Etiopia e nella guerra di Spagna;
> b) Che siano apposte le iscrizioni: «CADUTI IN AFRICA» «CADUTI IN SPAGNA» in sostituzione di quella attualmente esistente che dice: «Caduti per l'Impero e Legionari di Spagna»;
> c) Che sia apposta sull'architrave dell'ingresso principale una iscrizione del seguente tenore: «FIRENZE AI SUOI CADUTI PER LA PATRIA – 1915-1945»[45].

Così, la semplice rimozione dei riferimenti all'Impero e ai legionari ha defascistizzato in modo soddisfacente la loro memoria e ha reso le targhe accettabili per il Comune.

L'eliminazione dei riferimenti all'Impero e ai legionari presenti nelle lapidi che ricordano i caduti in Etiopia e in Spagna e l'aggiunta dei nomi dei fiorentini morti nella seconda guerra mondiale rappresentano un chiaro tentativo di ricalibrare il messaggio complessivo della cripta. Con il Famedio dedicato ai caduti di tutti i conflitti (del Novecento), il sito venne trasformato in un luogo di memoria e commemorazione nazionale che oscurò il suo passato fascista. Come affermava Giovanni Pedata dell'Associazione Nazionale Famiglie Caduti in Guerra in una lettera al sindaco di Firenze, Giorgio La Pira, nel 1954: «per Caduti, il nostro Statuto comprende come tali, i 'militari, i militarizzati e i partigiani appartenenti a formazioni riconosciute, che sono morti in azioni di guerra'»[46]. In tale lettera non si è parlato della costruzione del Famedio e del suo ruolo nel tentativo del fascismo di inserirsi nella narrazione storica ed eroica dell'Italia. Tuttavia, l'ex cripta dei martiri fascisti caduti creò qualche disagio anche dopo la sua defascistizzazione, come si evince da una lettera al Comune, nel 1957, di Giovanni Ginori Conti, presidente della Commissione Straordinaria che governava la basilica dal 1927:

[45] ASCFi, CF, VII, Belle Arti, 1934-55, CF 9247, f. 'Basilica di Santa Croce 1952-55', Affari Generali Reg. d'Uff., n. 1122, 20 dicembre 1954.

[46] Ivi, Lettera da Giovanni Pedata al Sindaco di Firenze Giorgio La Pira, 10 novembre 1945.

Essendo stato comunicato ai Frati Minori Conventuali di Santa Croce dall'Associazione Nazionale Caduti in Guerra che non sarebbe stato ritenuto opportuno in «alto loco» una inaugurazione ufficiale da parte dell'Autorità centrale della cripta [...] per i caduti nella guerra 1940-45, in quanto detta cripta era stata a suo tempo adibita a sacrario dei martiri fascisti; essendo venuto a Firenze Mons. Pintarello [...] si approfittò per far benedire i nuovi locali ed aprire il sacrario dei caduti[47].

Il Sacrario era così profondamente politicizzato che fu relativamente facile affrontare il più «discreto» Famedio della prima guerra mondiale. Pur essendo un'iniziativa fascista, lo spazio di commemorazione dei caduti italiani della prima guerra mondiale non ha richiesto opere di «restauro» postbelliche, mantenendo così la sua struttura e il suo carattere anni Trenta. Dietro l'altare, iscritta nel marmo nero, rimane la citazione del giornalista, critico d'arte e curatore Ugo Ojetti.

Completati i lavori entro l'1 aprile 1955[48], «La Nazione» chiese l'inaugurazione del nuovo «Famedio dei Caduti di tutte le Guerre» in occasione dell'anniversario della liberazione della città, l'11 agosto 1944. Pur tracciando una netta linea di demarcazione tra il significato e il simbolismo del Famedio prima e dopo la guerra, il suo appello rimase inascoltato[49]. Un'altra occasione fu la visita a Firenze del presidente della Repubblica Gronchi, il 10 maggio 1956. Il suo itinerario non comprendeva però la basilica[50], nonostante si fosse discusso il progetto, meno di un mese prima, di inaugurare il nuovo Famedio[51]. Dodici anni dopo la sua chiusura, fu finalmente riaperto il 18 novembre 1956. Come riporta

[47] Archivio Storico dell'Opera di Santa Croce, Carteggio e Amministrazione: Buste di Affari dal 1927 al 1945, 88/A, Lettera al Comune di Firenze dal Commissario Giovanni Ginori Conti, 3 gennaio 1957.

[48] ACSFi, CF, Belle Arti, CF 9246, Categoria 105-291, Lettera dal Capo Repartizione Comune di Firenze al Sindaco di Firenze, 23 aprile 1956. In ASCFi, CF, VII, Belle Arti, 1934-55, CF 9247, f. 'Basilica di Santa Croce 1952-1955', ci sono quattro foto che mostrano la cripta sgombra da ogni materiale, datate luglio 1952.

[49] *La Basilica di Santa Croce è da troppi anni abbandonata*, «La Nazione», 5 agosto 1955, p. 4.

[50] https://archivio.quirinale.it/aspr/diari/EVENT-002-001746/presidente/giovanni-gronchi.

[51] ACSFi, CF, Belle Arti, CF 9246, Categoria 105, Lettera dal Prefetto di Firenze Oscar Benussi al Sindaco di Firenze Giorgio La Pira, 14 aprile 1956.

«Il Mattino», senza alcun accenno al suo passato e ai «martiri» fascisti: «i sotterranei della basilica sono stati completamente restaurati ad opera del Comune: i locali sono dedicati ai Caduti di tutte le guerre»[52]. Il risultato è stato una cancellazione quasi totale dell'appropriazione della cripta da parte del fascismo.

Oggi, dopo essere entrati nel Famedio, i visitatori interessati possono sbirciare, attraverso la porta chiusa a chiave, la parte dove si trovava la cripta[53]. Oltre ci sono le due ali vuote, la piccola cappella e, in fondo, la *Pietà* e le lastre di marmo dedicate ai caduti in Etiopia e in Spagna. Senza quasi nessuna traccia del ruolo precedente dello spazio, se non una piccola foto e un breve testo che presentano il contesto, il Sacrario fascista è stato a tutti gli effetti cancellato dalla memoria contemporanea[54]. Data la difficoltà di reperire informazioni sulla sua defascistizzazione, ciò non sorprende.

Una scelta forse logica, ma quantomeno discutibile se confrontata con il Sacro Cuore nel cimitero della Certosa di Bologna, che è rimasto intatto, e con il Mausoleo nel cimitero del Verano a Roma, che è ancora intatto, ma con i loculi vuoti. La prova del fallimento di questa parziale defascistizzazione a Roma è l'aggiunta nel dopoguerra di una «lapide» in marmo dedicata ai «Caduti per l'onore d'Italia, 'Primavera 1945'», il periodo della resa dei conti in cui partigiani e civili si confrontarono con i fascisti. Come ha suggerito Foot: «nonostante la retorica fascista, i martiri dall'altra parte erano stati molti di più. Una nuova serie di martiri fascisti sarebbe stata creata più tardi, tra i morti durante la resa dei conti dopo il 1945, ma queste memorie (almeno fino agli anni '90) non ottennero mai un riconoscimento ufficiale da parte dello Stato»[55]. Sulla targa compaiono 17 nomi di camicie nere e militanti, mentre

[52] *Riaperta la cripta di S. Croce*, «Il Mattino», 18 novembre 1956, in ACSFi, CF, Belle Arti, CF 9246, Categoria 105.

[53] L'autore ha visitato l'ex Sacrario e il Famedio nel novembre 2017 e di nuovo nel 2021. Nella prima occasione il Famedio era aperto al pubblico, ma non l'ex Sacrario. Nel 2021 entrambi erano chiusi a causa delle restrizioni COVID-19, ma è stata dichiarata l'intenzione di riaprire al pubblico l'intero sito, compreso l'ex Sacrario.

[54] È brevemente menzionato nel sito web dell'Opera Santa Croce: https://www.santacroceopera.it/luoghi/cripta-e-famedio/.

[55] J. Foot, *Italy's Divided Memory* cit., p. 58 (trad. it. cit., p. 101).

altri tre nomi sono stati aggiunti da sostenitori del Movimento Sociale Italiano, indubbiamente neofascisti:

> Ai piedi della lapide, sotto una linea che sembra delimitare un nuovo periodo temporale, compaiono i nomi di Stefano Mattei, Virgilio Mattei e Michele Mantakas [...] La presenza dei nomi dei fratelli Mattei accanto a Mussolini e ai suoi squadristi su una lapide commemorativa all'interno di un mausoleo costruito per onorare i caduti durante l'ascesa al potere del fascismo mostra il tentativo di inquadrare i fratelli come due dei tanti martiri fascisti. Nessun altro nome successivo al 1945 è presente in modo permanente nel mausoleo[56].

A ulteriore dimostrazione di come le decisioni sull'epurazione dei siti e della cultura materiale fascista fossero condotte su basi locali ed episodiche, la sopravvivenza del Sacrario fascista di Bologna e del Mausoleo del Verano, anche se con loculi vuoti, implica che a Firenze ci fu un'immediata volontà e una decisione concreta di rimuovere ogni traccia di commemorazione dei suoi caduti.

Neofascismo

Gran parte – se non tutta – della risposta del dopoguerra alla residua cultura materiale fascista è stata determinata dalla continua presenza di ex fascisti e dall'emergere del neofascismo. Mentre la Costituzione vietava la rifondazione del Partito Fascista, dopo l'amnistia Togliatti del giugno 1946 che condonava e riduceva le pene a fascisti e partigiani, l'ex fascista, giornalista e burocrate della RSI Giorgio Almirante fu tra i fondatori del Movimento Sociale Italiano. La formazione del partito, di cui faceva parte anche l'ex collaboratore di Mussolini, Lando Ferretti, fu un primo segnale dell'offuscamento delle linee di demarcazione e dell'effettiva tolleranza del neofascismo da parte di uno Stato che in apparenza era stato costruito in opposizione al fascismo.

[56] A. King, *Antagonistic martyrdom: memory of the 1973 Rogo di Primavalle*, «Modern Italy», 25(1), 2020, p. 39 [33-48].

Il MSI raggiunse il suo apogeo politico a metà degli anni Settanta prima di trasformarsi ufficialmente nel partito post-fascista Alleanza Nazionale sotto la guida di Gianfranco Fini nel 1995. La sua esistenza rese inevitabile una forma di memoria divisa dal passato fascista, di cui i sostenitori del MSI non si curarono troppo. Nel 1961, il *Martirologio italico della Repubblica Sociale*, in due volumi, fornì un ampio elenco cronologico dei caduti della RSI:

> onorare la memoria dei combattenti dimenticati; intendiamo deporre un fiore sulle strade dove subirono l'agguato e non trovarono l'ultima pietà della sepoltura; intendiamo elevare una preghiera di consolazione, al cospetto delle mamme a cui l'Italia ufficiale e servile ha ripetuto troppe volte che i loro figli non solo furono degli sconfitti, ma dei traditori[57].

Esprimendo i chiari obiettivi del libro, il riferimento alle madri dei martiri prosegue la mobilitazione del lutto materno da parte del fascismo. Inoltre, come il fascismo aveva fatto con il Gianicolo e la Repubblica Romana, presentava la Repubblica Sociale e i suoi caduti come gli ultimi di una lunga serie di eventi e di personaggi patriottici legati all'unificazione italiana, che andavano da Luciano Manara e i suoi battaglioni lombardi, ai fratelli Bandiera, a Gabriele D'Annunzio fino a Mussolini. «Gli italiani delle generazioni future saranno riconoscenti agli italiani della Repubblica Sociale che, spinti dall'unico interesse dell'onore e della Gloria della patria, combatterono [...] fino all'ultimo lembo del sacro suolo». Proseguendo l'utilizzo dei morti da parte del regime per costruire una religione laica, le date di morte dei caduti per la RSI ricevettero il doppio significato di indicare anche la rinascita. «Perciò li ricordiamo, uno ad uno, nel giorno dell'olocausto, come se fosse il loro giorno natalizio: dies natalis. Li ricordiamo nelle pagine del *Martirologio italico*, come nelle pagine di un messale, miniato delle loro gesta»[58].

Fondato nel 1952 da Franz Turchi, ex segretario federale del Partito Fascista a Napoli e prefetto della RSI a La Spezia, «Il Secolo d'Italia» è stato l'organo di informazione ufficiale del MSI

[57] F. Ginepro, *Martirologio italico della Repubblica Sociale*, Siena, Tip. Senese, 1961, p. 5.

[58] Ivi, p. 8.

dal 1963 al 1995. Nel 1964 ha pubblicato una serie di articoli che analizzavano la violenza «rossa» e che promettevano «una vasta e documentata rievocazione dei lunghi anni di violenza e di sangue del primo dopoguerra imposti dai socialisti all'Italia come mezzo di lotta politica». Partendo dalle campagne imperiali dell'epoca liberale, un'attenzione significativa era riservata alla prima guerra mondiale e al contributo socialista a Caporetto, per poi passare all'occupazione delle fabbriche, all'inverno del 1921, alla strage del Diana, alle vicende di Palazzo d'Accursio, ai «fatti di Empoli», prima di culminare in una dettagliata decostruzione del caso Matteotti. La serie è stata introdotta con l'immagine dell'adolescente Giovanni Berta appeso al ponte, sovrastato da una figura in stile Munch, che lo consegna alla morte:

> Era una delle tante gesta criminose dei sovversivi, la cui campagna di odio andava estendendosi, dopo la Prima Guerra Mondiale. Nulla essi lasciavano di intentato pur di scavare un solco di sangue fra italiani [...] Essi volevano colpire in profondità la tradizione, civile, tollerante, umana del popolo italiano per instaurare il loro fosco regime di coercizione e di violenza[59].

Predicando al suo pur limitato pubblico di lettori convertiti, la serie intendeva creare una contro-narrazione. Come recitava il sottotitolo dell'articolo che si riferiva ai «fatti di Empoli» del 1921: «creare il caos nella società italiana con efferati delitti e conquistare potere», che era, di fatto, l'esatto processo con cui il fascismo stesso aveva preso il controllo nel 1922[60].

Un esempio analogo di costruzione neofascista della contromemoria riguarda il «Rogo di Primavalle», a Roma, nel 1973. Ricercata a fondo da Amy King, la ricostruzione degli eventi da parte del MSI era un mezzo per attirare l'attenzione sulle sofferenze inflitte al partito dall'estrema sinistra, in seguito al coinvolgimento dei suoi stessi membri nell'uccisione di un agente di polizia[61]. Il confronto con il caso di Giovanni Berta e la conseguente necessità di costruire una storia alternativa rivela sorprendenti affinità. Se

[59] *Il seme dell'odio*, «Il Secolo d'Italia», 19 giugno 1964, p. 1.
[60] *L'imboscata di Empoli*, «Il Secolo d'Italia», 15 agosto 1964, p. 3.
[61] A. King, *Antagonistic martyrdom* cit., p. 34.

la morte di Berta è stata una conseguenza dell'attentato di piazza degli Antinori, della risposta squadrista e del successivo sciopero generale della sinistra dopo l'omicidio di Spartaco Lavagnini, anche il Rogo di Primavalle ha un percorso simile: un'esplosione (12 aprile) durante una manifestazione del MSI contro la «violenza rossa» a Milano dove viene ucciso un poliziotto, uno sciopero sindacale (13 aprile) per protestare contro le «provocazioni fasciste», seguito dall'attentato a casa Mattei e dall'omicidio dei fratelli (16 aprile) che diventano «martiri». La costruzione della leggenda fascista intorno alla morte di Giovanni Berta, che appare stereotipata in termini di struttura narrativa, ha impedito di integrarla in un insieme più ampio di narrazioni che includono le vittime della violenza politica di tutte le parti durante l'ascesa al potere del fascismo. In questo modo, ha contribuito alla creazione e al mantenimento di una forma di memoria antagonista intorno al processo e al suo esito. Sebbene un certo numero di persone sia stato condannato per aver avuto un ruolo nella morte di Berta, la memoria pubblica non lo ricorda, aumentando così gli evidenti livelli di ingiustizia. Questo è simile ai casi di Pinelli e dei fratelli Mattei. Come aggiunge King:

> nel periodo che ha preceduto la marcia neofascista di base del 2018 organizzata a Primavalle, sono stati affissi diversi manifesti sugli edifici della zona con la scritta «*45 anni di verità negata*», affermazione inesatta visto l'esito del secondo processo in cui tre responsabili sono stati giudicati colpevoli di omicidio colposo.

Facendo riferimento al Mausoleo dei Martiri Fascisti nel cimitero del Verano di Roma, King mostra inoltre come i fratelli Mattei, a prescindere dalla natura della loro morte, siano stati inseriti nella storiografia dei martiri fascisti. Collegare coloro che apparentemente morirono per i loro ideali durante gli «anni di piombo» e coloro che persero la vita durante l'ascesa e l'instaurazione del regime storico, come parte della stessa lotta, «riflette la necessità dei gruppi neofascisti contemporanei di rappresentarsi come una continuazione di una tradizione precedente onorando l'eredità martirologica»[62].

[62] Ivi, pp. 37-9.

Una tradizione iniziata con Giovanni Berta, a prescindere dalla verità del martirio fascista o meno, è stata chiaramente stabilita per attribuire un binomio «buono-cattivo» alla narrazione. Così, le vittime sono diventate «buone», mentre i loro oppressori, carnefici o assassini devono, di conseguenza, essere «cattivi». La sofferenza convalida ulteriormente la «bontà» della vittima e sottolinea la barbarie del carnefice. Come spiega Portelli: «l'oggetto del sacrificio infatti deve essere ritualmente puro dal male che è destinato a redimere. Questo getta una luce ulteriore sulla contrapposizione tra 'colpevoli' e 'persone sacrificate', e sottrae protagonismo a queste ultime»[63]. Nonostante il referto dell'autopsia, che ha accertato che il corpo di Berta era relativamente intatto e le sue mani ancora al loro posto, il mito sarebbe stato inefficace se la verità fosse stata riconosciuta pubblicamente. Pertanto, la reiterazione dell'immagine del taglio delle mani sia nelle parole che nell'arte è stata cruciale per il suo martirio, per la memoria e per la demonizzazione dei rivali comunisti del fascismo.

La persistente idea che nessuno sia stato ritenuto colpevole del suo omicidio continua a essere utilizzata per sottolineare la continua, presunta persecuzione della destra neofascista, come nel caso di Francesco Cecchin. Giovane militante del Fronte della Gioventù, il 28 maggio 1979 fu trovato in fin di vita dopo essere caduto dall'altezza di cinque metri, da un balcone al secondo piano di via Montebuono 5, a Roma. Qualche ora prima era stato coinvolto in una rissa con un gruppo di giovani militanti del PCI mentre attaccava dei manifesti a piazza Vescovio, notoriamente un luogo di ritrovo dei giovani neofascisti. Cecchin morì il 16 giugno 1979, dopo 19 giorni di coma. Non c'erano stati testimoni al processo in cui l'unico imputato, Stefano Marozza, venne assolto dopo che il giudice aveva dichiarato inattendibili le indagini della polizia. «Da allora Cecchin è diventato una figura mitica del 'cuore nero' della destra capitolina»[64]. Nel 1981, la Corte d'Assise

[63] A. Portelli, *The Order Has Been Carried Out* cit., p. 197 (trad. it. cit., p. 215).

[64] M. Razzi, *Un monumento a Francesco Cecchin. Protestano Anpi e Pd: 'Inopportuno'*, «la Repubblica-Roma», 20 maggio 2011, https://roma.repubblica.it/cronaca/2011/05/20/news/cecchin-16545028/ [ultimo accesso 4 marzo 2023].

«stabilì che si era trattato di omicidio volontario, pur non individuando i colpevoli»[65].

Il quarantesimo anniversario della sua morte ha sollevato nuovamente l'attenzione sul caso: «Cecchin ha fratture multiple su tutto il corpo ma le gambe e le braccia sono intatte. È mai possibile che si sia lanciato di testa da un muretto come suggerisce l'esame delle lesioni?»[66]. L'ipotesi evidente è che Francesco sia stato picchiato prima di essere gettato dalla finestra. Paragonando il caso a quello di Berta sul «Secolo d'Italia» Antonio Pannullo ha sostenuto:

> la cosa più importante è che i colpevoli non sono mai stati presi. L'hanno fatta franca. Entrambi i giovani, poi, sono stati buttati di sotto senza pietà, probabilmente dopo essere stati storditi, dagli avversari politici. In tutti e due i casi, poi, i giovani erano da soli mentre i comunisti erano in parecchi.

Riproponendo la versione standardizzata della sua morte, Pannullo ipotizzava che Berta fosse stato quasi certamente picchiato a sangue, perché altrimenti le sue forti capacità natatorie lo avrebbero salvato. Non è stata presa in considerazione la controargomentazione secondo la quale questa forza potrebbe anche averlo spinto a saltare nel fiume per cercare scampo, prima ancora di esservi gettato. In definitiva, secondo Pannullo: «per le modalità del massacro, per il fatto che fu il primo ucciso, per la giovane età, per il suo impegno politico, Giovanni Berta divenne un'icona del fascismo e uno dei protagonisti del martirologio fascista»[67].

[65] *Croci celtiche nei giardini di Cecchin, giovane di destra assassinato nel '79*, «Corriere della Sera», 16 giugno 2011, https://roma.corriere.it/roma/notizie/cronaca/11_giugno_16/croceltiche-roma-cecchin-190880327053.shtml [ultimo accesso 27 aprile 2021].

[66] Citato in D. Romano, *A quarant'anni dall'omicidio di Francesco Cecchin*, «Il Primato Nazionale», 17 giugno 2019, https://www.ilprimatonazionale.it/approfondimenti/a-40-anni-dallomicidio-di-francesco-cecchin-il-suo-ricordo-nel-servizio-del-tg2-video-121614/ [ultimo accesso 26 aprile 2021].

[67] A. Pannullo, *Storia di Giovanni Berta, buttato di sotto e ucciso dai comunisti. Proprio come Francesco Cecchin*, «Il Secolo d'Italia», 2 marzo 2019, https://www.secoloditalia.it/2019/03/storia-di-giovanni-berta-buttato-di-sotto-e-ucciso-dai-comunisti-proprio-come-francesco-cecchin/ [ultimo accesso 26 aprile 2021].

Commemorato come martire dalla destra neofascista, la memoria di «Francesco Maria Cecchin, Caduto per la Rivoluzione» è stata inscritta in una targa apposta sul muro dell'edificio in cui fu ritrovato in via Montebuono e, più ufficialmente, in un giardino commemorativo e in un monumento istituito nella vicina piazza Vescovio. Il nome ufficiale del piccolo parco, «Giardino Francesco Cecchin. Vittima della violenza politica (1961-1979)» suggerisce qualche progresso in termini di commemorazione più agonistica. La sua inaugurazione nel 2011, tuttavia, ha provocato le proteste dei residenti locali, del Partito Democratico e dell'organizzazione nazionale dei partigiani ANPI, che hanno rivelato quanto la questione sia ancora foriera di divisioni[68].

Da tempo, piazza Vescovio era un rinomato luogo di ritrovo per i giovani sostenitori del partito politico di estrema destra Forza Nuova. Disponendo di un ufficio a pochi passi dalla piazza intitolata a Cecchin, nelle notti precedenti la cerimonia di inaugurazione «coppie di militanti di estrema destra si sono alternate per ricordare il giovane». L'allora sindaco di Roma Giovanni Alemanno, già segretario nazionale del Fronte della Gioventù del MSI, membro fondatore di Alleanza Nazionale e amico di Cecchin, durante l'inaugurazione scelse di soffermarsi sul tema della memoria e dell'uso della violenza politica: «Intitolare questa piazza a Cecchin [...] è dunque un dono alla città, perché la memoria deve essere di tutti. Il messaggio è dire ai giovani che non si può usare la violenza per perseguire le idee politiche. Considerare l'avversario un nemico da abbattere è il primo passo verso l'omicidio politico»[69]. Considerato il suo retroterra e la presenza del futuro leader del partito di estrema destra Fratelli d'Italia e presidente del Consiglio Giorgia Meloni, è evidente che il sostegno di Alemanno alla ridenominazione della piazza andava oltre il mero agonismo. In realtà, la commemorazione della morte di Cecchin è stata un'altra occasione per le forze politiche di mettere in scena la memoria divisa dell'Italia. Ufficialmente un memoriale per le vittime di tutte le violenze politiche, in pratica questo luogo della memoria ha sostenuto una contro-narrazione che ha

[68] M. Razzi, *Un monumento a Francesco Cecchin* cit.
[69] *Croci celtiche nei giardini di Cecchin* cit.

mostrato come il coinvolgimento dello Stato spesso si scontra con le opinioni locali: «la versione istituzionale era importante per coloro che erano coinvolti in conflitti di memoria locale, ma spesso non soddisfaceva i desideri di riconoscimento, né poneva fine alle divisioni»[70].

Il perdurante significato del sito è testimoniato dai vari riferimenti, sia permanenti che temporanei, a Francesco Cecchin che adornano la piazza. Un manifesto (2012) che raffigura il suo assassinio ha una forte somiglianza con quello di Berta sospeso sul ponte e percosso dall'alto[71]. Tra gli elementi più visibili c'è il negozio di frutta e verdura che dal 2014 occupa l'ex sede di Forza Nuova. Mentre l'insegna de «Il Cavaliere della Frutta» copre, durante l'orario di apertura, un'enorme croce celtica dipinta su una parete, sopra il negozio, racchiuso da due croci celtiche più piccole, rimane uno slogan altrettanto ben curato dedicato a Cecchin: «Lui Vive, Lui Combatte!»[72]. Nel 2014, «Il Messaggero» aveva sottolineato l'ironia del fatto che in «quei locali, tappezzati di manifesti di estrema destra, in cui si faceva propaganda contro l'immigrazione, adesso dei fruttivendoli del Bangladesh si danno da fare a scaricare cassette e a vendere chili e chili di frutta e verdura»[73].

La notte del 20 febbraio 2023 alcuni antifascisti hanno compiuto una serie di atti vandalici contro luoghi simbolo dell'estrema destra romana, tra cui il monumento che ricorda Francesco Cecchin. Nell'intervento parlamentare che denunciava questi attacchi «contro luoghi 'sacri' che per migliaia di giovani custodiscono gli spiriti di Paolo Di Nella e Francesco Cecchin, giovani di destra barbaramente uccisi da avversari politici», il vicepresidente della Camera dei Deputati di Fratelli d'Italia, Fabio Rampelli, ha

[70] J. Foot, *Italy's Divided Memory* cit., p. 3 (trad. it. cit., p. 10).

[71] *Piazza Vescovio: the Anni di Piombo and the Murder of Francesco Cecchin*, «Rome the Second Time», 30 settembre 2012, https://romethesecondtime.blogspot.com/2012/09/piazza-vescovio-anni-di-piombo-and.html [ultimo accesso 9 marzo 2023].

[72] L'autore ha visitato il sito il 19 febbraio 2023, per coincidenza il giorno prima della vandalizzazione della targa.

[73] A. Andrei, *Vescovio, croci celtiche tra frutta e verdura: i fruttivendoli del Bangladesh nella ex sede di Forza Nuova*, «Il Messaggero», 27 dicembre 2014, https://www.ilmessaggero.it/roma/cronaca/vescovio_frutteria_forza_nuova_croci_celtiche-772942.html?refresh_ce [ultimo accesso 9 marzo 2023].

richiesto una risposta immediata da parte delle forze dell'ordine, evidenziando ancora una volta la percezione di uno Stato evidentemente poco interessato a difendere le libertà e la memoria della destra politica[74].

Nell'esaminare la memoria di Francesco Lorusso, ucciso da un carabiniere durante i disordini del 1977 a Bologna, Andrea Hayek ha mostrato «come le memorie controverse siano negoziate nella sfera pubblica e in che misura le memorie ufficiali e quelle popolari si intreccino». Francesco Cecchin apparteneva al polo politico opposto a quello di Lorusso, ma la targa che gli è stata dedicata in via Montebuono, il giardino commemorativo ufficiale e i vari simboli e striscioni neofascisti presenti in piazza e nei dintorni fissano in modo analogo la sua morte nella sfera pubblica. Inoltre, creano una contro-memoria visibile che si basa e legittima un senso di ingiustizia di lunga data avvertito dall'estrema destra italiana e radicato nel caso di Berta. In questo modo, il sito corrisponde a ciò che Hayek descrive come «'monumento al martire', ovvero un gesto politico di memoria pubblica, creato non solo come luogo di commemorazione ma per ispirare lotte future»[75].

Blog

La tolleranza del neofascismo in seno alla Repubblica ha quindi anche contribuito alla sopravvivenza della memoria di Berta, come dimostra la fondazione della sezione «Giovanni Berta» del MSI a Napoli, nel 1952, da parte dei superstiti della Repubblica Sociale Italiana. Guidata dal suo segretario Michele Florino, la sezione riuscì a far eleggere diversi membri nell'amministrazione comunale, mentre lo stesso Florino divenne deputato alla Camera dei Deputati (1984-87) e al Senato (1987-2006) per il MSI e poi

[74] *Violenza politica, Rampelli (VPC-FDI); Nessuna condanna per assalto a sedi FDI e violazione luoghi sacri che ricordano Cecchin e Di Nella*, «Agenparl Italia», 22 febbraio 2023, https://agenparl.eu/2023/02/22/violenza-politica-rampelli-vpc-fdi-nessuna-condanna-per-assalto-a-sedi-fdi-e-violazione-luoghi-sacri-che-ricordano-cecchin-e-di-nella/ [ultimo accesso 9 marzo 2023].

[75] A. Hayek, *Negotiating Memories of Protest in Western Europe. The Case of Italy*, Basingstoke, Palgrave, 2013, pp. 149-53.

per Alleanza Nazionale. Fu Florino a decidere, nel 2009, di aprire le porte della sezione al movimento neofascista CasaPound. Operante da oltre dieci anni nella sede di via Foria 169, CasaPound ha acquistato l'immobile nel 2020. Più di cento militanti di Casa Pound ed ex MSI hanno partecipato alla cerimonia di inaugurazione, alla quale è intervenuto anche Florino. Assicurando la continuità del legame del sito con Berta e l'estremismo di destra del dopoguerra, CasaPound ha dichiarato nell'annuncio dell'acquisto: «come un giuramento che si rinnova, nulla di vecchio né di nuovo, ma di eterno. Questo è per la comunità napoletana l'acquisto della storica Sezione Berta»[76]. Commemorando il centenario della morte di Berta, oltre a riconfermare vari aspetti del mito, «i militanti della storica sezione missina che porta il suo nome ed i militanti di Casa Pound Italia con manifesti e striscioni hanno voluto ricordare la figura di Giovanni Berta, martire della rivoluzione fascista»[77]. E non erano soli.

Un esiguo numero di siti web, associazioni e blog ha ulteriormente mantenuto la sua memoria, e l'articolo del «Primato» su Berta ne è un esempio trasparente. Questo periodico è pubblicato online dalla casa editrice Altaforte Edizioni, il cui catalogo comprende numerosi libri che esaltano l'Italia fascista o ne rivedono la valutazione storica. Nonostante la presunta scomparsa di Giovanni Berta dalla memoria culturale italiana, il suo mito occupa ancora un posto importante nella cultura neofascista italiana contemporanea, come simbolo della purezza e del radicalismo del fascismo durante la sua ascesa al potere, come dimostrazione della barbarie dei suoi oppositori, la sinistra politica, e come prova dell'ingiustizia che continua a tentare di reprimerlo. Inoltre, l'appropriazione della memoria di Berta da parte dei gruppi neofascisti contemporanei permette loro di posizionarsi come portatori e protettori dell'eredità fascista.

[76] *Napoli, CasaPound festeggia l'acquisto della storica Sezione Berta*, «FascinAzione. Storia e cultura della Fascisteria», 19 luglio 2020, http://www.fascinazione.info/2020/07/napoli-casapound-festeggia-lacquisto.html [ultimo accesso 2 maggio 2021].

[77] *Napoli ricorda Giovanni Berta martire della rivoluzione fascista nel centenario della morte*, «FascinAzione. Storia e cultura della Fascisteria», 28 febbraio 2021, http://www.fascinazione.info/2021/02/napoli-ricorda-giovanni-berta-martire.html [ultimo accesso 23 settembre 2021].

La democratizzazione dell'informazione su Internet ha inoltre alimentato un culto della nostalgia per Mussolini e il fascismo, nonché rimostranze per la loro marginalizzazione nel panorama culturale. Il mercato della nostalgia fascista è diventato globale. Effettivamente, alcune delle immagini che appaiono in questo volume sono state ottenute in questo modo, mentre solo qualche anno fa la loro acquisizione avrebbe richiesto una lunga ricerca nei mercatini di libri usati oppure presso rivenditori altamente specializzati. Come sostiene Cas Mudde, Internet ha avuto un impatto politico ancora maggiore:

> Internet permette a individui isolati di impegnarsi l'uno con l'altro e di sentirsi parte di un movimento più grande, spesso senza dover subire pressioni per le loro idee di estrema destra, perché possono operare in modo anonimo e all'interno di bolle omogenee sui social media. Inoltre, queste bolle funzionano anche come camere dell'eco, che amplificano la portata e l'intensità del messaggio, attirando nuovi seguaci e radicalizzando quelli vecchi[78].

I social media, in particolare, hanno creato uno spazio pubblico nel quale le narrazioni e le memorie culturali possono essere facilmente messe in discussione. Tra la grande varietà di siti web neofascisti italiani, un blog è completamente dedicato alla memoria di Giovanni Berta. Non sorprende che ripeta la storia consueta della sua vita e della sua morte, basandosi particolarmente sulla biografia del Gruppo Rionale del 1934:

> Giovanni Berta, dopo la sua morte, viene insignito dal Fascismo del titolo di «Martire della Rivoluzione Fascista» ed il suo nome servirà ad infiammare gli animi degli squadristi e dei fascisti fiorentini [...] La sua figura venne indicata agli studenti nelle scuole come esempio di abnegazione fino al supremo sacrificio durante tutto il Ventennio[79].

Ancora più dettagliata è la pagina dedicata a Berta sul sito «EreticaMente». Una «comunità filosofica non interessata alla

[78] C. Mudde, *The Far Right* Today, Cambridge, Polity Press, 2019, p. 112.

[79] http://giovanniberta.blogspot.com/2011/09/giovanni-berta-firenze-1894-firenze-28.html [ultimo accesso 26 novembre 2022].

politica», i cui valori e idee farebbero certamente gola ai sostenitori del neofascismo, mentre la «M» maiuscola del titolo è evidenziata in rosso:

> *EreticaMente* promuove la difesa e la promozione della lingua, dell'identità e della civiltà italiane [...] coltiva romanamente la Pietas verso gli Dei, il culto della Patria e della Famiglia, difendendo l'idea di Stato e la coscienza della missione civilizzatrice di Roma, dell'Italia e dell'Europa [...] è, infine, una sfida culturale al politicamente corretto, al pensiero, alla disgregazione moderna del Sapere![80]

L'articolo di Giacinto Reale dedicato a Giovanni Berta è conforme alla narrazione tradizionale fascista. Limitando i dettagli della morte di Spartaco Lavagnini a un minimalista «tre uomini salgono [...] e lo uccidono», la vita e la morte di Berta vengono prese in considerazione in modo più ampio, presentandolo come un membro attivo del Fascio locale: «parteciperà all'incendio già accennato del giornale 'La Difesa' e sarà presente a Bologna il 21 novembre, in aiuto dei camerati di quella città per i noti fatti che sfoceranno nella 'strage di palazzo D'Accursio'»[81]. Esaminando le motivazioni che avevano spinto Berta a recarsi sul ponte quella sera, l'idea che volesse incontrare i proprietari del Pignone viene scartata sulla base del fatto che sarebbe bastata una semplice telefonata. Reale sostiene invece che la memoria di questo momento è condizionata da forze politiche che continuano ad appropriarsene:

> Qui le versioni sono contrastanti: secondo gli antifascisti, il giovane intende recarsi alla fonderia Pignone per concordare una linea di condotta di fronte allo sciopero operaio; secondo i fascisti, invece, egli cerca di raggiungere i suoi camerati che ha saputo impegnati in scontri a fuoco in quella parte della città[82].

La suddivisione delle spiegazioni in una modalità di memoria binaria e antagonista riflette il modo in cui la scomparsa e la

[80] https://www.ereticamente.net/chi-siamo [ultimo accesso 29 aprile 2021].
[81] https://www.ereticamente.net/2014/05/giovanni-berta.html [ultimo accesso 29 aprile 2021].
[82] *Ibid.*

memoria di Berta sono state spesso influenzate da considerazioni politiche che rifiutano la possibilità che la verità possa trovarsi a metà strada tra le due.

Su «Cronaca Vera», nel 2014, il resoconto di Enzo Valentini ripropone il mito che nessuno sia stato ritenuto responsabile. Suggerendo che il corpo di Berta fu recuperato dal fiume qualche giorno dopo, sostiene che il rapporto dell'autopsia «accertò che 'le mani erano state colpite violentemente, tanto da provocare un numero imprecisato di fratture'»[83]. In netto contrasto con le conoscenze consolidate, queste affermazioni sono in linea con l'autodescrizione del settimanale: «la rivista si caratterizza per un taglio editoriale sensazionalistico»[84]. La memoria di Giovanni Berta è trattata in modo analogo nel blog, straordinariamente minuzioso, «I caduti del fascismo», nel quale sono stati raccolti i nomi, le date e i luoghi di nascita, nonché le date e la modalità della morte di coloro che si sostiene siano oltre ottocento martiri fascisti. Cominciando da Gaetano Comandulli, morto il 13 novembre 1919, si contano 45 nomi di «martiri» prima di arrivare a Giovanni Berta, la cui scomparsa è riassunta secondo la narrazione standard[85].

[83] E. Valentini, *Le mani stritolate e poi giù nel fiume*, «Cronaca Vera», 3 luglio 2014, http://www.cronacavera.it/2014/07/03/mani-stritolate-poi-nel-fiume/ [ultimo accesso 29 aprile 2021].

[84] *Chi siamo*, «Cronaca Vera», http://www.cronacavera.it/chi-siamo/ [ultimo accesso 29 aprile 2021].

[85] https://icadutidelfascismo1932-1936.blogspot.com [ultimo accesso 1° maggio 2021].

CONCLUSIONI

Durante il Ventennio, con il passare degli anni, i partiti fascisti locali assunsero un ruolo pedagogico sempre più importante nella trasformazione della società italiana e nella creazione dei «Nuovi Italiani»:

> Privati di qualsiasi funzione politica dinamica in termini di formulazione di progetti politici, i partiti provinciali dovevano organizzare, irreggimentare e propagandare la popolazione, predicando il messaggio con la parola e con l'esempio in modo da trasformare il conformismo obbligatorio in impegno spontaneo[1].

Nonostante le affermazioni del PNF di aver unificato un Paese profondamente diviso, le tensioni nel partito a livello locale e nazionale non si spensero. Evidenziate chiaramente nella vicenda di Berta, queste avvalorano il lavoro di Stefano Cavazza e la tesi più recente di Corner che «la tanto proclamata 'rinascita nazionale' fascista dell'Italia si inceppò di fronte alle porte medievali delle cento città italiane, allorché le tradizioni e gli interessi locali si confrontarono con il movimento nazionale, portatore di novità ma anche di minaccia»[2]. In definitiva, le radici del fascismo nelle organizzazioni locali e provinciali si rivelarono difficili da sciogliere per il partito nazionale. Mettendo a repentaglio i tentativi di creare una forza nazionale più forte, le autorità locali rimasero fonti di potere e influenza per molti sostenitori del fascismo. Così, per i detentori del potere provinciale era perfettamente sensato proteggere e alimentare in

[1] S. Cavazza, *Piccole patrie. Feste popolari tra regione e nazione durante il fascismo*, Bologna, il Mulino, 1997; P. Corner, *The Fascist Party and Popular Opinion in Mussolini's Italy* cit., p. 279 (trad. it. cit., p. 301).

[2] P. Corner, *The Fascist Party and Popular Opinion* cit., p. 4 (trad. it. cit., p. 19).

ogni modo possibile la loro vittoria sul centro, come testimonia questo studio su Berta e lo squadrismo fiorentino.

I capitoli precedenti hanno mostrato come il mito e la memoria di Giovanni Berta siano stati creati, modellati, promossi e mantenuti durante gli anni del regime e oltre. Strumenti di propaganda e di autorità politica, furono inizialmente sfruttati dal partito locale fiorentino durante l'ascesa del fascismo per demonizzare il nemico socialista e generare un senso di eroismo intorno alle «squadracce». Sviluppata per la prima volta sulla stampa locale, la memoria di Berta come «primo» martire fu fondamentale per l'identità del partito locale e la sua lotta per mantenere l'indipendenza dal centro. Favorito dall'enorme crescita dei giornali specializzati e dei quotidiani già consolidati, il crescente controllo del regime sui suoi contenuti fece sì che non solo la storia venisse ripetuta regolarmente secondo la narrazione fascista, ma anche che non venisse mai messa in discussione. Il ruolo della censura e del controllo dei mass media hanno avuto un ruolo chiave nella «lunga durata» della storia di Berta.

Stabilire come tutto ciò sia avvenuto è stato uno degli obiettivi principali di questo libro e ritengo che l'iniziale mancanza di prove certe sia stata cruciale. Un crimine è stato commesso e un processo è stato celebrato, ma la mancanza di testimonianze concrete e affidabili ha permesso di contestarne il significato politico. Anche lo stesso processo è stato indispensabile per lo sviluppo della memoria su Giovanni Berta e sul crimine, soprattutto perché non è riuscito a convincere che fosse stata fatta giustizia. Nonostante la condanna di otto imputati, l'idea della giustizia mancata ha permesso di sviluppare una contro-narrazione duratura. Senza alcun individuo apparentemente responsabile, il caso è rimasto impresso nella memoria pubblica. Rappresentando lo Stato come incompetente oppure non disponibile a difendere gli squadristi, cosa che era tutt'altro che vera, si giustificava l'aumento della frequenza e dell'intensità della violenza fascista come un atto di autodifesa e di difesa nazionale. «La violenza si è rivelata un'opzione accettabile e preferibile non solo dagli squadristi ma anche dai più insospettabili tra i fascisti moderati e, molto spesso, anche dai vecchi dirigenti liberali»[3].

[3] M. Millan, *Squadrismo e squadristi nella dittatura fascista* cit., p. 271.

La memoria di Giovanni Berta è stata manipolata anche attraverso i racconti e le rappresentazioni letterarie e pittoriche postume della sua vita e della sua morte. Quasi senza eccezioni, tutte hanno ripetuto la narrazione fascista, a prescindere dalle prove convincenti del contrario, in particolare per quanto riguarda le sue mani. L'analisi delle biografie/agiografie popolari, delle opere d'arte, dei disegni e delle canzoni prodotte in serie, oltre ai tombini di Firenze e Roma, rivelano come la leggenda di Berta sia stata sviluppata e divulgata soprattutto attraverso la cultura più popolare e di largo consumo.

Anche in questo caso la stampa è stata fondamentale e la divulgazione del messaggio fascista è stata indubbiamente la chiave per il dominio del regime. Il fatto che all'inizio degli anni Quaranta la stampa si rivolgesse ancora a Giovanni Berta come figura ispiratrice suggerisce che il mito e la sua reiterazione avevano goduto di un certo fascino popolare. Così, anche il pubblico, nelle sue varie forme, deve essere visto come un soggetto che ha contribuito attivamente all'affermazione e alla longevità della storia. La maggior parte del materiale individuato su Giovanni Berta è stato prodotto da fonti fasciste, mentre la stampa non fascista, che operava sotto significative leggi di censura, è stata spesso comprensiva. La costante produzione di propaganda intorno a Berta da parte della stampa, che richiede un'attenta analisi, suggerisce una certa accoglienza positiva dal basso, altrimenti perché avrebbero continuato a promuovere una figura relativamente minore della loro storia?

I vari modi in cui il mito di Berta è stato prodotto e diffuso mostrano anche come i propagandisti, in periodi diversi, abbiano reagito ai cambiamenti politici per adattare la storia alle esigenze del regime e suggestionare l'opinione pubblica. Inizialmente al servizio del partito locale fiorentino, Giovanni Berta incarnava e rappresentava gli ideali puri dello squadrismo della prima ora e nei momenti di difficoltà o di crisi come fonte di ispirazione, come uno «squillo di tromba» che richiamava gli italiani all'azione. Il suo posto all'interno del culto dei martiri e dei morti fu cruciale per questo. Inserito nella lotta per difendere la patria e generare una nazione italiana più forte, il culto dei morti e del martirio attingeva a una tradizione di lunga data di eroi patriottici martirizzati in nome dell'Italia. Insieme ai vari caduti fascisti, la memoria di Berta contribuì a generare forti sentimenti di appartenenza politica e identità tra i sostenitori del fascismo. Sebbene vi fossero varie forme di pressione a partecipare ai comizi pubblici, la significativa affluenza a Firenze per l'inumazione dei 37 «martiri» suggerisce che l'uso dei morti e la manipolazione della loro memoria potrebbero essere stati efficaci anche nel penetrare la società italiana in generale. Con la fede popolare nei santi che aveva ancora un reale significato sociale, il martirio religioso/politico e il culto dei morti erano strumenti propagandistici che molti membri della società italiana avrebbero facilmente compreso e a cui si sarebbero istintivamente associati, indipendentemente dalle loro inclinazioni politiche. Come argomenta Suzzi Valli: «il culto dei martiri fascisti fu in realtà una delle espressioni più serie della politica totalitaria fascista che intendeva controllare non solo gli strumenti della memoria ma dettare nuove regole su come il passato doveva essere ricordato»[4].

Quindi, non è tanto chi fosse Giovanni Berta o cosa gli fosse effettivamente successo ad essere di primaria importanza, ma come la sua storia è stata presentata, inserita e mantenuta nella memoria pubblica. Le difficoltà di valutare le inclinazioni personali di Giovanni Berta, che fossero fasciste o meno, sono evidenti in questo libro e potenzialmente spiegano la mancanza di attenzione accademica nei confronti del martire «numero uno» del fascismo. È stato inoltre impossibile fornire una versione più precisa degli eventi che hanno contribuito alla creazione del mito stesso. Gran parte della storia era quasi certamente falsa, ma fu comunque utilizzata ampiamente ed efficacemente come parte dello sfruttamento politico dei martiri da parte del fascismo. Come suggerisce Hayek, «il disaccordo e la discordia sembrano essere i prerequisiti per la memoria duratura di un evento» piuttosto che il consenso che porta all'oblio[5].

Forse la domanda più importante che emerge da questo studio, che ha un'importanza significativa nel mondo contemporaneo, è perché il martirio abbia ancora un notevole potere politico. Come sostiene Piroyansky:

[4] R. Suzzi Valli, *Il culto dei martiri fascisti* cit., p. 117.
[5] A. Hayek, *Negotiating Memories of Protest in Western Europe* cit., p. 156.

La comprensione delle ragioni, immediate e più diffuse, dell'emergere di culti incentrati su uomini morti nel corso di conflitti politici, ci permette di capire meglio non solo la sensibilità tardo-medievale, ma anche quella di altre società e, possibilmente, la nostra. Viviamo in un mondo in cui uomini e donne scelgono ancora di morire per cause ideologiche e politiche, o subiscono la morte come risultato di conflitti politici a cui sono costretti. Comprendere le cause e le pratiche del martirio politico è quindi più importante che mai. Facendo luce sul fascino del martire per la comunità dei vivi, potremo affrontare meglio le morti inutili e forse anche prevenirne di nuove[6].

Con Giovanni Berta ancora vitale, in funzione di martire eroico per i neofascisti, questo caso evidenzia l'importanza di smontare e sfatare questi miti fin dal loro sorgere. Allo stesso modo, mostra il pericolo che si corre lasciandoli incontrastati. Se si incancreniscono nella memoria popolare, il loro significato o il loro potenziale di provocare danni significativi possono aumentare quando l'evento passa alla storia. Questo vale per la memoria del fascismo italiano nel suo complesso, con l'Italia ancora disseminata di edifici, monumenti, opere d'arte e commemorazioni dei suoi ex «eroi». Se da un lato ci sono valide ragioni per la loro conservazione, o almeno per non cancellarli, dall'altro questo caso mostra come i miti associati a questi luoghi della memoria debbano essere considerati criticamente se si vuole che trovino un posto costruttivo nel patrimonio culturale italiano.

La memoria di Giovanni Berta si è forse affievolita, ma non è certo scomparsa e in questo senso ha ottenuto ciò che il regime sperava. Sostenuta principalmente attraverso la letteratura e la cultura materiale fascista, la storia così come è stata raccontata e ripetuta era quasi certamente falsa, anche se basata su elementi di fatto. Giovanni Berta, dopo tutto, morì certamente cadendo dal ponte, probabilmente dopo aver subito una qualche forma di aggressione. Nella zona grigia tra autentico e inventato, i miti e le leggende all'interno della storia sono stati straordinariamente efficaci. La sua storia, esempio per le generazioni successive, fu una parte importante della campagna per conquistare, mobilitare e mantenere il sostegno al fascismo. Mentre il regime cercava di

[6] D. Piroyansky, *Martyrs in the Making* cit., pp. 131-2.

creare una nuova razza di superuomini che convincesse gli italiani della sua rigenerazione della società, anche i suoi morti erano potenti strumenti di mobilitazione di massa. Tra questi, Berta non sarà stato il più eroico o il più fascista, ma è stato quasi certamente il più drammatico, o almeno così si racconta. In realtà Giovanni Berta aveva una vita molto ordinaria, come tanti sostenitori del fascismo. Non poteva immaginare che la sua «esistenza» postuma avrebbe avuto un impatto così forte sulla memoria pubblica e sulle battaglie politiche dell'epoca fascista. Come ha acutamente osservato Marco Del Bello, nel lontano 1934:

> La pace del sepolcro non è requie il più delle volte. Là dove par che tutto finisca e si conchiuda, invece, quasi esplosione subitanea si allarga una seconda vita, una vita di moltiplicato respiro che assume forme e figure gigantesche...
>
> La sua tomba chiuse un esanime corpo, ma nell'attimo stesso che si conchiudeva, nella tomba il ciclo della breve vita, si delineava il ciclo di una seconda più grande, di quella vita che si confonde con l'eternità...
>
> Ebbene così è di questa figura di giovane martire che oltre la morte assume aspetto e figura a cui non si trovano paragoni.
>
> In lui la bontà.
> In lui l'amore.
> In lui la fede.
> In lui la coscienza di una sacra missione.
> In lui il sacrificio della vita per l'Idea.
> In lui il martirio orrendo[7].

In effetti, chiunque siano stati i responsabili, possono aver ucciso Giovanni Berta, ma nel farlo hanno dato origine a qualcosa di molto più potente.

[7] M. Del Bello, *Giovanni Berta* cit., p. 26.

REFERENZE ICONOGRAFICHE

Fig. 1: Biblioteca del Museo Storico della Liberazione, Roma.
Figg. 2, 3, 4, 5, 6: Biblioteca Nazionale Centrale di Firenze.
Figg. 7, 12, 17: Archivio Centrale dello Stato, Roma.
Figg. 8, 16, 18: Archivio Storico del Comune di Firenze.
Figg. 9, 10, 11, 13, 15: fotografia o materiale di proprietà dell'autore.
Fig. 14: Biblioteca Universitaria Alessandrina, Roma, su concessione del Ministero della Cultura.

RINGRAZIAMENTI

Questo progetto è nato come un articolo, tanto ero convinto che questo fosse il massimo interesse che potesse suscitare. Di sicuro era una storia di nicchia. Le ricerche preliminari hanno rapidamente rivelato che la vicenda di Giovanni Berta era molto più significativa di quanto la storiografia esistente suggerisse e ho pensato a un breve libro da pubblicare nel febbraio 2021, in occasione del centenario della sua morte. Man mano che il materiale si accumulava, però, cominciava a emergere una narrazione più complessa e un libro molto più lungo. La storia di Berta mi ha appassionato, tanto da formulare una proposta che ho fatto prima a Giuseppe Laterza e poi a Giovanni Carletti. Li ringrazio entrambi per il loro sostegno, il loro entusiasmo e il loro impegno nel progetto. È un onore pubblicare con Laterza e spero che questo lavoro sia all'altezza del rapporto di lunga data dell'editore con gli storici britannici dell'Italia.

Giovedì 5 marzo 2020 ho preso un treno di prima mattina da Roma a Firenze per un viaggio di ricerca organizzato in fretta e furia. A differenza del solito viaggio, con i cellulari che squillano in continuazione e i viaggiatori compiaciuti che rispondono a voce alta, il treno era silenzioso e quasi vuoto. Il Covid aveva già mietuto le sue prime vittime. Mentre le scuole chiudevano e nei bar si discuteva di panico, il personale della Biblioteca Nazionale spalancava le finestre, disinfettava i banchi, manteneva la (relativa) calma e continuava, per quanto possibile, il servizio. Grazie alla loro dedizione ho potuto lavorare intensamente per quei tre giorni surreali. Non immaginavo che sarebbero passati quasi diciotto mesi prima di poterci tornare. Confinato in un appartamento di 60 metri quadri al quarto piano di una palazzina a Centocelle, per tre mesi non ho potuto fare altro che leggere e scrivere. Così, come un figlio del Covid, è rinato Giovanni Berta. La sua presenza viva, attraverso i documenti, le voci, i racconti e le testimonianze che hanno accompagnato tutto il mio lavoro, era qui, in questo libro.

Voglio ringraziare tutti gli archivisti e i bibliotecari che hanno esaudito le mie richieste con grande cortesia e che hanno gentilmente finto interesse per questa storia di nicchia. Una menzione speciale va a Patrizia Rusciani e al personale della Biblioteca di Storia Moderna e Contemporanea di Roma, che continuano a fornire un servizio accogliente ed efficiente in circostanze sempre più difficili. Il progetto è stato realizzato anche grazie al personale della Biblioteca Nazionale di Roma, dell'Archivio Centrale dello Stato e della sua biblioteca, degli Archivi dell'Opera di Santa Croce, dell'Archivio dello Stato di Firenze e degli importanti fondi della Biblioteca Nazionale di Firenze e dell'Archivio Storico del Comune di Firenze. Ringrazio anche Padre Paolo Bocci del Convento di Santa Croce che ha esplorato per mio conto la «Cronaca» di quella istituzione, un documento riservato alla comunità del convento, fondamentale per comprendere meglio la costruzione e poi l'epurazione della cripta fascista nel sotterraneo la Basilica. La mia gratitudine va anche a Massimo De Sabbata che mi ha generosamente indirizzato verso gli articoli di Cipriano Efisio Oppo e Ada Negri, che sono stati cruciali per la mia interpretazione e comprensione di due immagini chiave di Berta e del loro contesto. Senza il loro aiuto non le avrei mai trovate e la storia sarebbe stata ancora peggiore.

Paul Corner ha avuto la pazienza di leggere e commentare una prima, approssimativa bozza di questo lavoro. Le sue osservazioni, insieme al suo fondamentale volume, *The Fascist Party and Popular Opinion in Mussolini's Italy* (*Italia fascista. Politica e opinione popolare sotto la dittatura*) mi hanno spinto a un ripensamento, rivelando l'importanza della periodizzazione fascista della propria memoria. Cristina Baldassini mi ha generosamente fornito una copia del suo libro *Autobiografia del primo fascismo. Ideologia politica, mentalità, memoria*, che ha ulteriormente accresciuto la mia consapevolezza e comprensione di questo tema e mi ha aiutato a collegarlo alla storia di Giovanni Berta. Ringrazio anche John Foot per aver letto e commentato una successiva stesura e averne confermato i meriti. Eventuali errori di valutazione sono naturalmente miei.

L'ex direttore del Trinity College Rome Campus, Stephen Marth, è stato incoraggiante e ha sostenuto le mie richieste di finanziamento per il Faculty Research Grant, che ha coperto alcune delle spese sostenute. Ringrazio anche Andrea Branchi per la cura e l'incessante attenzione ai dettagli con cui ha tradotto questo libro in italiano. Un ultimo pensiero va al dottor Roger Mettam, che ha tenuto il mio primo corso all'università, mi ha ispirato e mi ha seguito da lontano. Non potrai leggerlo ma, come sempre, ti ringrazio Roger.

John e Paola, Marianna e Virgil restano la mia famiglia fiorentina e continuano a sostenermi con la loro generosità e la loro amicizia che dura ormai da più di vent'anni. Grazie a mio fratello Chris, che finalmente è venuto a trovarmi a Roma, e a mia madre che continua a sostenermi incessantemente e incondizionatamente. A tutti coloro che si tengono in contatto, grazie. Grazie anche a Gianni Alunni e Marcella Mariotti per avermi accolto nella loro casa e, soprattutto, a Roberta che sopporta stoicamente me e i miei interessi e ha reso tutto questo possibile. E, infine, grazie a Sancho, che mi ha insegnato cosa significa vivere il momento.

INDICI

INDICE DEI NOMI

INDICE DEL VOLUME